LOCUS

LOCUS

LOCUS

LOCUS

mark

這個系列標記的是一些人、一些事件與活動。

mark 11 管理火星人的女人 *(Managing Martians)*
作者：唐娜・雪利(Donna Shirley)
譯者：劉燈
責任編輯：陳郁馨
美術編輯：何萍萍
(本書夾頁照片的第1頁由作者本人提供
第2至8頁由美國太空總署的 Jet Propulsion Laboratory 提供)
法律顧問：全理法律事務所董安丹律師
出版者：大塊文化出版股份有限公司
台北市117 羅斯福路六段142 巷20 弄2-3號
讀者服務專線：080-006689
TEL：(02) 29357190　FAX：(02) 29356037
郵撥帳號：18955675　　戶名：大塊文化出版股份有限公司
e-mail:locus@locus.com.tw
本書中文版權經由博達版權代理有限公司取得

總經銷：北城圖書有限公司　　地址：台北縣三重市大智路139號
TEL：(02) 29818089 (代表號)　　FAX：(02) 29883028　29813049
排版：天翼電腦排版有限公司　　製版：源耕印刷事業有限公司
初版一刷：1999年7月

定價：新台幣280 元

Printed in Taiwan

Managing Martians

管理火星人的女人

一位女性航太工程師的回憶錄

Donna Shirley 著
With Danelle Morton

劉燈 譯
楊祖愛 審閱

中文版代序

楊祖愛

一九九七年七月四日，美國國慶紀念日那天，「探路號」太空船經過七個月的飛行，飛越一百九十萬公里的太空旅程，抵達火星。

它著陸火星球表時，那獨特的著陸設計——由安全氣囊保護著的三片瓣翼，像花朵一般緩緩開啓；裡面緊裹著小漫遊車「旅居號」，徐徐地自動開出來，踏上火星球表，展開了長達八十三天的忙碌科學實驗採樣工作。「旅居號」在火星上行走了一百公尺，比原先預計的十公尺多出了許多，展示了人類智慧與科技結合的美妙成果。小漫遊車「旅居號」成了新聞焦點，它在火星上的動靜爲世人所矚目，它忠誠辛勤地工作著，向地球傳送回無數的寶貴火星資料。世人讚嘆著分享它的成功，如所有的成功一樣，它的背後有通宵達旦的辛勤，有團隊合作的協調，有科技眞理的辯論，有資金短缺的辛酸。

這個小車的設計及操作，由美國太空總署（NASA）屬下十個主要機構之一的噴射推進實驗室（JPL）負責。JPL位於加州洛杉磯近郊。參與設計的小組是一批尖端科技的精英，帶領這個小組的是本書作者，唐娜・雪利女士。

一九九八年初夏，我組裡的同事無意間提到，這本書的作者在做新書簽名巡迴演講，那晚會到我工作的詹森太空中心（Johnson Space Center）附近的書店。詹森太空中心位於德州休士頓，如同JPL，是NASA屬下分散美國境內的十個中心之一。我因為住家離太空中心很遠，下班後回家就不再往這頭跑，因此晚上沒有去該書店聽演講，但心中總覺有些遺憾，忽然靈機一動，為何不試著將此書翻譯成中文，與我東方的同胞共享呢？

因此，當晚我即打電話到該書店找到了作者，她給了我出版商的電話。我隨即電追紐約的出版商，被告知中文翻譯權已賣給台北，我「百折不撓」的終於尋到了台北的大塊文化出版公司。與大塊出版公司往返討論的結果（感謝電傳、電話及電子郵件的便利），決定由我審閱譯稿並加註。

此書因為有許多科技觀念，作者一語帶過，若僅照字面忠實譯下來，無法了解其意。比如文中第三章提到，當年「航海家號」太空船飛航至金星及水星的任務途中，問題重重，其中包括啓用備用電源，及無意中把控制方位用的燃料給排完了。原文至此沒有多加解釋，我認為讀者需要知道，為什麼這是兩個十分嚴重的問題。電量和燃料是太空船航行中兩項最需要斤斤計較、精打細算的資源。電量由太陽能產生，太陽板面積有限，不能開源，只好節流。而燃料因為直接影響載重及成本，因此所備燃料量都是經過專家仔細計算，以恰好夠用為量。太空船只有在升空及降落時用燃料極多，升空完成後，在太空軌道無重力狀態下飛行，是順勢滑行，不需用燃料，只有在方位被氣流或其他因素拖偏時，才須引燃少量燃料來糾正航向，將太空船駛回原先軌道，得以照原計劃繼續進行，連這點燃料都已用罄，事態委實嚴重。在我審閱過程中，此類原文一語帶過的地方不勝枚舉，需要一一加註或補述。

至於我爲何對於翻譯這本書如此熱衷？我是ＮＡＳＡ詹森太空中心的太空工程師，任第一線主管職務。我帶領的這個單位的工作之一，是參與載人上火星太空船的設計，這個任務現時尚在早期設計階段。我的單位，對載人上火星太空船的各種設計架構做風險評估和科技安全分析。我九八年年初替詹森太空中心創立了第一個微精密科技（Micro and Nano Technologies）小組，微精密科技就是那種由精密電子零件組合，且有機動功能的小小東西，比方說，一個照相機像兩塊方糖那麼大，一個感應子要用針尖才挑得起來；一個陀螺儀像枚銅錢那麼大。這種精密機件省體積，省電耗，而且性能及功能都很可靠，因此用於外太空長程旅行十分理想。我們在電腦上模擬設計藍圖，把傳統的大機件換用這種小機件，分析其可行性，比較其在電能、造價、體積及功能上的優勢程度，據此改良設計。

我的工作與火星息息相關，我辦公室的電腦裡裝著與火星有關的分析資料；我的牆上掛著大大的火星地圖和氣象圖；我憧憬著載人上火星任務成功；我的夢在火星。

ＪＰＬ設計的「旅居號」小漫遊車在火星上的成就令人振奮，它在火星上辛勤工作傳送給我們的資料增加人類對火星的了解，增強我們的太空船設計，也增加我們對載人上火星任務的信心。我知道，人類踏上火星的夢想一定能成眞，我熱切地希望把這個信息翻譯成中文，與我的同胞共享。

NASA屬下十個機構各有不同專精，JPL負責無載人太空船設計及運作，由機器人或機器手臂在星球上作實驗或採樣。詹森太空中心則負責載人太空船的設計及運作；不載人的太空船規模小得多（雖然已經非常複雜了），因爲不需顧慮人體供養，人身活動空間及人類對太空環境適應等等，那麼可能有人會問：既然這麼複雜，載機器上去也可以做實驗及採樣，爲什麼不滿足呢？要知道，有許多事是機器人做不到的，何況我們最高的目標是開拓外太空的生存空間，換句話說，就是看看能否移民其他星球。拿月球爲例，在人類登陸月球之前，蘇聯及美國早已有數次的無載人太空船至月球，採集資料，供人類了解月球環境，作爲人類登陸月球的設計參考。人類登陸月球成功，證明旅行至月球的可行性，我曾聽過我NASA的大老闆高登(Daniel Goldin)在一次演講上答問說：「如果有人提出方案要在月球上蓋旅館，我一定盡力全力支持。」

美國太空總署自四十年前開創以來，歷經了水星計劃（Murcury Progran）設計出來的一人太空船，由第一位太空人薛柏（Alan Shepard）飛行，做了太空船升空及降落的示範，沒有飛入太空軌道。其後，葛倫（John Glenn）飛上太空軌道，繞行三圈成功回到地球。隨後的雙子星計劃（Gemini Program）設計出二人太空船。後再進步爲能載三人的太陽神計劃（Apollo Program）之太空船，在一九六九年創下人類登陸月球的文明史。發展至今日，太空梭（Space Shuttle）可載七人，自一九八一年第一架太空梭哥倫比亞啓用後，沿用至今。近年來，每年太空梭出任務七至八次，每次任務期間在十天上下，曾創最長飛航十七天的紀錄，在這些任務中，每次都載有不同的太空實驗。每次太空人出任務返回地球後，都由ＮＡＳＡ醫務部作三年的連續體檢追蹤，以了解太空環境對人體的影響。儘管如此，我們至今對於太空之於人體影響的了解仍然有限，更遑論人類到火星或月球去定居所面對的挑戰了。

在對於火星的開發來說，ＮＡＳＡ的策略是：由ＪＰＬ專注於無載人太空船任務，至火星探測並傳送回有關天侯、地形、資源的資料，作爲載人上火星的先遣。本書就是主要敍述ＪＰＬ的太空船「旅居號」設計始末。

我所屬的詹森太空中心負責載人上火星的任務，包括太空船及在火星上生存活動所需的設計。目前最興奮的專案之一，爲由ＪＰＬ爲主，其他幾個太空中心爲輔，合作研發在火星上利用火星大氣裡豐富的二氧化碳，就地造氧。如果這個實驗成功，太空人及太空船在火星上停留期間的呼吸氧氣大問題就得以解決。

另外一個令人興奮的專案是：以詹森太空中心爲主，其他數個中心爲輔的太空輻射線探測任務，我們正在設計小型無載人衛星，預計在二〇〇三年飛至輻射線最強的范亞倫輻射帶(The Van-Allen Belt)，收集輻射資料，在此附帶一提，這種小型衛星，將用亞裔太空人張福林設計的，以磁性電漿爲燃料的引擎來飛行。

以上提到的這些任務，都是將來載人上火星的暖身活動。它們經過精密的策劃，是世界一流的科學家和工程師們智慧的匯集。由此可看出，ＮＡＳＡ的成功實非偶然。

我在審閱這本書近終了時，請原作者送幾句贈言給中文讀者，讓我引用在序文裡。以下為她給讀者的話：

「我希望你喜歡這本書。我相信每一種文化裡都有衝突與勝利。我希望這本書能助人了解，關於建造飛航星際的機器所牽涉到的情況，因而能體會並欣賞參與工作的工程師與科學家們人性的一面。」

本書作者為女性，書中明顯貫串著替女性在科技世界爭平等的思緒。她自己早年受到排斥，後來與男同事競爭時遭遇不少掙扎，這些事情實在是憑當事人自己去體會。唐娜女士出道比我早，那個時代一般還不能接受女性在科技界平起平坐的觀念。太空事業本來就是男性世界，女性身在其中，眞是個「萬綠叢中一點紅」。我的看法是：眞有實才，能認眞苦幹的話，還是能贏得敬重的。至於升官，有官必有兵，官數少兵數多是自然原則，當官的機會本來就少，不是人人可得；男性美國白人中，一樣有大多數人升不上官，有人怨嘆「懷才不遇」，有人安之若素。若適巧是女性或少數民族，也常見有人以此藉題發揮，認為是性別或種族歧視。其實我認為，萬念存乎一心，這些先天的限制反而能看作是優勢。試想，一般人認為女性數理觀念較弱，或是東方人英語能力較差，但若對從事的工作有濃厚興趣，也肯實實在在耕耘，反而能引人注意，刮目相看，脫穎而出。

這篇序文和中文審閱工作，都是我每天下班後，挑燈點滴累積完成的。今日適巧收到N

ASA送給我們每個員工的一枚鍍金紀念章，紀念NASA成立四十週年。我於一九八七年四月受雇於斯，至今替太空事業貢獻了十二年的腦汁與青春，我知道，我會與我衆多的NASA伙伴們，一同無怨地繼續爲人類開發太空貢獻心力。

一九九九年三月十八日夜

（本文作者現爲美國太空總署詹森太空中心科技組組長）

目錄

序曲

六輪著陸

一九九七年七月四日，天還沒亮，我已經起床，心思全放在幾百萬公里外的事情了。我醒來後一直想著「探路號」(Pathfinder) 太空船，美國二十年來的首次火星登陸計劃。太空船在幾小時後將劃破寂靜的太空，和那紅色的行星會面了。七個月前①，高達三十公尺的「戴爾他二號」(Delta 2) 火箭，從美國佛羅里達州的卡納維爾角把「探路號」送上去，它即將要爲我帶來無比珍貴的東西。說我不緊張，是騙人的。

在這艘急馳的「探路號」裡，緊緊繫載著「旅居號」(Sojourner Truth) ——世界第一部自動漫遊車 (rover)。這是一部十一公斤重、有六個輪子的科學實驗室，大小有如一台微波爐；它能做到人類一度只能夢想的事：探測火星表面。設計和製造這部機器的小組，是由我帶領的。我付出了十年時光，就是爲了迎接「旅居號」漫遊車登陸的這一刻。

我把安置在登陸太空船裡的「旅居號」，想像成一枚層層包住的小俄羅斯套疊玩偶。它蜷縮著，機腹貼在登陸艇的艙板上，登陸艇的外表還裹著一層未充氣的安全氣囊。脫離登陸艇後，它會在火星地表上四處走動拍照，探觸火星岩塊，像個觀光客一樣。它是個強壯的小女孩。我們曾把它放到離心機裡，用六十六倍於地心引力的力量（即六十六G力）拋出，那比它在飛行途中所預期要承受的力足足高出兩倍。結果安然無恙。如果「探路號」按照計劃登陸，我想它會一切ＯＫ的。

◇

我對「探路號」太空船獨特的登陸裝置瞭如指掌，幾乎和我對「旅居號」漫遊車的了解一樣。我們用的反向噴射火箭設計，會讓太空船在撞及火星地表前慢慢停下來。在將要觸及地表前，龐大的安全氣囊會自動充氣脹開。如果每個環節都正常工作——無線電可以互通、信號和資料序列正確收到和送出，每個閂子都迅速爆開，讓安全氣囊準時並穩定地充氣——太空船會脹得圓鼓鼓，像個超級大滾球般在地面上彈跳，直到漸緩，終而停下來。這項設計匠心獨具，並通過完整的地面測試，但在此之前，它尚未被拿來登陸任何其他行星。

和過去的任何登陸方式相比，這項設計應該更讓「旅居號」漫遊車毫髮無傷。設計登陸艇和漫遊車的小組，花了無數時間設想每一種可能的意外狀況，並依此設計方法避開它們。歷史可資爲證，我們是在向一連串的頭疼難題挑戰。三十七年的火星探測史裡，在此之前未曾成功登陸過。

一九八八年，兩架俄國的「佛布斯」（Phobos）太空船在駛往火星的航程中失蹤。一九七六年，美國的兩次「海盜號」（Viking）任務均成功登陸②，但一九九三年的「火星觀測號」（Mars Observer）太空船無法進入火星軌道。一九七年，俄國的「火星六號」和「火星七號」

進入了火星軌道，卻無法釋出登陸艇。「火星六號」墜毀在火星地表上，「火星七號」則根本沒有找到火星。一九九六年十一月，俄羅斯最近一次的「火星九六」任務，甚至還沒進太空，就悽慘墜進太平洋裡。萬一我的「旅居號」漫遊車也發生類似的事，怎麼辦？數據資料讓我確信，「探路號」太空船正順利接近火星。但在降落至地表前劇烈的六分鐘裡，什麼事都可能發生。它極可能墜毀燒成灰燼。我知道的：墜毀，燒成灰燼。

當然，它並不是我個人的漫遊車。我帶領一個由三十位優秀工程師和技術人員所組成的團隊，花了四年的時間，設計製造了這台漫遊車。另一個由東尼·史皮爾（Tony Spear）帶領，有三百名成員的小組，則花了同樣多的時間製造「探路號」太空船。我們每個人都有資格視這項任務如己出。不管我們每個人這一刻在地球上做什麼，我們都能想像，「探路號」載著「旅居號」即將降落；我們也清楚，我們的希望很可能被那遙遠的地表給粉碎。

前一晚我睡得一點都不好。反正我一向難以入眠，常常在午夜時分輾轉反側，腦裡不斷轉著構想和計劃。「探路號」即將進入火星大氣圈的那個凌晨，我做的夢老是把我弄得要醒不醒的。那些夢可不是什麼我小時候做過的，在火星上獨自飛行的甜美幻夢。那個最後終於讓我起床的夢，不如說像是場鬧劇。

在夢中，我看到「探路號」小組成員排排站在一塊地上，太空船突然從天上掉到我們面前。它竟然降落在地球上！我們看著它停下來，但安全氣囊並未充氣。小組成員們對此災難一臉漠然。我急忙跳上前，一邊想著為什麼他們如此冷淡。我想把它打開，看看這在「探路號」裡面的「旅居號」在著陸後是否仍活著。其他人卻說，我們應該讓它自動打開。我想我可以把這夢視爲一個好兆頭，我決定起床。如果「旅居號」可以在地球濃密的大氣中安然降落——雖然這只是個夢——那麼，穿過火星稀薄的二氧化碳大氣層，簡直像一陣熱帶微風般輕鬆。

我的晨間活動沒能使我感到安適，喝慣的茶也無法使我輕鬆下來。我機械化地吞了一顆橘子，吃不出味道。我覺得自己像個在聖誕夜望穿秋水焦急等待禮物的小孩子。我穿上我最喜歡的洋裝——顏色如火星般紅——決定還是別吵醒女兒洛拉（Laura）。她剛回家過大學暑假。她打算早上十點來我辦公室找我，「探路號」預定在那時進入火星大氣層。我想，她可以多睡一會兒，好爲這特別的日子儲備體力。我從我在加州卡納大市（La Canada）的家，開十公里的車到噴射推進實驗室（Jet Propulsion Laboratory, JPL）。我早上六點半到，比我平時上班時間早了一個小時。

我在JPL工作了三十年，幾乎每天都要開車經過這條橡樹街，我卻從未像那天一樣，見到如此多的記者聚集；本地的、全國的、國際的電視台轉播車，一排排停在路邊。離JPL園區入口處不遠的馮卡爾曼演講廳（Von Karman Auditorium），已經擠滿了報紙雜誌和電視廣播的記者，忙著報導這件消息。攝影師拍著我們在JPL園區中庭和在演講廳裡展示的「探路號」全尺寸模型。拍攝小組在模型四周和演講廳後方梯子上搶位子。這場尋找好視角的卡位戰太激烈，JPL只好把區域隔開分配給每組人，以避免爭執。我知道美國獨立紀念日（七月四日）是個沒有新聞可報導的日子，但我沒料到媒體對火星消息的熱度竟如此高。顯然，「探路號」和它所載的「旅居號」漫遊車已經佔滿人們的想像。

在電視上看著《星艦迷航》（Star Trek）和《星際大戰》（Star Wars）長大的一代，並沒有親眼目睹過人類登陸行星；對這一代的人來說，「探路號」的任務，意義和太空人阿姆斯壯（Neil Armstrong）在一九六九年七月二十日登陸月球相似。「探路號」在一九九六年十二月四號升空之前，我們為它所建立的網頁，早已有為數百萬的世界各地忠實觀衆，藉網路關心這項任務的進度了。流行文化助長了這股太空熱，但眞實世界鮮少讓幻想成眞。今天，在美國的獨立紀念日，眞實世界就要送上大禮了。不過大衆對「探路號」的關心，倒不是因爲今天正逢這個喜氣的節日；目的地火星，才是眞正的原因。

◇

在所有行星中，火星在人類想像中佔有最耀眼的地位。火星的談紅色，是它在人類眼中的第一印象，那顏色也成爲憤怒和熱情的投注對象③。四千年前，埃及人稱它爲哈•德契爾（Har de'cher），意思是「紅色的神」。巴比倫人則叫它尼喀爾（Negal），死亡之星。希臘人稱它阿列斯（Ares），意即戰神。羅馬人則稱這位神祇爲馬斯（Mars），正是英文「火星」一詞的由來。

火星具有逆行性——它看起來會在從東向西轉的軌道上停滯，反向而行，再度停滯，然後在地球和火星接近的時候，又恢復從東向西轉——這使古代的星象學家不信任這顆紅色行星的一舉一動。希臘人和羅馬人賦予火星負面性格，例如性慾、渴望、失序、殺人慾望等等——他們只有在打仗時才把這些視爲有利於戰爭的特質。羅馬帝國就讚頌火星爲羅馬的侵略性軍事文明之神。

火星的眞相和想像總是參雜出現。想像使人對火星產生興趣，於是促成火星觀測。天文望遠鏡使我們測知火星一日的長度——火星上的一日，只比地球一日長幾分鐘——望遠鏡下看到的火星，有著令人驚異、不斷變動的外貌。有關火星的小說，則背離了由觀測而得的事實，大談愛與死，善與惡。直到最近，對於火星的描述還是在事實和臆測之間混淆不清。

十六世紀後葉，丹麥的天文學家泰戈·布拉（Tycho Brahe）用肉眼觀測星空，留下了大批關於行星移動的資料。泰戈·布拉與哥白尼不同，他相信地球是太陽系的中心。一六〇四年，德國天文學家克卜勒（Johannes Kepler）整理泰戈·布拉的資料，並認爲太陽才是太陽系的中心，行星運行的軌道是橢圓形的，不是圓形。火星在天空中十分明亮，它十分橢圓的軌道甚至不用望遠鏡就可以觀測出來。從這些觀測結果中，克卜勒發展出他的三大行星運動定律。人們到今天仍用這些定律來決定，在何時、何方向對某個行星發射太空船。

一六〇九年，義大利天文學者伽利略（Galileo Galilei）造了他的第一台天文望遠鏡，並開始研究行星和星空，這其中包括了一六一〇年對火星的密集研究。雖然他的望遠鏡只能放大二十倍，伽利略卻相信他看到了火星的盈虧，和月球盈虧相似。隨著望遠鏡不斷改進精良，這些盈虧資料也勾勒出火星的面貌。

一六五九年，荷蘭天文學家豪根（Christian Huygens），手繪出火星第一個被認出來的地貌——大余提斯平原（Syrtis Major）。大約在此同時，義大利裔的法國天文學者卡西尼（Giovanni Cassini），詳盡畫出了火星的斑點。今天，美國的土星探測計劃以卡西尼爲名，而豪根的名字用在「卡西尼」太空船所搭載的探測器上，那枚探測器要被投入土星的最大衛星，泰坦（Titan）的大氣中。

早期的火星觀測者中，最有影響力的就是史基帕雷利（Giovanni Schiaparelli）了。他把火星的條狀地貌稱作"canali"④，也就是「峽谷」或「水道」。一八七七到八八年這段時間裡，他把觀測資料編輯成一本畫滿「峽谷」的地圖。早期的天文學家已經注意到這些線狀和條狀的地貌，但史基帕雷用"canali"一字，爲在太空船探測火星之前的所有小說埋下伏筆。至於爲何把"canali"譯成英文"canal"（水道），十九世紀末的美國天文學家羅威爾（Percival Lowell），恐怕要負大部分的責任。

羅威爾出身於一個家教良好的美國東岸家庭，相當於他那時代的沙崗（Carl Sagan）。沙崗是美國天文學家，寫了不少科幻小說，電影《接觸未來》（Contact）即根據他的原著改編。羅威爾沒有受過正規的天文學訓練，但對於大衆來說是位極出色的普及科學老師。他非常富有，有錢到可以在亞歷桑那州富雷史塔伏市（Flagstaff）的清徹星空下蓋起自己專屬的天文台。他也夠聰明，可以想出一套聽起來一貫且頗像回事的火星學。一八九五到一九〇八年間，他出版了三本書：《火星》（*Mars*）、《火星及其運河》（*Mars and Its Canals*），以及《火星，生命之居宿》（*Mars as an Abode of Life*）。他相信火星上不但有生命，而且有非人類的智慧生物。

不管怎麼說，羅威爾觀測到了像地球兩極那樣的冰冠，他推測這是火星的水源。他也推測火星的大氣和地球相似，但密度只有地球的十分之一。羅威爾認爲，火星的條狀地貌過於筆直，不可能是天然造成的。他以爲他看到地表上橫亙千里的直線條。在他心裡，那都是火星人築來好將冰冠融化的水引來灌溉農作的水道。火星地表的明暗波動——他長期觀測火星所看到的地表顏色變化——便成了羅威爾證明火星有農作和收成的證據。

羅威爾在科學界備受批評，大衆的想像則不然。HG威爾斯在他一八九五年出版的《世界大戰》（*The War of the Worlds*）裡，把火星人說成有觸角的生物。爲了要離開那個正在枯竭的星球，火星人乘著角柱狀的太空船，像顆隕石般戲劇化地掉進地球表面。他們用遙控機器人來運輸物資，還發射「熱線」（可以比做是雷射光）殺害地球人。

HG威爾斯把地球人比作無辜的受害者，屈服於一群比人類更有力而可怕的生物下。這造成民衆的恐慌。而一九三八年的萬聖節夜裡，美國電影導演奧森・威爾斯（Orson Welles）製作了一齣《世界大戰》的廣播劇，造成全美舉國緊張，便可證明這一點。儘管廣播中聲明了這只是齣廣播劇，很多人卻相信劇裡的每一句話。我懷疑，如果這齣劇改成是土星人入侵，還會不會有人如此輕易上當。

布羅（Edgar Rice Burrough）的火星人故事，也爲火星上有生命的說法背書了數十年。

在他一九一二年出版的第一本書《火星公主》（*Princess of Mars*）裡，所描述的火星人比威爾斯筆下的更像人類。甚至，他故事的主角，約翰・卡特（John Carter），還娶了一個火星女子，她只下蛋而不哺乳，卻有一對大胸脯。許多著名的科幻小說家——例如韓林（Robert Heinlein）、克拉克（Arthur C. Clarke）、布雷伯里（Ray Bradbury）——則依他們的想像創造出自己的火星故事。在克拉克的《火星之砂》（*The Sands of Mars*）裡，火星人像是袋鼠般的生物；而布雷伯里的《火星記事》（*The Martian Chronicles*），則把火星人寫成有一對黃金眼的類人生物。把火星描述得最美的，則應屬一位基督教衛道者，CS李維斯（C. S. Lewis），他在一九六〇年代初期所寫的星際三部曲中，把火星描述成一個純眞而充滿智慧的地方，由一群聰明、不具形體、使用精神力量的生物來統治。

「航海家四號」（Mariner 4）在一九六五年飛近這顆行星之後，火星的科幻小說熱便突然中止了。

◇

「航海家四號」以每小時數千英哩的速度，快速通過火星，它上面粗糙的攝影機只拍回了幾張照片。但這少數幾張照片已足以破除羅威爾筆下的火星神話。火星的暗淡蒼涼，超乎所有人的想像。

「航海家四號」所拍攝到的一小部分火星地表，看起來和月球一樣地表充滿坑洞。火星的大氣比羅威爾所想像的還要稀薄。在黑暗的太空中，火星是一顆紅色的球狀物，它的大氣層太稀薄，以致於它並沒有像地球那樣的氣圈。後來在一九六九年，探測飛行詳細測出火星南極層層疊疊崎嶇不平的區域。一九七一年，第一部上火星的太空船「航海家九號」，遇到火星上正在颳塵暴（dust storm），在軌道上待了幾個月，直到塵暴止歇，才得以傳回在煙塵中偵測到的片斷圖片資料⑤。

火星大氣回復清澈後，這些偵測到的地點，原來是火星地殼突起處聳立著的巨型火山群。這種地殼突起，後來地質學把它命名爲「泰西斯火山蜂」（Tharsis）⑥。這些火山有的和美國的一個大州一樣大，有的比地球上最高的山要高上三倍。火星最大的火山，奧林帕斯山（Olympus Mons），便高達兩萬七千公尺，是太陽系已知的最高山脈。奧林帕斯山太龐大，它附近的地殼承受不了它的重量，竟在它附近陷落成一圈壕溝。火星的赤道南方則是火星峽谷（Valles Marineris），這座峽谷長度和美國從東岸到西岸的距離一樣長，有些地方深達八公里。美國的大峽谷也才不過長三百七十公里。火星表面上遍布峽谷和山溝，表示火星很可能曾經有水。

科學家相信，曾經有水的地方，也就可能曾經有生物——倒不是科幻小說家筆下的生物，而是某些人類想要研究的生命形態，藉由研究它們來了解我們自己的行星。火星看起來和地球的狀態極爲相似。如果火星上曾有生物，那麼到底發生了什麼事，把它們都消滅了？相同的事會不會發生在地球上？早期火星探測所蒐集的資料，使人們更有興趣蒐羅火星歷史及其上可能曾有的生命形態。在未來十年內，我們計劃了十次火星任務。身爲火星探索計劃（Mars Exploration Program）的主管，我認爲「探路號」的首次登陸有舉足輕重的意義：我們用「探路號」所實驗的一些新設計，都將成爲未來任務的基礎。

我覺得「探路號」是一艘超級酷的太空船：小巧、輕盈、便宜，而且概念創新。「旅居號」的英文名字"Sojourner Truth"，以一位偉大女性的名字命名，不像「無畏」（Intrepid）或「挑戰者」（Challenger）只是個男性英雄的概念而已。這位女性是十九世紀的美國傳教士索哲娜·楚斯（Sojourner Truth）。她曾走遍美國南方，宣傳奴隸制度的罪惡。而我們這個索哲娜（Sojourner 的英文字意爲「寄居的人」、「遊歷四方的人」），即將在火星上遊歷，傳回這顆紅色星球的眞相（"truth"）。只要「探路號」一切照常運作，我們馬上就有成堆的新資料可供分析了。

◇

我早起來到JPL，想看看我組裡那幾位監測「探路號」行蹤的工程師組員。除了一些發射時的小插曲外，「探路號」從地球一路以來的行程都沒什麼意外，過去七個月簡直可說是無聊透頂。我倒希望能有個徵兆告訴我，接下來發生的事也同樣沒什麼意外驚嚇。

JPL的公關資訊人員看到我，神色輕鬆不少。她把我帶到一位記者面前，這位記者需要有人爲他解釋這任務的一些細節。我之後便直接投身爲記者作簡報。

在簡報台上，任務運作部門的主管描述了那天早上在計劃中將要發生的飛航步驟：早上十點，「探路號」會結束它的太空軌道滑行階段，它機身上裝置的太陽能接收板會自動脫落；這片裝備，在「探路號」飛向火星的這七個月途中，以太陽能發電來供應「探路號」導向和對地球通訊所需的電量⑦。三十分鐘後，太空船的本體便會飛進火星大氣層中。在高風阻隔熱板、降落傘、火箭和安全氣囊的合力作用下，太空船不會像殞石那樣掉在火星上，把火星坑坑洞洞的表面再撞上一記。

這是任務中風險最高的部分。登陸艇是一個九十公分高、金字塔形的結構體，被隔熱板包裹起來，在大型吸震的安全氣囊保護下撞擊地面。在彈跳滾動數分鐘後，安全氣囊洩氣收起，登陸艇會像朵花般綻開，露出放在艇其中一片瓣翼上的漫遊車。如果一切順利，我們當天下午便可望看到從登陸艇傳來的第一張照片了。

我犧牲掉和「探路號」小組一起監看著陸過程的機會，而成爲面對媒體的任務發言人。我們都明白，總得有人和媒體打交道，好讓任務小組可以不受干擾繼續工作。我們總不好讓記者擠進控制室，看著大家做事。我老闆和我志願負責這件苦差事，不過，站在攝影機面前向人說明預定進程，實在不是我原本想做的事。身體裡每一塊骨頭都隱隱作痛；我只想和隊友在一起。

早上十點零六分，我得知「探路號」要開始降落在火星表面。我面對ＣＮＮ的攝影機群，站在悶熱的ＪＰＬ廣場上一個垃圾筒的後方，用它當臨時的解說檯。我把「探路號」的模型放在垃圾筒上，好解釋登陸的每個步驟。我一邊操作手上的模型，向CNN的記者解釋登陸程序，一邊想到我在任務管制中心的同事們，應該很快就會收到無線電訊號，傳來每一個步驟的動向。我們設計讓「探路號」間歇送回短信號，好讓我們知道它正照計劃進行每一步驟。從火星傳來的信號，要十分鐘才到得了地球。六分鐘的降落過程，在我們得知是否成功降落之前，過程早就結束了。我們沒辦法在這個過程中控制它。

我斜眼瞄了瞄放在垃圾筒上，浸浴在陽光裡的監控器螢幕，想看看飛行控制小組打算做什麼。這樣瞄，我只看到組員要不正緊張踱步，要不就是專注坐在螢幕前。每次我看到他們圍在電腦螢幕前，看著每個從太空傳來的信號時，總覺得我完全沒有參與感。我想，如果能和同事一起站在飛行控制室裡，雖然我並不會平靜多少，至少我可以和隊友在一起。

在火星上，「探路號」開始降落。火星的重力以每小時約兩萬七千公里的速度將它向下拉，「探路號」將它的航行動力拋棄：那塊太陽能翼板為它這趟長達一百九十萬公里的旅程提供了七個月的電力。從「探路號」上面看去，火星像個紅色的彎月，右半面是亮著的。只不過太空船外面並未設攝影機來監看降落過程。火星時間上午三點，「探路號」正往火星那黑暗的左半面墜落，這意味著它無法看到火星上的巨型火山和峽谷。

幾百萬公里外的火星當然不會傳來任何聲響，不過整個小組知道，在接下來的兩分鐘內，火星就會燃起它自己的七月四日登陸紀念煙火⑧。

「探路號」會在冰冷的黑暗中冒出黃色和橘色的火花，隔熱板一片片燃燒剝落，好讓太空船不至於在和大氣磨擦的過程中燒起來，這時速度已降至每小時一千兩百公里。降落傘門像爆竹般炸開，放出巨型的降落傘，墜著登陸艇，使速度降至每小時一百九十二公里。其餘的門口爆開，把隔熱板排開，太空船便這樣把板子徹底甩掉。太空船尾端的保護殼此時把登陸艇鬆開，滑出一條三十公尺長的纜繩在降落傘和尾殼下懸蕩著。此時，裝設在尾端保護殼上，由纜繩緊繫著的三具火箭會開啓，把船體剩下的部分停滯在離地十五公尺的上方。

四只以維克傳材質（Vectran，一種製作防彈衣的材料）製成的多葉狀安全氣囊，會在一秒鐘內充氣，包住登陸艇，把它當反恐怖特勤幹員似的保護著。這時另一些門口爆開，把尾殼和登陸艇之間的維克傳材質纜繩切斷。火箭將降落傘和尾殼帶走，讓登陸艇在四點五公尺的安全氣囊包圍下，以八十四公里的時速掉落地面。

安全氣囊撞擊地面，登陸艇會彈上將近十五公尺高，幾乎和它掉下時的高度相同。它會在火星的紅土屑上跳動打滾幾分鐘。最後它會抵達我們要它到的地方：阿列斯峽谷口（Ares Vallis，意思是「火星的峽谷」）。火星地質學家認爲，這個峽谷——深達四點八公里——是幾百萬年前由一場大洪水造成的，這場洪水將古代火星高地的岩石沖下，散落到「探路號」降落的這塊平原上。

我站在垃圾筒後這個絕佳的觀測位置，看著螢幕裡的動靜。飛行工程師坐在控制室的椅子上，一邊來回移動一邊喊著他的組員。

「降落傘已經釋出。」他叫道。他的同事滿懷期待站著。「隔熱板拋出。火箭啓動。」

然後是沉默。可怕、令人緊張的沉默。我想像「旅居號」蜷縮在登陸艇的其中一翼，在小心建構的巢裡翻滾跳動。我總是把它比喻成雞蛋中心的蛋黃。裝著它的外箱是不是把它好好兒包著了呢？

「我們收到信號了！」飛行工程師叫了出來。

組員們歡呼出聲，擁抱，當場起舞。雖然我面對CNN的觀衆在做現場轉播，我還是小小興奮地手舞足蹈了一下。「探路號」沒有墜機或燒毀！它停在火星的地表上——而且好端端的。我終於收到我的聖誕節禮物了。我得克制自己不去抱住我身旁最近的人——眼前的CNN記者。

「我是不是看到妳在擦眼淚？」他驚訝地問我。「不常見到像妳這個等級的工程師哭。」

「東尼也在哭。」我指著螢幕說。在螢幕上，「探路號」專案的主持人東尼・史皮爾，臉上流著淚，滿溢興奮和鬆了一口氣的情緒。

在過去二十年裡，史皮爾和我的關係時好時壞。在一九七〇年代初期，我們曾一起參與「航海家十號」計劃，那艘太空船後來在一九七四年飛經金星和水星。一九九二年，我當上了火星漫遊車製造小組的領導人，並開始推動讓漫遊車搭「探路號」的便車到火星一趟。自此，我們的衝突便開始了。

JPL裡沒有人要給漫遊車搭便車的機會，史皮爾最是反對。我們只有二千五百萬美金的預算，但這種計劃花上數十億美金都算正常。我們的挑戰，是要建造一個小機器人，它不但要能在零下一百五十幾度的低溫下工作，還要能承受從火星大氣層穿透下來的輻射線。史皮爾的工作則是建造一艘能在火星上安全登陸的太空船，但預算很緊。對他來說，漫遊車好像寄生蟲，而我和我的小組只會惹他心煩。

史皮爾認為，要用不到兩億美金的錢去設計和建立一趟任務，實在夠難的——「海盜號」那趟任務的花費，用一九九七年的幣值計算，超過三十億美金。史皮爾不准漫遊車佔據空間和消耗電力，而且還要它配備自己的通訊裝置，因為他和JPL的其他人一樣，根本不相信漫遊車的想法可行。

對大多數資深的工程師來說，漫遊車太過小巧，不值得認眞看待。從一九六〇年代到一九九一年間，所有和漫遊車有關的研究和原型設計，都把它設計成有一部貨運卡車大小的機器，足以漫走數百公里，收集火星土壤樣本。和那種設計相比，我的漫遊車說好聽點是個玩具，說難聽點簡直就是笑柄。

更何況他對我的小組沒什麼敬意可言。小組大多數成員，包括我在內，從來不曾把任何機器送上太空，而這是在JPL裡證明能力的鐵則。如果你從未把東西送上太空過，則沒有人會相信你有能力勝任這項工作。這種典型的「第二十二條軍規」(Catch-22) ⑨，多年來始終絆住我的我職業生涯。

我參與漫遊車小組這件事，最讓史皮爾厭煩。不論他如何努力想把我踢開，我就是不願退出。他和我為此計劃爭執了整整兩年。甚至有一度我把他當成敵手，是把漫遊車送上火星之路的絆腳石。他也一度視我爲敵人，一個既沒經驗又固執，還可能毀了他工作的人。

但漫遊車畢竟搭上了「探路號」的便車，得以展示它的機巧，也引起大衆迴響。在這欣喜的時刻，史皮爾和我又一次情緒激動。但這一次是喜悅。我們倆都不是那種會記仇的人。這一刻，在我心中，他是幫我實現童年上火星夢想的人。

◇

我在奧克拉荷馬州一個叫維尼伍德（Wynnewood）的小鎮長大，成長過程中從未抬頭仰望天空尋找這顆紅色行星；我想像中的火星，要比天空中的點點微塵來得眞實而有內涵。十二歲的時候，爲了尋找自己在世界的定位，我閱讀了克拉克的《火星之砂》，那本書使我心儀天空。

我是個聰明、話多、有點男性化的小女孩。在我們那個只有兩千五百居民的鎮上，典型的女性特質繞著絲質薄紗衣和睫毛膏打轉。我房間的牆壁上沒有歌手或電影明星的海報，天花板倒是掛滿我自己組裝的飛機模型。我身上沒有香水味，只聞得到模型接著劑的味道。

我年幼時就幻想成爲飛行員了。兩歲的時候，我望著天空上飄著的雲。六歲時，我夢想成爲自由飛行員。十歲，我決心成爲一位造飛機的航空工程師。成年之後我才知道，那些夢想是如何緊緊包裹著我那想要逃離無聊環境的渴望。克拉克所描寫的太空飛行，比我周遭的世界更吸引我。難怪在我十二歲的心中，我的未來世界總是向著天空。

克拉克筆下的火星，是一個技術官僚體制，科學家在半球形的生活圈裡以冷靜、邏輯的方式統治這星球。在這裡，聰明才智不只獲得賞識，更是一項資產，每天都有新的科學發明。住在這片新疆土的本質是冒險，而且，這兒還有女性。我不知道，在我有生之年，女性是否能開始探索太空——在維尼伍德小鎮上，沒有女人懷抱此想望——但我想試試看。

四十多年過去，女性仍到不了火星，不過男性也同樣到不了⑩。經過四十年的太空研究和探索，關於人類在太空中能否適應生存，或火星的狀態如何，我們都所知有限，無法肯定人類能在火星上面安全從事工作。發明太空火箭，後來入籍美國的德國科學家馮布朗（Werner von Braun），在一九五〇年代就想要把人類送上火星，但美國無此意願，也沒有這筆預算。幾次「阿波羅」登月計劃所花的錢，若用現在幣值計算的話，是數千億美金。除非政治人物願意再次拿錢將人送上太空，否則只能用太空船載著機器人代替人類登陸。儘管我的腳無法在火星的土地上留下腳印，但「旅居號」能留下軌跡，也蠻不錯的。

◇

不過，現在沒時間回顧過去了。在CNN的轉播和接下來的幾場訪問後，我被安排上國家公共廣播電台的節目。這時，我們在等登陸艇傳來的下一個訊息。所有訊息都顯示，登陸過程順利。從地面傳來的第一則訊息告訴我們，登陸艇狀況良好，跳動和滾動已經停止了。

我們的運氣實在太好——金字塔型的登陸艇上面姆指般大小的特製天線必須朝上，才得以傳送信號回地球，而這個降落後天線朝上的機率是四分之一。此時火星時間是凌晨三點，由火星地平面上看來，地球的位置仍很低，但正緩緩上升中。「探路號」用比一顆冰箱裡照明燈泡還低的電力，向四面八方送出無線電訊號。這些電波中，只有一小部分能從火星傳送到地球上，安置在位於西班牙、有一個足球場大的「外太空電訊接收站」(Deep Space Network)的「耳朵」裡。這些微弱且零星的訊號，還得先通過目前仍包在登陸艇外的安全氣囊。如此重重障礙，我們根本不預期會在兩小時內收到任何像「我到了」這樣的訊息，但我們竟然在幾分鐘內就收到了。

天線朝上，對漫遊車設計小組來說是件好事。他們需要靠登陸艇平伸出梯子，把「旅居號」放出來行走。在收到下一個訊號前，我們得先等安全氣囊洩氣，瓣翼張開，地球在火星地平線上再升起一些。這可能要再花兩小時。我可以暫時喘口氣。

著陸一小時後，我上了公共廣播電台的「星期五科學論壇」節目。公共廣播電台在JPL中庭的翠綠草皮上（幸好是在有樹蔭的地方）做了一小時的call-in與談話，介紹我們的火星計劃。節目來賓包括了三位科學家——本次任務的氣象預報員、影像小組和漫遊車小組的發言人——還有我，代表工程師小組發言。主持人要我們輪流說明各人的工作，以及執行火星探索任務的意義。我們則同時從耳機裡監聽飛行控制室傳來的微弱聲音。負責火星氣象預報的仁兄，用他有點冷硬的英式口音，描述他希望收到的火星氣象資料。這時我插嘴：「他們是不是收到瓣翼開啓的信號了？」我轉身向電台主持人說：「任務控制中心一有任何消息，我們都要知道！」

「我們收到信號說，瓣翼已經開啓了。」飛行工程師的聲音從耳機傳來。

「老天，我們眞的做到了！」我大聲叫道，忘了我正在上廣播節目。「這太精采了。」

這信號比我們預期的早收到，雖然微弱，卻是眞的。

「然後我就失業啦。」飛行工程師高興地說，他後方一陣歡呼。他負責控制進入火星和著陸的過程。現在要由火星地面遙控小組接管了。

太陽在火星地平線上緩緩升起，登陸艇上的攝影機負責追蹤它的軌跡。登陸艇上的電腦計算出太陽和地球的相對位置，如此它便可以把主天線對準地球，把登陸時所收集的資料傳送回家。天氣預報員開心極了：他在火星上有了個可用的氣象站。對漫遊車小組和其他人來說，他們對照片更有興趣。這些照片會爲我們呈現登陸艇和漫遊車的「旅後餘生相」，以及自二十年前的「海盜號」任務後的首批火星近照。

就在我等待安全氣囊放氣的信號時，更多的媒體訪問湧進來。我女兒和她男友過來看我，爲我帶來一份三明治，我一邊吃一邊接受《洛杉磯時報》的訪問。洛拉說，她看到我在CNN上掉淚，簡直受不了。她和我差不多緊張。這些年來，我爲了讓「旅居號」上路而長期超時工作，她和她的「漫遊車妹妹」同享我的關注。

我和記者坐在樹蔭下，人們停下來聆聽，不時加入一兩句評論。氣氛有如典禮。連那些反對我們這項獨特計劃的人，也好心給了一些祝賀的話。

「嗨，金！」我對金・馬丁（Jim Martin）大叫。他是「探路號」的終審委員會長。「你一定想不到我們竟然做到了吧！」

金有著一百九十五公分的高個頭，留著灰色小平頭，他曾是「海盜號」計劃的主持人，本次坐鎮「探路號」設計和建造的審議委員會。主持「海盜號」計劃時，他掌管了一筆龐大的預算，花了七年時間，造了兩部太空船和兩艘登陸艇。他懷疑我們瘋子似的低預算登陸方式能否成功，甚至在史皮爾接納了漫遊車後，金仍反對我們的小車。如何通過他的審核，一度是個大挑戰。

「是我讓你們上路的。」他露齒微笑回話。

於是，我指著一些正要到馮卡爾曼演講廳接受訪問的工程師。

「好吧，你們聽好，」我逗他們說：「漫遊車最好能動。」

「把駕駛工作交給我們就成了。」其中一人叫著。

漫遊車的首席無線電工程師，琳・蘇坎托（Lin Sukamto），神色緊張走到我身旁。

「我不舒服。」她悄悄說。我摟了她一下。

「嗯，我已經緊張了好多年了。」我向她和記者這樣說。

我大概在下午一點三十分左右回到CNN現場，登陸艇的攝影機在螢幕上傳來第一張照片。沒見到半個火星人——只有塵土和岩塊，不過那是人類前所未見的塵土和岩塊。我可以從螢幕上看到任務控制中心的組員們正在歡呼和鼓掌。

「看！」有人叫著，「一座山丘！」

「那個就是漫遊車要去的地方。」史皮爾說。

「你們想要一處好的登陸點，」這項專案的科學家馬特・葛隆貝克（Matt Golombek）豪氣萬千：「我就把它送到那裡！」

葛隆貝克，這位笑聲具有傳染力，個性又積極又熱心的四十二歲男人，是世界上最優秀的火星地理學家之一。他爲了這處登陸地點，與美國太空總署（NASA）爭執了兩年。在十八處的候選地點中，最後挑了他的。那地方的確壯觀，照片裡到處看得到岩石，有的還像書架上的書層疊在一起。

科學家說，把這些岩石沖到阿列斯峽谷的那場毀滅性洪水，把地球上的類似事件全比了下去，足堪相提並論的，大概只有形成地中海的那場洪水。被這種洪水所沖下來的岩石，應該不同於「海盜號」周圍那些被殞石擊中而蹦裂散在坑洞四周的岩石。更確定的是，這首張黑白照片上有著一大群岩石，簇擁著火星地平面上聳立著的兩座高峰。大多數的岩石都落在漫遊車環繞登陸艇行走的範圍內。探索它的可能性相當多，而小組成員希望盡速把「旅居號」放出來，愈快愈好。不過出了點小問題。

第一張彩色照片顯示，漫遊車蜷縮在登陸艇的瓣翼上，背景是紅色的火星大地和紅灰色的岩石，還看到殘餘的安全氣囊擋在漫遊車的出口通道，這是個可能帶來危險的狀況。在漫遊車的前方和後方，登陸艇上的階梯仍像條慶生會彩帶似的捲著，無法伸展開來。

沒有階梯，漫遊車便無法離開登陸艇的瓣翼。即使階梯伸展開來，階梯上殘餘的安全氣囊，很可能使漫遊車在往下走時失去平衡。階梯若不安全伸開，「旅居號」哪兒都去不了。這是個問題，但不是不能克服。登陸艇的設計本來就考慮到要克服各種障礙。好比說，萬一登陸艇的瓣翼斜靠在一塊大石上半開，四個瓣翼上的馬達就會像個做雙槓運動的體操選手那樣直直一撐，把瓣翼伸展開來，並把登陸艇抬高擺平，讓漫遊車開下來。

小組成員認爲，若要解決這項問題，最好是把瓣翼升起，好把安全氣囊收起來。幸好，「探路號」小組的「小精靈」——一位二十七歲名叫大衛‧葛羅爾（David Gruel）的工程師，在他專職負責「破壞任務」的時候，曾模擬這種狀況。

◇

葛羅爾的工作，是要在夜間潛入「沙箱」（sandbox）中，那裡停了一台模型登陸艇和漫遊車，用來模擬火星地表的作業。那是一間滿是沙子和石頭的房間，牆上貼滿從「海盜號」任務所收集到的照片，裡面擺著功能完全一樣的模型登陸艇和漫遊車——呃，事實上是兩部漫遊車。一部和「旅居號」幾乎一樣，另一部則只有輪子和彎臂輪（chassis）。這部簡化過的機器，重量只有模擬「旅居號」那部機器的八分之三——這部「輕型旅居號」模擬了漫遊車在火星上的實際重量。火星的重力只有地球的八分之三。

葛羅爾喜歡搞些魔鬼地形，讓登陸艇和漫遊車小組僅靠著登陸艇攝影機的資料來克服。

他每天晚上都去翻攪一番這個假的火星地表，然後把沙箱密封起來。他多半都仿照眞實狀況，好比說用沙築一大段狹路，或在漫遊車附近用石塊築一道牆。有時他也會惡作劇。有一次他把一株盆栽藏在沙箱裡，漫遊車小組還乖乖把車子開過去，看看「火星」上到底生出了什麼怪生物。

此時漫遊車在火星上所面臨的難題，其實小組已經有了對策。因爲葛羅爾曾經故意把一堆安全氣囊的材料灑在漫遊車的瓣翼上，來當作「破壞任務」的模擬狀況之一。爲了要百分百確定以前模擬過的解決方案有效，整個小組還跑回沙箱演練了一次。

所謂沙箱演練是這樣的：模型登陸艇已經打開，瓣翼下塞滿安全氣囊，就和在火星上的狀況一樣。組員故意把一枚安全氣囊放在其中一片瓣翼上，然後送出信號，要上面的電腦把瓣翼升起。瓣翼一旦升起，馬達便把安全氣囊內縫製的纜繩拉起，把安全氣囊收進登陸艇內。然後模型登陸艇便可以把瓣翼放下。

這項程序進行十分順利。於是，指令很快就送到火星上那艘眞正的登陸艇，進行同樣的工作。一開始的時候，絞盤轉了四十二圈，把安全氣囊收了進來；組員讓絞盤馬達再轉五圈。當照片顯示，安全氣囊已整齊收好後，小組成員立刻送出指令，把階梯門口炸開，放下漫遊車的階梯。幾分鐘後，攝影機傳回階梯放下的影像。成功了——不過仍有些問題。

火星微弱的重力，並未把前方的階梯給拉到地面上。它像個頑皮小孩吐出舌頭。如果漫遊車開下去，階梯末端應該會搖晃下墜，觸及地面。但根據漫遊車的程式設計，漫遊車會在遇到顛簸時停住。我們很可能會看到漫遊車在階梯一半處停住，不肯再前進。

「旅居號」後方的階梯穩當降到地面上。漫遊車得走後方那個階梯了。但「旅居號」所有用來避開路障的設備，全都安裝在它的前方。它很可能會「瞎著眼」向後移動，而且後方階梯上仍有一點殘餘的安全氣囊，這很可能對漫遊車形成障礙。

回到沙箱。漫遊車小組迅速模擬讓漫遊車碾過安全氣囊的材料。有刺的輪子會不會卡在氣囊的布料中？也許不會。但在沙箱裡的測試剛結束，又一個問題冒了出來。漫遊車和登陸艇無法互相連線。登陸艇和漫遊車小組急忙查看哪裡出了問題，但還沒診斷出問題何在，火星上的地球就已經「下山」了。當口和火星的聯繫就此中斷。漫遊車得等到第二個火星日才能開始行動。

「根據莫菲定律（Murphy's Law，如果某件事可能出錯，它就一定會出錯），似乎『探路號』把所有能發生的問題都留給漫遊車了。」我對記者抱怨。

記者會和訪問持續到深夜。但在訪談和記者會的空檔，我終於有機會走進任務控制中心，向所有成員祝賀。我興奮無比，擁抱了每一個眼前看到的人。登陸艇小組仍在慶賀。領航員把登陸艇帶到和我們所選位置相差無幾的地點。事實上，過去曾有以一元爲賭注的賭局，看是否眞能成功登陸。結果那一筆錢被一個在登陸艇攝影小組裡的年輕科學家給贏走了。他等著漫遊車開始行動，這樣他就可以用登陸艇上的攝影機拍一部「漫遊車電影」。我們都說他是火星上第一位電影製片。

科學家們個個亢奮，邊吃宵夜邊等著影像和氣象資料傳來。漫遊車小組仍在等待。我和他們一起爲我們的成就感到驕傲，但有點遺憾，沒能和他們一起解決危機。在我職業生涯裡，與這個小組工作的經驗最像個家。和這些傢伙一起克服難題，使人倍感興奮。那是個充滿創意卻不會太不切實際的環境，每個成員都可以貢獻自己心力，而且所有人都共享仔細思考評估後的解決方案。我希望能獻計幫他們解決問題，不過我知道他們自己也可以做得很好。

漫遊車小組開會後決定，讓漫遊車從後方完全放下的階梯下來。他們從一開始就不打算使用漫遊車上面的路障迴避裝置。他們要它開到地面上，而不是無助地停在階梯上。他們也準備好，火星時間隔天早上送指令給登陸艇，要登陸艇把指令中繼給漫遊車。如何讓漫遊車和登陸艇能加強彼此連繫，意見衆多。最簡單的方法是，把它們都一起關掉再重新開機，彷彿是對一部有毛病的電腦重新開機。

火星上的這個清晨，正值地球時間（美國）的下午（火星日比地球日長四十分鐘）。所有計劃得等到第二天進行。我終於爬回家裡，過於興奮，以致睡不久。公關資訊室在我第二天的日程上寫著要我「晚起」，但我就是沒辦法。我早上花了點時間上網路，瀏覽了幾份電子版的全國性報紙，對「探路號」成功的消息感到滿意。

我下午趕回JPL，好跟上火星的日出和「地出」（地球在火星地平面上升起）。地球才剛升到水平面上，我們發現，漫遊車和登陸艇的通訊已經在「重新開機」下恢復了，漫遊車可以自由走動了。纜繩切割器點燃開來，把登陸艇瓣翼上綁著「旅居號」的束縛給切斷。它的前輪和後輪以相反方向轉動，使它升起成站立姿勢，到達整整三十公分的高度。接下來，我們送指令要「旅居號」倒退從後方階梯下降，然後在一大塊岩石附近停下來。登陸艇攝影小組的組長把這塊岩石命名爲「糊塗水手比爾」(Barnacle Bill) ⑪。

我再一次站在CNN的攝影機前，心急如焚，只想知道「旅居號」是否可以啓程了。登陸艇開始將照片傳回地球。第一部火星漫遊車電影值得專心觀看。那位年輕科學家用登陸艇攝影機拍了一整組照片，想拍到正在往下移動的漫遊車，但是第一張照片上只有空空的梯子。

「我沒看到它。」我難過地叫著。

「旅居號」是不是不肯收指令？纜繩切割器是否點燃失敗？它是不是還卡在瓣翼上？第二張照片上，梯子彎了下來。再一張照片（終於！）才看到「旅居號」一路爬下梯子。接下來兩張照片上，她已經在地面上了。

「六輪著陸！」漫遊車操作員如是宣佈，意思是「旅居號」已經脫離登陸艇，獨自在火星地表上漫走了。這部火星上的「旅居號」漫遊車，在我心目中，是僅次於我親生女兒的美麗事物。

◇

那天下午，登陸艇攝影小組展示了一張登陸艇週圍的三百六十度全景。在攝影機還沒升到它的最高點一百五十公分時，它就已經帶來壯觀的景色了。前景上的岩石躺在塵土飛揚的沙質土壤上，地平線上盡是四處散落的岩石；遠處看到一顆殞石坑的邊緣，還有兩座被科學家暱稱爲「雙峰」（Twin Peaks）的小山丘。參觀者看著火星的地形景觀，屋內頓時靜悄悄。

「這是我們的眼睛。」攝影小組組長說。他聲音洪亮，彷彿唸詩似的說：「我們都已駐足在火星上。」

記者們忙於找個切入角度，使他們的報導更有人味，這使我自己也成爲一則新聞。我代表著許多「第一」：我是第一個在JPL掌管飛行設備的女性、第一個火星漫遊車小組的第一位領導人，第一位行星漫遊車的團隊領導，第一位主管太空飛行計劃的女性。他們打趣，把我比成一位名叫迪加·多莉斯（Deja Thoris）的科幻小說角色，她是火星的女王。

第二天結束時，我可一點都不覺得自己像個女王。我只覺得自己像個嘮叨不停、話講太多的蛋頭。我一天的大多數時間裡只是站在鏡頭前，一遍又一遍回答相同的問題。地球的夜幕降臨時，我再一次站在攝影機前。這時有一群人正要往演講廳走。他們是「探路號」小組的成員，約有五十到六十人。

「你們一票人要去哪？」我打斷記者的訪問。

「去參加記者會。」說話的是扮演「旅居號」「耳目」的首席工程師。

「那麼各位，抱歉啦。」我對電視記者說，然後像隻被童話吹笛手誘惑的老鼠，跟在這群人的後面溜跑了。

我們魚貫進入演講廳，走過講台，在一艘全尺寸的登陸艇和漫遊車模型前集合，後方是火星景色的噴畫。大家歡呼，拍手，掌聲持續數分鐘之久，連疲倦不堪的記者們也站起來鼓掌。小組裡有些人抓了張全景照片，拿著它站在照像機前任閃光燈閃爍。我握著史皮爾和其他人的手，覺得眼淚滾了下來。終於，我和同伴們，藉著「旅居號」，踏在火星的土地上。

第一章　小鎮醫生的女兒

「唐娜，去檢查檢查。」說這話的人是查理·戴維斯（Charlie Davis），我的飛行教練，他一頭金髮，肌肉結實。我跑向一架輕型雙翼螺旋槳飛機，那時我認爲它是世上最美的機器。我才十六歲，滿懷期望著我的第一次單獨飛行。

「去檢查一下」是飛行前預備動作的一環。我轉了轉螺旋槳，確定它正常運轉，還查了油量，把兩翼下油箱底可能積的水給排出來；看看輪胎是不是充氣飽滿，看看帆布機翼上是否有破洞。見一切正常了，我就爬進飛機裡。

要爬進飛機，我得打開飛機側身一扇又大又薄的門，爬進前座，用我的左腿把操縱桿勾到雙腿間，然後把脚放在控制方向的踏板上。我踩踩踏板，好確定踏板放空、反應正常，然後搖動操縱桿，檢查升降舵，再左右搖動，確定副翼能正常擺動。查理教練站在飛機前，我一啓動發電機，他就轉動螺旋槳。轉螺旋槳這個動作，有點像是在發動一部老式汽車；螺旋槳旋轉，帶動引擎轉動，使發電機開始供電，點燃汽缸裡的汽油。引擎正常運轉後，查理跑到飛機側，鑽到我後方；我得用力抵著門板讓他進來，否則螺旋槳的向後氣流會把門關上。門砰一聲關上後，我們便進入跑道，滑行到跑道終點，然後轉身迎著風。

起飛和降落是飛行過程中最危險的部分，因為它們都要接觸堅硬的地面。開這種「冠軍」（Champ）輕型飛機的飛行員，必須學會如何靠飛行的感覺來完成這兩項動作。就拿起飛來說，這包括了要知道飛機何時達到足夠的速度，可以讓風把飛機從地面上抬升。你如果想要單飛，得先說服你的飛行教練，說你已經抓到這種感覺了。

教練要我做一項單調的練習：起飛，爬升，在跑道的盡頭往左飛，繼續爬升，然後緩緩平飛，左轉，沿著跑道飛回來，然後準備降落，左轉，順著風向開向跑道，慢慢下降，下降，降到我幾乎碰到跑道盡頭的地面。要降落到地面上，你得把飛機速度煞下來，幾乎到靜止不動的程度，最理想的情況是讓輪子輕輕「吻」上跑道。然後，既然跑道的長度比這台「冠軍」的起飛距離要長得多，於是我便再次將操縱桿拉到最底，再次起飛。我們花了很多時間做這些「觸地—起飛」的練習，起飛，降落，然後再一次起飛。從起飛到降落，一次大概要十分鐘。教練却讓我練上約一小時。練習的反覆單調實在是無聊，我眼淚都快掉下來了。

「好啦！」我做完第六次還是第七次練習，降落之後，他用蓋過引擎聲的音量說：「我覺得妳可以獨自帶它去溜溜了。」

沒聽錯吧？我邊想邊把飛機開回機棚。查理扭著身體爬出後座，我終於第一次獨自坐在飛機裡。

我從小便夢想著的那種恣意飛翔的感覺，此時完全感受不到。我嚇死了。查理坐在我的後面，上了整整二十一個小時的課，每次我飛行的時候，他只會在後面大叫：「方向舵再往左一點！再往右一點！保持機翼穩定！」有時我覺得他的指導只令我心煩，我自認知道該如何獨自處理空中的狀況。開始單飛後，才發現那種自信是多麼可笑；查理在後座掌握了一切，可以隨時幫我脫離險境。

那天的風勢很強，要平穩飛行並不容易。我的第一次單飛當然是顯得笨拙。自由飛行，需要平衡感；想享受飛行，你就得有精準的感覺。我坐在小飛機裡正準備重複練習，風從側面吹了過來。幾分鐘前，那種一切都可預期的重複動作，現在看起來不再那麼無聊了。

降落是眞正困難的部分。飛機開始上下晃動，地面似乎以極快速度迎面撲上來。我在想，是不是該抬升機頭了？不不，我仍離地面有些距離。於是我壓下機頭，上上下下好一陣子，像隻海豚騰空跳躍，最後我終於降落到地面上，咚！

我把飛機滑行開回機棚，查理向我祝賀——雖然那並不是個精準的降落過程。我想，我把優雅看得過於重要了。眞正的樂趣是飛行時自由自在的感覺。我急著回鎮上，告訴家人這項好消息。

◇

我們家，是由這個只有兩千五百名居民的鎮上最顯赫的兩大家族結合而成的。我便在家族的背景和期望等的種種框架下長大。拿我父親那邊來說吧，雪利（the Shirleys）家族是鎮上的地主世家，坐擁上千畝良田，這是我們的契卡索族（Chickasaw，北美印地安族之一）宗親一代代傳下來的。不過雪利家族沒有人再當農夫了。父親那邊的親戚們，靠佃農的地租過著相當寬裕的生活。祖母的第二任丈夫（我們都叫他「阿公」）擁有一座軋綿廠，那曾是鎮上的第二大工廠，僅次於吉爾-麥可吉（Kerr-McGee）煉糖廠。

我母親那一邊的家族並不算富有，但她的父親，查理·布魯克博士（Dr. Charles Brooks），是一位出名的衛理公會牧師。除了他嚴謹的主日講道和一個神學學位外，他在超大型佈道會上募款籌錢的能力，也是有目共睹。奧克拉荷馬在一九〇七年成為美國的一州，那時外祖父參與了一個委員會，掌管州內各學校的道德教育。我父母在一九三六年結婚，那時州內的報紙還詳細報導了這件事，從訂婚、婚禮甚至到蜜月都加以追踪報導。

我父親在奧克拉荷馬州的保羅斯谷（Pauls Valley）開了間診所，距離維尼伍德北邊十一公里，而我就是一九四一年在那裡出生的。我三歲大的時候，他被徵召入海軍，在太平洋的船艦上當船醫，戰爭結束後一年，又在前日本佔領區當軍醫。他入伍不久，母親就帶我搬到加州南部，這樣，當父親放假上岸時距離也近些。我在一家私立幼稚園就讀，然後升上羅賓尼（Robin's Nest）小學。還沒唸完小學一年級，我的閱讀能力就已經有三年級程度了。二年級時，我只有六歲。父親的軍旅生活結束後，家人便在加州的聖荷西（San Jose）買了幾畝樹林地，還建了一間大房子，我父親進入一家醫院，準備專攻心臟外科。

我們家的獨立生活突然中止；父親被祖母召回鎮上，要他照顧她的心臟毛病。維尼伍德對一個心臟專科醫師來說，人口太少而無用武之地，於是他變回一般的執業醫師。我們回到維尼伍德後，他全心投入工作，每天在醫院待上相當長一段時間，回到家裡已累癱了，心裡卻還掛念著他照顧的芸芸衆生。他通常晚上六點回家吃晚餐，但常在凌晨兩、三點接到電話，要他去接生，或是處理緊急事故。由於經常半夜出門，他開始不再穿睡褲，而只穿內褲睡覺，因爲西褲裡塞不下睡褲。他越來越心繫於鎮上，花在我和妹妹及我媽的時間愈來愈少。他極受鎮民歡迎，且備受尊敬。

我父親的叔叔和他太太，在我們家中是叫做「大叔」(Unkie) 和「大嬸」(Auntie) 的。他們家的前院有一株梧桐樹。那是我小時候最喜歡選來讀書的地方。這棵樹有著又寬又堅實的濃密枝條，我可以爬上去坐著。大約在離地六公尺高的地方，兩根枝條組成一個斜斜的丫字形，上面佈著厚厚一叢綠葉。我就坐在那塊地方，左腳跨在前方一條平擺的垂枝，用右腿把身體的重量倚在一支朝天的枝椏上。維尼伍德位在奧克拉荷馬南方一座山丘下，有時一陣強風從中部大平原吹下南方，把我四周的樹葉吹得沙沙作響。有時我躲在樹葉叢裡，微風吹過，使我在炙熱的盛夏得到些許涼意。我那時只有六歲，但我已經想嘗試自由和冒險的滋味。想冒險，最快的方法便是進入小說人物的世界，例如托比・泰勒 (Toby Tyler) 這樣的人物。

我敢打包票，《托比・泰勒，在馬戲團的十週》(*Toby Tyler or Ten Weeks in the Circus*) 這本書，光是在我家搬到維尼伍德的那一年，我就至少讀了十遍以上。托比的生活正是我想要的：從家裡溜出來，加入馬戲團。他有勇氣逃離那個不了解他的世界，我對此深感佩服。

剛入小學二年級的日子令人難過。那裡沒有像加州聖荷西的小學校園有一片青翠草地，學校周圍的土地上散佈著雜草，在孩子的踐踏下顯得了無生氣。維尼伍德只有一所給白人小孩上的小學，一個年級一班。老師教學的對象是中等程度的學生，而不是班上程度好的孩子，這讓我有許多時間胡思亂想。我在加州住的幾年，學校是我生活的重心，在這裡，學校却成了無聊的每日例行公事。其實，我早年在奧克拉荷馬的日子大概都是如此。

我母親既然是一位牧師的女兒，衆人便期望她近乎完美：永遠舉止端正、心情愉快、熱心助人，星期天一定要出現在教堂，從不會遭遇什麼困擾。她用這些行爲標準教導我和我妹瑪歌（Margo）。我們既然是雪利家族和牧師家庭兩家的小孩，就意味著我們背負了各種期望。除了要舉止端正，我們還得有漂亮的儀表和合宜的穿著，得受衆人喜愛，還要有好成績。

這對一個在社交場所表現不伶俐的六歲小孩來說，負擔相當沉重。教室裡其他人在幼稚園時就已互相認識，但我連和女孩們交朋友都很困難，因爲我對洋娃娃、辦家家酒或假裝自己是個公主的遊戲，一點興趣都沒有。女孩子穿上公主的打扮後，除了等待男人來英雄救美或迎娶，就無事可做了。我倒寧願玩牛仔或官兵捉強盜遊戲，但幾乎沒有男生願意和一個女孩子玩那類遊戲。

小鎮醫生女兒的漂亮打扮，也讓我厭煩。冬天裡，刺骨寒風吹過，我和妹妹的脚凍得發青，一路顫抖到學校。我求媽媽讓我穿長褲上學，但她不准。她說，只有那些低下階層的人，像是佃農的小孩才會打赤脚上學，或讓小孩穿長褲或背帶褲。我自認自己是個反叛性強的陽剛女孩，對此覺得大大不平。

也許就是因爲這樣，所以我變成學校裡的孩子王，只要發現有人被欺負，我就挺身而出。我一點也不吝於用拳頭來主持公道。在我對維尼伍德小鎮生活的早期回憶中，有一次我甚至和一個叫伯提・瓊斯（Bertie Jones）的三年級男生拳腳相向。

伯提是那種打赤腳上學的小孩，既比我年長也就比我粗壯，長著一頭棕色亂髮，簡直像二十世紀版《湯姆歷險記》的主角。冬季某日的課後，伯提正要欺負一個小個子男生，這可把我惹毛了。我身上穿著一件厚重的棕色假麝鼠毛大衣，我媽可把這件大衣看做是最高級的童裝，可此時我壓根兒沒把這事放心上，一躍跳到伯提身上。

我們就在一群大聲起鬨的同學前打了起來。伯提一再把我推倒在地。我一試著爬起來，他就又把我推倒。後來老師來把我們分開，我的大衣毛皮裡早已滿是地上的雜草籽了。班導師把我們帶到教室裡，然後把我趕到衣帽間裡，要我把毛皮裡的草籽給挑出來。

我在衣帽間裡挑雜草籽的時候，我聽到那個女班導對著全班教訓伯提：「小紳士不該和小淑女打架的。」紳士？淑女？她說的是我們班上的那一群同學嗎？她指的應該不是伯提和我吧。她把我從衣帽間裡帶出來的時候，我可差點忍俊不住。她對我說：「小淑女不該和小紳士打架的。」

身旁的世界看起來如此不眞，小說的虛構世界反而眞誠得多——至少，那是我所選擇的世界，它截然不同於我坐在梧桐樹上時所看到的，在脚下的小小維尼伍德鎭。

大叔和大嬸擁有這棵樹下的一整塊地。他們把地上一間老舊的白色木造屋租給我的父母，那屋子所在的一角，正好面對著他們溫暖的棕色木屋。土地的另外兩角落則是農作用地，我母親養的牧羊犬狗屋也在那邊，還有一間馬房，裡面有她的一匹老美國純種馬。我外祖父母用粗黃磚牆砌建的房子，就大刺刺位在我家對街。隔壁住的是我爸那個得肺結核的哥哥和他太太。他們的兒子比我大四歲，和祖父母住在一起。

◇

星期天對我來說，常是一週裡最慘的日子，從早到晚盡是正式的家庭事務。每個週日都以母親強迫我們穿上禮拜服拉開序幕，然後就到我外祖父的教會去。上完主日學後，我們還得坐著聽完外祖父的佈道。我們當然對他的佈道深感自豪，但對年紀小的我來說，我得費神勉強才能聽完。只要見我扭動身體，媽媽就會不高興。

上完教會後，接著是週日的午餐聚會，通常是和爸爸的家人一起吃。如果是在祖母家，那就是件沉悶無聊的事。

首先呢，全家要在一間正式的廳堂裡集合，那是一間過度裝璜、只用來在宗教節日和星期日吃飯用的飯廳。大人們僵直坐著聊些空話。我、妹妹和我的堂兄弟們，都得穿戴整齊。其實我們更想待在外面，在祖母的花園裡玩耍，或者和小動物們嘻鬧，把我們的週日禮服弄得亂糟糟的。

我們家裡除了母親的那匹純種馬，還養了許多貓。大人們常在節日的時候送小孩一些小動物。我們對復活節的小雞從來沒什麼大興趣，因爲牠們長大後多半是公雞。然後祖父母就會把牠們「處理」掉，我們也不會想念這些小動物。不過有一年，我們細心呵護著兩隻小鴨，一隻叫做「鴨鴨」，另一隻叫「拉拉」，吃得肥肥胖胖的，每次把牠們從欄裡放出來時，牠們總是嘎嘎叫著，緊緊跟在我們後面繞。

每次在祖母家，一群小孩總要鬧得天翻地覆。然後到了晚餐時間。每週我們都彬彬有禮地感謝上帝賜給我們同樣的食物：燉雞、麵糰，以及用最上等瓷盤盛著的、煮得過白的燙蔬菜。雞是家裡養的，大叔和大嬸留下會下蛋的雞。我還有一些可怕的回憶，那是在我被叫去取雞蛋的時候發生的，那些肥母雞有著大大的喙，不斷朝我揮著翅膀，那些肥雞的身軀看上去簡直跟我一樣大。那些雞被殺來上桌，我可一點都不難過。好幾次我看到大嬸家裡那位粗勇的僕人阿璧，在早上準備做菜的時候，用雙手把一隻肥母雞的脖子扭斷，然後抓著牠的頭把雞身甩上幾圈，直到下半身鬆掉，翅膀抽動漸漸停止。

有一天的週日午餐味道怪怪的，我們於是問祖母說，爲什麼今天的麵糰裡包著肉，而且味道嘗起來和平時完全不同。

她語氣平緩地說：「那是鴨肉。」

我和妹妹互看了一眼，先是迷惑半天，然後害怕地叫了出來。

「是鴨鴨和拉拉！」我們叫道。我們從餐桌上跑開，飛奔過街，來到空無一物的鴨欄，四處尋不著我們的鴨，哭了出來。我們這兩個心碎了的小人兒，震驚得無法想像阿璧是怎麼用她如虎頭鉗般的手，把鴨鴨和拉拉的脖子擰斷的。

如果星期日的午餐是在父親的大叔和大嬸家吃，雖然餐桌上的臉孔還是那幾張，卻要比在祖母家有趣得多。首先，菜色就不一樣：有火腿和淋上紅肉汁的馬鈴薯泥、自家種的玉米、還有包心菜或豌豆。除此之外呢，大叔和大嬸兩人都很有人情味。他們沒有孩子，但很喜歡和孩子玩在一起。這間屋子裡的用餐氣氛，充滿著愛和包容。

爸爸在他大叔和大嬸家度過大半個童年，我和妹妹也承繼了這項傳統。對一個小孩子來說，他們的房子像是個充滿魔力的地方。在樹蔭遮蔽的大門廊前，有座鞦韆，我常坐在那上面，和大嬸講幾個小時的話。在親戚中，就算大嬸和我最親。她教我廚藝和縫紉，還跟我說她自己的故事與家族的歷史。我和妹妹每次都可以在那間又大又通風的廚房裡，吃到塗蜂蜜的麵包或剛出爐的餅乾或派這類的東西。晚上在那兒過夜時，我可以一人獨佔一個房間，而不用和妹妹睡在一起。我甜睡在那張鋪有軟墊子的木床上，無憂無慮。

大嬸和我常常一起坐在縫紉間裡，讀些一九五〇年代的流行雜誌，最常看的是《柯利葉》（*Collier's*）和《週六晚報》（*Saturday Evening Post*），我就是在《柯利葉》上讀到文章，說人類有一天會踏上月球和火星。那篇文章是由太空科學的先驅馮布朗所寫的，還配上漂亮的插圖，畫著火箭噴射飛出地球軌道。讀到那篇文章時我才十歲。我幼小的心靈裡，想的盡是千里外的事；從六歲起我就幻想要飛行。對於太空飛行的迷戀使我想飛得更高。讀完這些故事後，我就不再望著夜空，尋找我想要登陸的行星；我開始想像自己駕駛著太空船，飛到星星那兒去。

我常常希望在週日的時候到外祖父母家去吃午餐。那裡離我們家只有幾條街，就在小學的隔壁。那裡的氣氛輕鬆不拘泥，吃完飯後我還可以聽外祖父的收音機。我們是奧克拉荷馬足球隊（Oklahoma Sooners）的死忠支持者。下午的時候我們也常密切注意綠蜂隊（Green Hornet）、騎士隊（Lone Ranger）和影子隊（Shadow）的消息。有時舅舅們會攜家帶眷從德州來，我、我妹和表兄弟姐妹們便在外面的草地上玩起足球來，這比聽收音機還有趣。

外祖父母家的隔壁連著一間公寓，他們把公寓租給一位單親媽媽。她的兒子是我認識唯一不介意和女生玩男孩子遊戲的人。我們玩複雜的牛仔遊戲，先是把馬藏在洞穴裡，還要躲過壞人的耳目，跑回洞裡把馬牽出來。我們的偶像是那些電影裡的牛仔，每週六我們都會在戲院看它們放的牛仔影集，十分錢美金一場。

我迷戀羅伊．羅傑（Roy Rogers），他既英俊又勇敢，當然啦，更因爲他是位牛仔。直到有一個星期六的下午，我對他的迷戀戛然中止，因爲他在銀幕上吻了一位女士——多麼娘娘腔的舉動！倒不是我嫉妒那個女孩，我也不想扮演那個角色。我想要當羅伊的哥兒們。畢竟，女孩哪可能邊騎馬邊開槍射擊呢？電影裡那個女孩名叫黛兒（Dale），她得穿條窄裙，閒閒坐在家裡等羅伊回家。那有什麼意思呀？我想做的是冒險的、激烈的事，而不是那種小女孩的遊戲。在那時，我只崇拜男性角色。

我從不認爲我有性別認同的問題；我是對冒險和英雄行爲心懷迷戀。我後來開始看《魔力女超人》（*Wonder Woman*）和《神奇瑪麗》（*Mary Marvel*）這類的漫畫，不過在此之前我沒有可當榜樣的女英雄。神奇瑪麗和她的伙伴，神奇上校和神奇二世，常常手指著一個平凡人，然後大叫：「請賜給他神奇的力量！」（"Shazam!"），然後那人就會變成具有神力的超人。我常常花幾個小時喃喃自語：「請賜給我神奇的力量！」可是啥事都沒發生。

◇

我八歲的時候，外祖父送我一匹叫班尼的馬，滿足了我當牛仔的幻想。班尼原本是一家膠水工廠養的馬，既瘦弱又生病，外祖父把牠救了出來，細心照顧餵養，於是牠長成豐腴、步伐平穩的小馬，適合當我的座騎。

我們買下班尼不久，媽就幫我報名了奧克拉荷馬市的馬展。我媽名叫艾達・布魯克（Ada Brooks），她還是年輕小姐的時候，曾在契卡夏市（Chickasha）的奧克拉荷馬女子學院拿過體育教師的學位，她對這個學位深感自豪，不過她是從一所女子學校拿到學位，這事兒她就不覺得有多了不起了。她父親曾想盡辦法籌錢，把她五個哥哥都送到南部的衛理公會大學，但輪到她上大學的時候，家裡已經籌不出費用了。這一直是我媽的不愉快回憶，也許正說明爲何她對我和妹妹的期望如此之高。

在唸女子學院的時候，媽專攻的科目便是騎術。她和我爸結婚前，在一所名叫蒙地切羅（Monticello）的女子學校教人騎馬。我知道媽一直想把對騎術的熱愛傳授給她的兩個女兒。

她坐的是美式鞍座，却用英式騎法。我們呢，却像其他奧克拉荷馬小孩，用的都是西部式的騎法。

馬展還沒開始前，媽要我和班尼每天勤練。想在馬展上贏得獎項，參賽的小朋友得向人證明他們的控馬能力，還要通過幾個項目的測試：騎馬步行、小跑步、慢跑。媽爲了馬展，還幫我買了套眩目的西部騎士裝。我坐在高翹的西部式鞍頭上，在家門外的草地上騎馬，感覺棒極了。班尼很乖，任我控著韁繩。

那天我們進了競賽場後，我却開始怕了起來。我身旁的小女孩用的都是英式騎法，她們的馬都配著英式鞍頭。我覺得來錯地方了，但我最好別跟我媽爭辯。她鼓勵我說，我與衆不同的穿著和騎式，只會讓我表現更爲出衆。

班尼和我於是進了競賽場，輕巧慢跑著。牠乖巧地聽命於我的指揮，我的信心也慢慢回來。這時場內的樂隊突然吹奏起來，班尼被嚇著了。牠抬起後腿，鼻子不斷噴氣，然後在場內瘋狂跑起來。我用盡力氣拉住韁繩，但牠就是停不下來。

這時一個男人從場內跳上前來，用力抓住班尼的韁繩，才把牠停了下來。我的馬失控亂跑，使我覺得旣羞愧又尷尬；不過我想，我無法進入決賽，我媽一定更覺得顏面無光吧。

那個男人把我和班尼帶出場外。接下來，我只能眼神呆滯地站在牆外，看著其他孩子穿著正式的英式騎士裝，騎著他們的純種馬。班尼這時已經平靜下來了。我還在想，也許他們會給我個最佳勇氣獎之類的。他們當然沒給，我媽也一點都不同情我。只要我讓她丟臉，她是從來不原諒我的。對她來說，光有勇氣嘗試是不夠的，要成功拿到獎牌才算數。

成年之後，我對於母親嚴厲的完美主義作風有了不一樣的想法。我了解，當我們要從聖荷西搬回奧克拉荷馬的時候，她內心是相當難過的，因爲她得面對現實，她的後半生可能都得在維尼伍德度過。她本來是想要遠離故鄉，與我爸和兩個女兒在加州過新的生活。我們一回到維尼伍德，我爸只能對祖母言聽計從。他鑽進工作的世界裡，留下我媽一人。我媽是個精力充沛的聰明女子，如果她能有份工作來消耗精力，狀況也許會好些。

但在五〇年代，成功男人的太太是不工作的。像我媽這種在小鎮上有社會地位的女人，要找工作領薪水，簡直是不可能的事。我現在了解，她那時一定倍感挫折。不過那時我還小，無法忍受她把挫折感施加到我和妹妹身上。她把所有的精力用來培養滿分的小孩，儘管我和妹妹不可能如此完美。如果我們不願意，或做不到她要我們做的事，她就會命令我們拿出蒼蠅拍，用它來修理我們，告訴我們，她對我們和這世界多麼失望。

如果我的房間沒整理乾淨，或她指定的家事沒做完，是免不了挨打的。家裡的雜事多如牛毛。我和妹妹負責保持屋內清潔，還得洗盤子和燙衣服。我們還負責餵馬，收拾馬房，還幫忙爲我媽寄養在雪哈文狗園的十五隻純種牧羊犬刷毛。

不過，我希望讀者覺得，我的童年如此乏味黯淡，父母對我們不是不理睬就是加以虐待。其實我喜歡和媽媽一起幫狗兒梳洗，帶牠們一起參加週末的狗展。我們也報名參賽，彼此競爭。我媽和我對我們養的狗都感到自豪，這也是我們恆常緊張的關係中比較開心的一面。媽稱讚過我帶狗的技術，我也從狗展的青年組拿過不少獎牌。而且我喜歡狗——那種大大的、全身是毛的狗，牠們既熱情，看到我的時候也總是高高興興的。我覺得，和牠們相處可以感受到一種無條件的愛，那是我在家裡所得不到的。

除了照顧馬匹和養狗，我還得滿足我媽對於游泳的喜好。我媽曾是游泳營隊的指導，後來還負責開設我們郡上的暑假游泳課。她甚至爲了讓我和我妹有團體生活經驗，特地辦了個女童軍團。十歲的時候，我便一個人參加了女童軍團，還幫著我媽，教那些年紀最小的小朋友一些游泳的基本動作。

游泳課有時在保羅斯谷的游泳池進行，有時在阿巴寇山一條西達瓦河上的一個攔壩上舉行。西達瓦河壩附近的景色不錯——河水頗深，綿延約四百公尺，岸上一棵樹還懸吊著鞦韆——儘管如此，那裡却是我害怕的地方。

我十二歲時，媽幫我報名了在西達瓦河辦的救生訓練班，她親自授課。我是唯一未足齡的學員，其他人都是青少年班的，年紀在十五到十八歲左右。我至少比他們小了三歲，游泳技能也比較差。但因爲我是游泳老師的女兒，既然繼承了她的優秀基因，她就以爲這些訓練對我不成問題。

除了用棍棒或繩索等工具救人外，救生員的體能要求也是很高的。救生訓練課程裡，有一項是要模擬搭救活人。我們得從池子底部撈起一個重達五公斤的袋子。保羅斯谷的游泳池有著清澈的池水，在那裡做這練習相當容易。西達瓦河却深達六公尺，池水混濁，池子底滿是大石塊，在混濁的池水裡看起來像個大袋子。我常常試了三四次都還撈不到袋子。每次我空手浮上水面，媽就給我臉色看。如果我放棄，便會有別的孩子被叫去撈，然後我就得站在池邊，讓媽當衆責罵我一頓。我曾在幾年時間裡，不時做著在西達瓦河淹死的惡夢。

在進行長程游泳訓練的時候，我淹死的惡夢一度差點成眞。我們得來回西達瓦河兩趟，這樣才能符合游泳一英哩（一點六公里）的要求。媽一聲令下，一群人跳到水裡，我却一下子就落後了。到第二趟的時候，其他人都已經要游回來了，我却才剛要出發。

其他人游在水下，有幾個游過我身旁，我吸進一口水，就要溺水了，我浮出水面，四肢胡亂擺著，大呼救命。有幾個人游過來，把我拖到水池邊的木塢上。我背躺在地上用力喘氣，我媽却站在我身旁，因我呼救而責罵不停。

這樣說來，我媽彷彿是個吃人魔，這應該會嚇到不少尊敬她的維尼伍德鎮民吧。她所養的狗群、她高成就的女兒，還有她做的慈善工作，都讓他們崇敬。我媽要我做的這些艱苦訓練，還有這些高體能要求，如果眞有什麼益處的話，我唯一能想到的，就是它們使我對事情無所畏懼。我成年之後，這種勇氣不只一次派上用場，不管是在學滑雪、航海或登山。她也讓我的內在變得堅強，雖然那種堅強以一種奇異的形式存在。我經常是在一群懷有敵意的男性工程師中唯一的女性，而我始終能冷靜以待。儘管這樣的童年有些扭曲，但從那些經驗中存活下來，使我相信，我可以承受或甚至超越任何事情。

◇

不過，有一件事是我媽沒辦法一手包辦的，那就是我的「知名度」（或者「不受歡迎度」）。我的人際關係不佳，這一直是我媽解不開的心結。她對我的完美主義要求，可不僅限於游泳、參加女童軍，以及科科拿滿分，我還得要是儀態優雅、男孩子追逐的對象才行。我卻既不美麗也沒人追。我十三歲的時候突然長高了十五公分，却不意味我的人際行情也會突然飆漲。到了唸高中的時候，我仍是個男性化的女孩子，此外，因爲我比大多數的同學要小兩歲，我的發育自然不及她們來得完整。

我的骨架仍在發育，這使我的前齒列突出，我的下顎也比我的頰骨明顯。眼科醫生說我一隻眼近視一隻眼遠視，我只好戴上眼鏡——那種彩色塑膠框的書呆子型眼鏡。在那個穿大圓裙和矮子樂的年代，流行的東西品味已經夠差了，我對服裝的品味還是差得嚇死人。我有張照片，照片中的我，穿著不同顏色和花式的蘇格蘭格子上衣和裙。除了穿著「大膽」外，我還留短髮，更加突顯了我奇怪的臉型。想當然爾，我怎麼會得到愛神眷顧。我在鎭上男生的追求名單上敬陪末座。

結果，我十三歲的時候，有人要約我出去，我媽簡直高興死了。這個男孩呢，就我記憶所及，實在貌不驚人。不過對我媽來說，反正他是男的，又是白人，於是一切就算馬馬虎虎可以接受。她不准我拒絕他。他穿著一件T恤就來赴約，袖子裡夾著捲好的菸，還開著一部拔掉滅音器的雪佛蘭車。

我們跑去看露天電影，他立刻就想把頭靠上來。我堅持要他請我吃爆米花，然後我一顆一顆嚼，嚼到沒味了才吃下一顆，然後又要他請我喝可樂，我又用相同的速度慢慢喝。回家的路上，他要我坐上前來，坐近他身旁。我說不要，結果他就坐到我身旁，用手摟著我，然後用他的左腳和左手開車。我們回到家裡，我憤慨地用力踏步進家門。

「親愛的，妳的約會如何呀？」我媽問。

「他竟然親了我！」我吐了口水。

我媽卻不把這當成問題。我不肯再和人約會，至少在兩年內，直到畢業舞會之前都不願。我和我的同學在其他方面也截然不同。唸高中的時候，州政府辦了一次智力測驗，我的IQ比其他人的最高值至少高了三十分以上。這當然是件值得驕傲的事，不過也更加突顯了我沒有好朋友這件事。

不能說我自己沒盡力。我十歲的時候加入過樂隊，他們還把我推薦到高中樂隊去，因為我吹的是黑管。黑管對維尼伍德來說可是稀奇的樂器。學校裡購置樂器的預算，通常買的是像銅管樂器、鼓、單簧管這類樂儀隊遊行時也能用的一般樂器。只有那種有錢家裡的小孩，好比我，才可能吹黑管或低音管，因為這要父母買得起樂器才行。

樂隊有一個我夢寐以求的特質：團隊經驗。我想要和一群人一起為共同的目標奮鬥。當然啦，那時的我也不明白，為什麼我這麼想要和樂隊在一起。直到多年之後，我進了JPL，與幾個專案小組一起工作，我才了解，我在維尼伍德時想要的是什麼。

樂儀隊在美式足球季遊行時用不到雙簧管，於是我被指定去打小鼓。小鼓是用一條繫在右肩上的帶子吊在大腿上，左腿綁著一塊金屬架把鼓固定住。我的年紀比那些高中生小，身裁也小得多，無法背荷全尺寸的鼓。太大的鼓，會在我的小腿前晃來晃去。媽為此買了一只特製的鼓，但即使如此，要帶著它和其他樂儀隊成員走完長長的遊行路線，還是相當困難。樂儀隊指揮於是叫我改打銅鈸。

樂儀隊每年八月都會參加全州遊行，遊行路程八公里，從市內熱得快融掉的柏油路開始，一路走到遊行決賽場。樂儀隊只有一套制服：褐紅色的外套、灰長褲，加上紅白相間的塑膠製硬帽。在奧克拉荷馬最熱的盛夏時節，穿這種制服只會讓參與遊行顯得倍加悽慘。不過，儘管辛苦，能和樂儀隊一起遊行，還能大聲敲鈸，我仍是非常高興的，尤其我們的校歌〈忠心眞誠〉（Loyal and True）結尾，有好多要用力敲鈸的地方。

遊行當天早上，樂儀隊在一個街角集合。樂隊指揮給我使了個臉色。我還沒發育的身體，套在學校樂儀隊最小的制服裡，褲脚幾乎捲到了膝蓋上，否則無法走路。看我小小的身軀穿著這身羊毛製的制服，指揮覺得很不妥。他認爲我年紀太小，一定走不完全程。他讓別人替我敲鈸，而我便孤單坐在樂儀隊的前導車裡，鼻子貼著後窗，看著樂儀隊伙伴們豪氣十足地揮汗吹奏著。

升上了高中，我終於得以參與樂儀隊遊行，而且還被選爲樂儀隊的副團長。我也是畢業班的副班長（女生只能當「副」的），我還是畢業紀念册的編輯。我在同學間表現出衆，但我仍然覺得寂寞。雖然念了高中，我還是比較喜歡逃進書本的世界裡。

我在維尼伍德認識的男孩子，沒一個是我看得上的。我却極喜歡克拉克在《火星之砂》這本科幻小說裡塑造的那個年輕男孩，吉米。在書中，吉米從大學休學，成爲太空船的學徒，跑去火星旅行七個月；在那本書的世界裡，智商比容貌或財產來得有地位，而他就是這樣一個既聰明、謙遜又有幹材的人。每當我想像著去火星時，我渴望的比吉米還要多。克拉克所描述的世界，正是我理想中的團體和團體經驗。我想在眞實世界裡結識一個像吉米這樣的人。我想和一群人一起工作，打造一部開往火星的機器。科幻小說裡對太空的描述並不太吸引我，眞正引人遐想的是對飛行的想像。

◇

從有記憶開始，我就喜歡飛機。我讀很多飛機的書，而且從小就造飛機模型。我六歲的時候，和一個女孩子一起立下了生涯目標：她要當護士，我要當飛行員；我載著她飛到偏僻落後的角落，拯救人們的性命。

十歲時，家人帶我去參加叔叔的醫學院畢業典禮。我在學位授與名單上，看到「授與航空工程學位」。

「那是什麼學位？」我問。媽回答說：「那些人是畢業後要造飛機的。」我的心雀躍起來：「我要當這種人。」我大叫。我當下就決定了我的人生目標了。

直到現在，我所收過最棒的生日禮物，仍是在我十五歲那一年，父親為我報名的飛行訓練課程。其實在他的兩個女兒都學會走路後，他就不知道能怎麼教養她們了。他能做，也很願意做的，便是支持她們的興趣。我覺得，有個如此大方的爸爸願意付學費讓我學飛行，真是蠻幸運的。

十六歲那年的暑假，我考到了駕照。父親是汽車迷，為我買了一部雷諾的「太子妃型」(Dauphine) 小車，有點類似福斯的金龜車。自我成功單飛後，我又開車到保羅斯谷機場，繼續上飛行訓練課。那個機場小得可愛：只有一座白鐵皮搭的機棚、一扇吵死人的大滑門，跑道長四百公尺，旁邊是一間寒酸的小辦公室。對於一個沒事就整天只想往天上飛的女孩子來說，那裡是全世界最酷的地方。正因它如此寒酸，我覺得更加真實。

走進辦公室，飛行員們散坐在破舊的皮沙發上，雙腳撐在一張髒兮兮的咖啡桌上，桌上盡是他們撣的菸灰。辦公室的牆上掛著一張發黃的本地航區圖。這裡的領主是查理・戴維斯，他有著結實黝黑的身軀，還是我的飛行教練。除了管理機場和開班教授飛行，他還靠開飛機賺些奇怪的外快。我沒像他這麼敢飛，不過我自己也有過一些歷險經驗。

「冠軍」輕型機靠著一台只有六十五馬力的引擎推動。機身前方掛著兩個輪子，後方則有一個小小的可左右擺動的後輪，飛行員們都叫它「吊尾巴的」("tail dragger")。飛行員在機身裡得斜躺著駕駛。引擎擋住視線，我得從夾縫中才能看到方向。至於上面的飛行儀表（如果那算儀表的話），就只有一個空速表和一只針球儀（平衡儀）。你操作正確的話，那根針就會保持直立，代表飛機的平衡、速度和方向都正確無誤。

我和查理常吵，爭執著多久該讓我單飛一次。自從我成功把飛機開上去又降落下來後，查理就該信任我導航的技術。他帶我進行了幾次跨州的飛行，最遠甚至飛到德州西北角，好讓我學習如何藉著一只羅盤和「冠軍」的簡易儀表，一路飛回家去。奧克拉荷馬州在一八八九年的土地權劃分潮（the great land rush）期間，被劃分成一塊塊以一平方英哩爲單位的格狀耕地。要在那種情況下分清東西南北，只要在視線可及的範圍內，盯緊土地上的格線就可以了。飛到德州去則是一項挑戰，因爲德州沒有這種格線，飛行員得爲自己導航。

一九五八年的二月，查理終於讓我獨自飛到奧克拉荷馬的諾門（Norman）市，然後再從那兒飛回來。我即將要就讀的大學就在諾門市裡。我第二次的越區單飛是在五月，那時的天空佈滿了大大小小的雲塊。我先起飛，連續飛行八十公里，一直飛到契卡夏市。在整趟飛行裡，我的頭幾乎都是垂下來的——把地圖拿出來看、看看羅盤、尋找地標、將飛機對準地界線等等，但我也不時看著天空上的雲。突然雲層中開了一個洞。明亮的陽光從洞裡透下，我從那上面看到一片蔚藍的天空。於是我像隻撲火的飛蛾，朝那個洞爬升，想看看陽光灑在雲層上是怎樣的景像。

然後我再也看不到地面了：沒有山丘、沒有農地，甚至連維尼伍德的房舍都看不到了。唯一看到的是一片片的光芒。我想要的自由大概就像這樣吧。

我回頭看看羅盤，算了算時間，竟然忘了：風有可能會把我的航道吹偏。到了該降落在契卡夏的時候，我看到我下方的雲層有個洞，可以透出去看到地面。我開始降落，訝然發現自己就在機場上方。於是我著陸。當然是契卡夏沒錯。在機棚裡的地面人員沒多說什麼話，就簽了我的飛行紀錄。我一口氣喝下一杯咖啡，又很快把飛機開回保羅斯谷。

那是個無風的日子，雲層中的那個洞仍停在契卡夏機場上方。我爬升到雲層上方，朝保羅斯谷方向飛去，然後在雲層上享受了半晌風光。當然，保羅斯谷機場上的雲層也有個洞。我壓下機鼻，對準跑道，然後做了一個漂亮的降落。

我沾沾自喜地向查理秀出我的飛行紀錄，還向他描述飛行在雲端的壯麗景象。查理臉上的怒意，卻好像是在對我的獨立經驗潑冷水。

「妳幹了什麼好事？」他吼著。「笨蛋！」他又吼了一聲。「妳以爲妳在做什麼，嗯？」

「我不懂你的意思。」我說。「那經驗很棒啊。」

「妳不可以直接飛穿過雲層，絕不可以在雲層裡飛行。」他繼續說。

「我不懂你爲何這樣說？我發現雲層有個洞，我就飛上去，然後我又下來了啊。」我說。

我無法了解爲什麼他如此生氣。

「萬一雲層移動了怎麼辦？妳有沒有想過？萬一妳還在雲層上，那個洞關起來了怎麼辦？」他問我。「你如果不靠儀表飛行，怎麼可能從雲層飛下來？」

他說的沒錯。我是很幸運的。我根本不知道我會在目的地飛出來，我很可能會飛歪。如果雲層沒有破洞的話，我就不可能飛下來了，我會陷入雲霧中，完全沒有地面參考點，連儀表也看不到。我甚至可能會失速掉出雲層，根本連拉升的機會都沒有就墜毀了。

「查理，我錯了。」我囁囁說著。「我眞的沒想到。」

「好吧，」他發牢騷說，「下次多用點腦袋。」

我是該學到教訓了，不過我對冒險犯難的渴望，却又讓我從事了其他的歷險。

我高中最好的同學，麗塔・妮威爾（Rita Newell），老是要我帶她一起坐飛機。我知道查理和我的父母都不會同意我載麗塔一程的。除非我拿到私人飛機駕照，否則依法我是不能載人的。爲了考到駕照，我還得再多飛上一段時間。那時夏天即將結束，我和麗塔再過幾週就要進不同的大學唸書，於是我們決定，無論如何都要開上一程。麗塔發現，有一天下午她的父母會不在家，我可以把「冠軍」開到她家，載她去兜風。

她家旁邊的犁田地長度很短，兩邊還各立著一排電話線桿。我得來上一段飛行特技才可能載到麗塔，而能做到這種特技的人，不是飛行老手就是個蠢蛋。

我飛得很低，幾乎就在電話線上方，然後快速下降；我把操縱桿向左擺，方向舵向右，好讓飛機盡快著陸。飛機觸地前，我把飛機擺直，機鼻拉高，準備降落。麗塔家農地的圍籬迎面而來，我得把飛機急速轉向，才不會撞上圍籬。

麗塔已經在等著了。我一把飛機轉向，她就奔跑過來，立刻鑽進乘客席。我們向後滑行，朝著農地的迎風面。我把飛機調頭，運氣不錯，那天的風勢頗大，使起飛的滑行距離大大縮短。我壓下煞車板，油門開到最大，等待引擎到達最高轉速。我放掉煞車，飛機在田梗上顛簸跳動，努力加速要在這極短的距離內起飛。一開始的時候，每一次顛簸都把我們彈上又掉下，不過我們最後還是在幾乎要撞上圍籬前，加到夠快的速度，然後起飛。事實上，我們是從電話線底下鑽上天的。

好不容易上了天，兩人都頭暈目眩。我們飛在維尼伍德上空，對著下方街道上縮小的人影揮舞雙手，大聲叫鬧。我還飛過大嬸和大叔屋子前方的梧桐樹，那棵樹自我長大後就再也沒爬過了。我們飛到我們已經畢業的學校上方，然後回到麗塔家的農地上。我們只在空中待了幾分鐘，因爲我得在一小時內回機場報到。

這次要在這麼短的距離內降落，我十分緊張。我咬緊牙根，重複了剛剛的降落特技——掃過電話線、在農地上顛簸跳動，然後在快要撞上圍籬前調頭向左。麗塔跳下飛機，向我揮手說再見，然後我又要重新起飛。這一次少了乘客的體重，我由電話線下方飛出去，直接飛回機場，一想起這次冒險，我就止不住笑。我知道，人生還有更多冒險等在前頭。再過幾個星期，大學就要開學了。

第二章 開飛機的選美皇后

大一新學期開學的前幾天，我擠在奧克拉荷馬大學的學生群中，手裡抓著三樣重要的東西走在校園裡：一張學校的地圖、工學院的入學許可信，以及一張卡片，上面寫著：我的大學指導老師布萊迪（J.C. Brady），在費爾佳大樓（Felgar Hall）的一一四室和我有約。我快步走在人行道上，奧克拉荷馬九月初陽光的熱力穿透樹蔭。我興奮極了。光是奧克拉荷馬大學的校區就比維尼伍德鎮大五倍。

我身旁的其他學生，紛紛和他們一整個暑假沒見到的同學打招呼，有的走上階梯，有的踏過草坪。我週圍環繞著上千名和我一樣，精力充沛、充滿好奇的年輕人。我還收到了榮譽姐妹會「伽瑪・菲・貝塔」（Gamma Phi Beta）寄來的入社邀請。她們要我參加，不只是因為我成績好，更因為我會開飛機。我那時一直以為我到的這個環境，把女飛行員看做資產而非怪物。姐妹會社團裡有另一位女飛行員，名叫珍・諾拉・史坦柏（Gene Nora Stumbough），是她強力要求社團拉我入社的。我腳步輕快走進費爾佳大樓，不管別人怎麼說，我是當定航空工程師的了。

◇

在高中唸書的時候，學生都要做性向和能力測驗①，好幫我們決定將來要做什麼。對我來說，這個測驗實在多此一舉，因為我知道，而且打從十歲就知道，我長大後要去造飛機。但收到測驗結果後，我得多看幾眼，才確定那份結果是我的。我的語文能力高達九十分級，但數學能力平平，空間推理能力甚至低於平均值。我在塡興趣量表的時候，把和工程相關的能力塡在我最有興趣的欄位中。性向測驗輔導員卻面色沉重地對我說，以我的性向來看，我可以做記者、圖書館員，最多當個核子物理學家，但絕不可能成為工程師。

要我當個圖書館員，終其一生關在室內把別人的成就建檔歸類，這簡直不可理喻。我就算再沒天份，也要學會如何造飛機，這條路上不容有任何障礙。

「我是唐娜．雪利。」我很開心地說。

「妳來這裡做什麼？」指導老師布萊迪冷冷問道。

「我來航空工程系註冊。」我說。

「女孩子不能當工程師的。」他帶著鼻音說。

之後一陣沉默，我笨拙地站著。我們靜靜看著對方，看誰先眨眼。

「我可以當工程師。工學院已經收我了。」我急忙地說。「我希望你能幫我看看，我該先修那些課？」

我不知所措，根本無暇坐下。布萊迪不耐地翻著桌上一疊學生資料，想找出我的資料。他瞄了一下我的成績，又看了我一眼，然後再看看我的入學考試成績。這時我責怪自己，早該料到會受到這種待遇的。

我高中要畢業的那一年，曾經代表維尼伍德高中參加一年一度的校際學科競試，我考的科目是工程製圖。那時我才猛然知道，大多數的男人是用什麼眼光看一個女工程師的。

那是年初，春天的一個星期六，我一進到試場，就發現主考官的眼光一路跟著我走到座位上。他滿臉笑容走到我桌旁，手裡拿著一大張折起來的製圖紙。

「我們這裡竟然有位年輕女士，要來爭奪今年的工程製圖獎。我想，在座的紳士們，應該不會介意讓我們這位漂亮的佳賓提早開始吧？」他對整間教室的人說，然後他馬上把題目卷翻開，要我看兩秒考試要畫的圖。

我滿臉通紅，盯著桌子的前緣。那是我有生以來，第一次在這麼多男生的嘲笑聲中說不出一句話來。在維尼伍德沒有人敢對我這樣嘲弄。在小鎮長大有個好處，反正社區裡的人就是把你當成怪人，於是要做什麼都隨便你了。當我在高中時費勁力氣說服學校，不上女生必修的家事課，改上機械製圖課，而製圖課班上全是男生，他們也沒多加批評。在這裡，一個大人竟然如此羞辱我，那些男生也如此粗暴，讓我生氣極了。難堪，只更加深我的決心。

每個人的製圖桌上都放著一只盒子，裡面裝著我們要畫的東西。主考官一聲令下：「開始」，他按下碼表，我們便掀開盒子，把裡面的簡易機械拿出來。我們有一個小時的時間，要用四個不同的角度繪出這只機械，最後還要上墨。我專心低頭畫圖，盡量不被其他人的眼神和譏諷聲分神。每隔幾分鐘，主考官就會飄到我這兒來干擾我。

「啊，這位小姐，妳畫得還不錯啊。」他一邊走過我身旁一邊說。他似乎特別強調「還不錯」這三個字，一副鼓勵一個第一次畫圖的小孩子似的口氣。我把目光集中在我的圖上。

距離收卷還有五分鐘，我的圖看起來棒極了。我畫的線筆直淸楚，而且比例正確。我塡上墨色，線條的厚度也很均勻一致。我想我一定有機會贏得首獎的。我伸手要把黑墨水瓶蓋蓋上，結果我手一打滑，弄翻了墨水瓶，墨液爬得整張圖都是。

主考官竟然以此爲樂，更加羞辱了我。

「喔，」他在我交卷的時候說，「眞糟糕。」

結果我不但沒證明他是錯的，反而還加深了他認爲女孩做不來繪圖工作的刻板印象。我失敗了，對自己深感失望。我那時對自己發誓，等我當上工程師，我一定要把這種由男人主宰的世界給顚倒過來。

而現在，我在大學校園裡，又要再一次面對這種頑固心態。

「妳竟然想當工程師？」布萊迪用嘲諷的語氣說。「那妳得修微積分。妳的考試成績夠妳去修進階化學。妳還得修大一英文和工程學概論。就這些了，其他看妳想修啥就塡啥吧。」

「我要選飛行訓練課。」我說。

註册組的小姐給了我一個懷疑的眼神。

「妳每週一共修了十九個學分的課。第一個學期就修這樣，太多了。」她一邊說，一邊簽准我的修課單。「大部分新生只修十五個學分。」

那是「大部分」的人，不是我。我也許不是維尼伍德最受歡迎的女孩，但我自認是最聰明的一個。再說，我可是畢業生致詞代表，從維尼伍德高中四十九名畢業生中以第一名畢業。大學課業的負擔不可能重到哪兒去的。

這可是年輕人的狂妄不羈啊！我在家鄉時的自我形象——我比任何人都強，我是無所匹敵的——卻在我大學頭一年便被踩在脚下，無地自容。

工程學概論是爲工程的入門學生設計的課，講解工程的不同學門，課程繁重。我們要學測量、使用計算尺②、拌攪水泥，還要分解各種不同的材料來測量它們的強度。至於飛行課，雖然還得開車到機場，在地面上課，不全在天上飛，但還是很棒。只是那佔去我不少時間。

我打從心底自認聰明，但過了好一陣子，我才發現我的課業表現有多差。我有兩科在被當邊緣。我高中是化學的無敵手，但那門課是用一本一九二九年的老課本，而且沒有實驗課。我的代數和三角成績一向都很好，但對於學習大學微積分沒什麼用。期中考的時候，我再也無法逃避現實了。甚至有一次，我驚覺自己朝我四樓宿舍的窗戶向外瞪眼望，想著如果從這兒噗通跌到人行道上，我的苦難就可以一了百了。我無臉見父母，讓他們發現我的腦袋負荷不了大學課業。我最怕的就是被退學。那樣回到家鄉，就再也抬不起頭來了。

入學後的第八週，我父母收到學校寄來的紅單子，說我的微積分和化學瀕臨被當。他們從維尼伍德開八十公里的車，到大學所在的諾門市，兩人一臉憂心。我想他們也很吃驚，幾乎和我一樣吃驚。沒有人相信這種事竟會發生在我身上。不過幸好他們並沒有以爲我在打混。他們問我需不需要雇個家教幫我過關。「不要，」我說，「我會好好唸書。」

高中所有的課程對我都太簡單了，以致於我根本不知道該怎麼唸書。我曾經做過很多高難度的體能挑戰，和比我年紀大又強壯的人比高下，但我從沒遇到我解決不了的心理挑戰。此時我却無法與同學們合群，我陷入心靈的困境中。

◇

聖誕節假期期間，我整天K書，每天每天K。學期結束，我拿到B的平均成績③，對自己的標準也大爲降低。我發現，如果我眞的想當工程師，就得花所有時間唸書，別想要有社交活動。既然我從未有過什麼社交生活，這對我來說不算什麼太大的犧牲。那時我十七歲，笨頭笨腦的樣子，又不善社交，根本不覺得自己會是別人追求的對象。

我在姐妹會社團裡被歸在「衣櫃類」，也就是說，我被拉來參加社團，爲的是要幫社團提升學業分數以達到成立社團必需的標準，而不是爲了我的長相。於是我就不必出席那些需要容貌才上得了檯面的場合。社團會爲入社的社員安排聯誼，像我這種櫥櫃裡的壁花，被安排約會的盡是些匪夷所思的對象。我記得有一次，對方爲了取悅我們，竟然把他的大姆指放到冰塊裡，凍得僵硬毫無知覺，然後他再把煙頭壓在指頭上熄滅。眞吸引人哪，我想。我整晚的心思只專注於一件事：快快度過這個見鬼的夜吧。

唸工學院的女生太稀奇，校刊上居然針對我們六個女生登了一篇評論：「校園裡有一類女生，既不爲佔多數男生的注意而動心，也不刻意爲了男生的注意而和其他女生競爭。」那篇文章這樣寫著，「這群幸運的女孩是誰？她們就是工學院裡那六個女生。」

這篇文章的無聊調調，反映了當時的環境。寫文章的人並不對女生闖入一個男人的圈子而表現憤慨，也不說她們不夠格唸工學院，他根本就不把女生當一回事。這篇文章還有個譏諷的暗示，認爲女生會想來唸工學院，還不就是爲了增加和男人接觸的機會。校刊記者問我爲什麼要唸航空工程系，我並沒有說我是爲了想遇見英俊的男飛行員。我的話被引在校刊上：「我喜歡飛機。」

除了上飛行訓練課外，我還加入了「空中精靈社」（the Airknockers），一個在校園裡以冒險出名的社團。社團裡開的是「冠軍」型飛機，和我在保羅斯谷開的一樣。我喜歡在週末時與大家一起開著自己的飛機，飛到別的校區，來一場飛行競賽。

珍・史坦柏是這項競賽的佼佼者，這令我崇拜不已。對我來說，她的地位有如艾米麗雅・埃哈特（Amelia Earhart, 1898-1937），美國第一位飛越大西洋的女性飛行員。我有一張一九五八年的社團合照，我站在珍旁邊，使盡力氣想接近她。大一那年，我像隻小狗似的四處跟著她跑。她還把我介紹給「九九」俱樂部，那是一個國際性的女性俱樂部，成員都是些老女人，她們在二次大戰的時候開過各種不同的飛機。她們又把我介紹給「粉紅女」（Pink Lady），一位看似嬌弱，喝起酒來卻像酒鬼的女人。有了珍和「九九」俱樂部，我終於認識了一些女性的榜樣。

我在奧克拉荷馬大學的飛行教練名叫彼得·霍華（Pete Howard），他在二次大戰時當過飛行員，是飛行訓練中心主任，兼具飛行駕照考官的資格。彼得和家鄉的查理一樣，都是優秀的飛行員，但兩人的性格完全相反。查理生來喜歡冒險犯難，擋也擋不住；彼得卻圓融細心，他認爲查理太愛冒險了。他還抱怨說，他和朋友在保羅斯谷打高爾夫的時候，查理甚至會壓低機身，對他的朋友搖擺機翼低空掃過。他們兩人我都很喜歡。在一次由彼得嚴格監考的飛行測驗後，我拿到飛行駕照，得意極了。

事實證明，彼得是應該對查理存有戒心的。有一個周末，我從學校回家度假，查理問我要不要和他一起沿著高架輸電纜飛一趟。我一直很想知道，讓飛機如此接近地面飛行是什麼滋味，所以我跟著跳進「冠軍」的後座，一起飛了。

輸電纜在維尼伍德的山丘上分佈起起落落，要檢查輸電線路最快的方法，就是直接飛在電線上。我們要看看輸電桿上有沒有啄木鳥啄的洞。我們就飛在電纜線旁，距離非常近，查理得把機身傾斜，才不會撞到樹。我們在離地面六公尺的高度，以將近一百公里的時速飛行，隨著山丘的起伏和樹林的枝梢盤旋。一開始的時候這令我興奮，但很快我就想吐了。我很幸運，和查理飛完那漫長的一小時候，還沒用到那只嘔吐袋。我不想把這事告訴彼得，卻極想告訴強尼（Johnnie）。

大一的時候，我經常和一個長得不錯、同樣會開飛機的工學院學生一起唸書，他叫強尼。強尼身高一八五，身長削瘦，膚色頗深。重要的是，他是我第一個認識，不需要和他多解釋什麼的人。他甚至比我還聰明。他想當石化工程師，還加入了空軍的預備軍官團④，這樣他畢業後就可以當飛行員了。他父親是鑽探石油的工人，無法像我父親一樣花錢供我學飛行。他靠自己的努力進大學，我覺得這很值得敬重。他喜歡聽我說我和「空中精靈」社團一起進行的冒險。不過，除了當個一起念書的學伴外，他對我並不感興趣。那就當朋友吧，反正我當時在各面都不順利，再多一項苦澀也沒差。

即使我熬過了第一學期幾乎被當的厄運，工程學仍是個苦窯。工程數學愈來愈難，我的空間推理能力不好，也讓我在學電子工程的電路圖時吃盡苦頭。上某些課的時候，我甚至得專心注意著不讓自己受傷。好比說上鉗工課學焊接，即使高熱的融屑在我的牛仔褲上燒了個洞，我都不能縮手；一旦縮手，整個焊工就毀了。我如果在車床或在鑽床前稍稍分了心，就可能少根手指。我努力保持成績水準，但那簡直是場苦鬥。

後來我發現可以暑修，於是我暑假就再也沒回家過了。唸完大二的那個暑假，我拿到多引擎飛機的執照，也就是說，我已經取得開多引擎飛機的資格了。我是在伊利諾大學爾班納-香檳市（Urbana-Champaign）校區拿到這項資格的。

我們都說那架多引擎飛機是「竹筒轟炸機」（Bamboo Bomber）。那是架又大又老的雙翼螺旋槳飛機，曾在二次大戰時當訓練機用，兩翼各掛了一具大圓型的引擎，看起來像一架小型的DC3客機。駕駛那種飛機，是一項體能上的挑戰。它上面沒有液壓式的操縱桿，我必須用盡力氣去推桿子。開完一趟下來，我的兩手全被操縱桿把柄壓出一道一道的痕印。

伊利諾大學飛行訓練所的技師，永遠都在修這幾架「轟炸機」，它們似乎老是會出各種毛病。一發動它，油料就噴得整個翼面都是。我們想，如果等到它們全修好，暑期飛行班的學員也別想拿到飛行駕照了。於是我們立下規定，如果飛機只有一項故障，照飛不誤；如果有兩項故障，那麼飛機和學生都得留在地面。照規定我們得背著降落傘，不過我們根本不理會這條規定。開飛機的時候，我們都把它當椅墊坐在上面。

暑假快結束的時候，民航局的督察員來核發我的多引擎飛機駕照。他看到那架「竹筒轟炸機」時的表情，好像在跟我說，想飛那種老東西，簡直是玩命。他勉強鑽進右座，緊張地背上他的降落傘。

「我用不著背我的降落傘，對吧？」我問他。

「不必。不過萬一怎樣，我不會等妳的。」他吼著。

於是我們起飛。想考到駕照，得做幾個規定的飛行路線。他要我爬升到失速狀態。我伸手把操縱桿向後拉。結果引擎還在半速的時候，他大叫：「夠了夠了。」

我們從沒到達失速狀態，而且只做了一次降落，然後他叫我把飛機滑行回機棚，急忙簽了字，證明我已經通過測驗。他恨不得早點跳下那架飛機。

◇

升上大二後，由於參加姐妹會社團，讓我終於起了些變化。我學著化妝、聽學姐的時裝經，頭髮也不是亂草一堆。我並不漂亮，但至少不糟。到了秋天，我的身材比例漸漸固定下來，人際關係也開始成長。後來我才發現，強尼被我的改變嚇到了！大二剛開始，他也加入了一個兄弟會，好與我參加姐妹會這個身份在社交地位上有所匹配。他加入兄弟會後立刻就約我出去。我把強尼帶去參加那一年的姐妹會舞會，社團同學讓我公開亮相。那時我被強尼弄得意亂情迷，好像在上演那種只有在電影裡才有的情節。

強尼追我的方式，十分浪漫。他先把他參加兄弟會的許可信連同那個證明是會員的小牌子送給我，要我戴在項鍊上當墜子，也把社團的胸章送給了我。我們在大三訂婚的那一學期，我的平均成績從三點五分退步到一點二（滿分是四）。

突然間，我的學業和生涯目標，看起來都不重要了。我已經不是那個在入學時滿懷理想和目標的唐娜·雪利了。能有一群同學相伴，是我素來的渴望，但當我得到它時，竟又手足無措。工學院的繁重課業把我弄得疲憊不堪，而這又是我人生中第一次受人歡迎，根本無心唸書。我完全失去夢想了。我只想要畢業，然後結婚。

不過，我那個超敏感的媽媽來可沒有迷失方向，她總要我朝人生的不同範疇推進。大三春季的某一天，她突然來姐妹會看我，喘著氣說，要我去參加維尼伍德鎮小姐選拔賽，因爲參賽人數太少，根本辦不成什麼眞正的比賽。

我對未來有過各種綺麗的想像，不過當選美小姐從來不在幻想之列。我媽盡想著，如果家裡出了一個選美皇后該多好。我實在很難拒絕她。

我媽對參賽要做的各種準備滿意極了，那些東西對我也還不算太煩人。我們約在奧克拉荷馬市碰面，媽要幫我買一件比賽用的禮服。那種要背負「維尼伍德鎮小姐」殊榮，上台領獎的衣服，是不可能在保羅斯谷或維尼伍德鎮買到的。最後我們買了一件薄紗滾邊、上半身束得緊緊的露肩白色婚紗式禮服。我們還買了一件單件式的白色泳裝和腿霜，好讓我的大腿看起來像是穿了絲襪，這是在那絲襪還沒問世的時代裡讓腿顯得好看的辦法。

午餐的時候，我媽喋喋不休叨唸著我的特殊才藝是什麼。她一直要我來段雙簧管獨奏。可我已經三年沒吹雙簧管了，再說，我從來都不是吹得很好。我覺得我眞正的才藝是飛行。於是我們突然想到，我可以寫一首關於飛行的詩，當衆朗誦。

比賽的大日子終於來到，強尼和幾個姐妹會的同學，開車南下維尼伍德爲我加油，萬一我輸了也好安慰我。他們還在路途上時，我人已身陷更衣室，我媽忙進忙出，爲我的腿上妝，還仔細盯著我的一舉一動，免得我可能會讓那件白泳裝沾到妝。

在才藝競賽那一關，我朗誦了一首感人的詩，詩的開頭是這樣的：

When the prototype of man first stood erect,

He could tip his head and look at the sky.
Not so the animals, noses to the earth,
Their destiny was not to fly.

（人類雛形剛被塑造，
他就抬頭仰望長空。
不像走獸低頭面地，
它們命定不能飛翔。）

我站在台上看著媽媽，她眼裡閃爍著驕傲和期望，沉重得讓人難以負荷。

麗塔・妮威爾也在競爭行列中。我們在大學入學前曾經一起在維尼伍德上空瘋狂飛行。如果麗塔贏了，我會很高興，只是我想我媽不會這麼有風度地接受失敗的。最後，我戴上了維尼伍德鎮小姐的后冠，對我的親人們來說，那可眞是驕傲的一刻。

我倒希望，我作爲選美皇后的任務，到此高點爲止就好了。但是，維尼伍德鎮小姐的任務，是要繼續角逐奧克拉荷馬州小姐。我自己是個蠻實際的人，我知道我不可能贏的。我媽就不這麼想了，她腦裡想的全是薄紗禮服。她就是要不斷嘗試，不斷競爭。

她甚至不斷遊說我，要我爲了角逐奧克拉荷馬小姐而減重十公斤。我那時的身高將近一百七十二公分，體重約六十公斤，我覺得要我再瘦下去，未免太誇張了。我對她說，如果到時候進得了美國小姐競賽，我就會去減重。

幾個月後，我和其他四十七名年輕的女孩，胸前斜背著寫上家鄉名字的肩帶，一起昂首擺腿，在奧克拉荷馬市四處活動。我們得和評審同吃中飯，和商界人士共進晚餐，然後拍一堆照片。我在不停閃爍著的閃光燈前，眼睛幾乎要瞎了。

四十八名參賽者按照字母順序排列，「維尼伍德小姐」正好排在最後一名。等到評審問到我時，他們已經很難想出什麼新問題來考我了。我用了一個鐵定會輸的策略，那就是說一些書卷味濃厚的智慧型答案。結果，我連第一回合的初選都沒通過，這我倒一點都不意外。

可是我媽把這次失敗看得很重，不過她並沒怪我。她仍然很難過，因爲那個最後摘冠的女孩，看起來並不比我漂亮到哪兒去。所以呢，才藝一定是她得勝的關鍵。她用印地安手語打了一段聖經主禱文。選美評審認爲，就憑她這個非常具有奧克拉荷馬本州特色的才藝來代表我們這個州角逐全美小姐，一定十分眩目。不過很可惜，美國小姐的評審並不這麼認爲。

當上選美皇后，對我的成績並無幫助——我被當得一蹋糊塗，看來是拿不到工程學位了。要畢業最快且最不痛苦的方法，便是改修課業比較輕的主科。我在英文科目上總是拿A，所以我決定從航空工程系轉到新聞系去。強尼說他想當醫生。我們的計劃是，我靠寫作賺錢，支持他進醫學院唸書。不幸，出版業並不是很配合。我把課堂上寫的文章寄去，收到的是一篇篇的退稿。

「不過我必須說，我並沒有被結婚的渴望完全沖昏頭，忘了我是誰。大三下學期快結束的時候，我發現我並不想和強尼結婚。事實上，我根本不想跟任何人結婚。

強尼最喜歡的未來夢想，便是等我們兩個都老了，坐在屋前門廊，看著孩子長大，等著孫子來探訪。我在結婚夢裡發昏的時候，根本沒想到，強尼這種夢想對我毫無意義。就算我不去設計飛機，我仍想做更有挑戰性的事，而不是虛耗生命只爲等待退休。

我解除婚約時，姐妹會的同學們都不以爲然，我父母更極力反對。尤其是我媽，她認爲我在短短幾個月就換了主修科系，又解除了婚約，簡直是瘋了。這是我人生中第一次不想理會他們怎麼想。我拿到維尼伍德小姐的頭銜，算是對媽媽最後的屈從。我想我畢業的時候，他們一定鬆了口氣。雖然我沒有發揮實力，至少還混到了張文憑。我還拿到了好幾張飛機駕照：單引擎的海陸駕照、多引擎的陸上飛行駕照、商用飛行駕照，還有飛行教練執照。我甚至還單飛過滑翔機，當過幾個學生的飛行指導。

◇

我仍對工程有濃烈的興趣。航空公司的人事部門曾到校園徵人，我問他們缺不缺技術寫作（technical writing）的人。只有一家公司的人事主管對我有些回應，那人在麥唐那飛機公司（McDonell Aircraft）工作。他甚至還請我吃晚餐，討論工作內容。我覺得他這樣熱心過度有點怪，他要我去他住的旅館，我拒絕了。不過我很驚訝，他還是給了我一份撰寫規格書的工作。一九六三年的一月，我把所有家當丟進我的柯維爾（Corvair）車裡，孤孤單單一個女子開車朝密蘇里州的聖路易（St. Louis）冒險前進。

我抵達聖路易時正是冬天最冷的時候。我本想租一間廉價的公寓，到達後才發現，聖路易已經沒這種房子了。最後我租了一間對我來說很貴的公寓，還向我爸借了兩千美金，這些只夠讓我安頓下來而已。三個禮拜後我拿到第一張薪資支票，那時我幾乎快餓死了。

麥唐那公司位在聖路易郊區鄰近工業區旁，一個叫林白園區（Lindbergh Field）的地方。新進員工的車只能停在離主建築最遠的地方。我來這裡買的第一件東西，是一件夾了人造毛料的棕色燈芯絨大衣，那衣服翻過來的樣子，就像小時候我和伯提那個小男生打架時穿的衣服。這件新大衣鐵定有十公斤重，可是我需要它的每一份重量，好抵擋聖路易的寒冬。

我每天都在清晨的黑暗中抵達停車場最遠的一端，然後穿著大衣、戴著帽子、手套、靴子，像個地底生物一樣用小快步前進，走上大約快一公里的路，才到得了辦公桌。離開辦公室時，天已經黑了。我得穿上厚重裝備再度走回去。夏季的白晝比較長，但又溼又熱，從停車場走到辦公室時，已是全身濕透了。

一踏進辦公室，你會以爲走進了小說《一九八四》的世界裡。公司的三棟建築物裡一共容納了五千名員工，每一層樓平行擺著一排排的辦公桌。每一張桌子都長得一樣，桌上都有一具電話，還坐著一位男性職員，穿著白色短袖襯衫、黑色寬鬆長褲，打著窄領帶。

我在規格部門工作，那裡尤其陰暗淒涼。公司裡每一個機械產品的每一個零件都要寫規格，這是份重要的工作，却也極其枯燥。規格書若寫得不好，會讓公司損失甚鉅。如果飛機零件的規格寫得不夠淸楚，製造零件的承包商便可能交出一個完全無用的貨品，却仍把責任怪在麥唐那公司頭上。

我的同事都是些無趣的中年男人，他們在工程上的表現不甚了了，所以公司就把他們丟在這個死胡同裡。即使最普通的工程師，也都應該在設計飛機零件，而不是爲別人撰寫規格。但這些人並不是優秀的工程師。他們寫的東西也不怎樣，所以他們都不是很快樂。

然後這個名叫唐娜的耀眼新人來了，她想要在工作上表現一番。難怪他們立刻視我爲公敵。

我的能力完全勝任這份工作，我受過工程的訓練，知道工程師要的是什麼樣的設計和材料。而且我也是全部門裡唯一受過寫作訓練的人。我的寫作淸楚有條理，在老闆眼中，我的光芒立刻蓋過了其他同事。

兩個月後，老闆把我叫進辦公室裡，打算加重我的工作權責。他原則上是要我教那些工程師怎麼寫東西。我才剛來這部門不久，就被派任這麼重要的工作，我有點驚訝。不過我決定要好好做。

我當上了規格寫作小組的新編輯，桌上堆著滿坑滿谷的文件。我得先讀過同事寫的規格，寫上評語，要他們把文法弄淸楚些，或是換個用字，然後把文件送還他們。如果我看到一個不合邏輯的句子，我會寫上一個比較淸楚的例子，希望我的同事能從中學習。我並不想永遠扮白臉。如果我看到一個人老是犯同樣的錯，我會把不滿表現出來。

這份工作進行了兩週後，老闆把我叫進辦公室裡。

他說：「他們說如果妳繼續做這工作，他們就辭職不幹。」

我既吃驚又生氣。我很努力工作。我覺得我把工作做得很好。

「聽好，妳叫他們去做的事，是絕對正確的。」他說。「不過妳得換個方式告訴他們。妳不能指著他們鼻頭說你錯了。」

「我希望他們從錯誤中學習。」

「那些人哪會想學東西。他們只想做完工作然後回家。妳只要想辦法，讓他們修掉那些最嚴重的錯誤就好了。」他說。「規格書不用十全十美的。」

「不用十全十美？」我很驚訝。

「只要好到一定程度，公司不會有損失就可以了。我們兩人又不可能接手寫所有的規格書。」他說。「我們需要這些傢伙。想個辦法，要他們改掉最糟的地方，想辦法讓他們願意改就行了。」

後來想想才發現，對他們來說，我一定是很大的壓力。我不過是個二十一歲、剛從學校畢業的小毛頭，就要告訴人家怎麼做事。尤其我是女的，這讓事情更糟。怎樣才能讓他們願意配合呢？我邊想邊走回辦公桌。

有件事每個男人都喜歡：一個漂亮女孩向他道歉。要我對一件我根本沒錯的事情道歉，簡直要命。不過，我最後還是開始擠眉弄眼，希望那些我並不敬重的男人原諒我。

「對不起。」眨眼。「我還只是剛接觸這工作的生手。」眨眨眼。「也許我太差勁了，看不懂這一行的意思，如果不嫌麻煩的話，能不能請你修一下這行句子。」再眨眨眼。

最後我們的規格書雖然不甚完美，至少不會釀成災難。

工作滿六個月，我終於把債務還得差不多，買得起一些像人類吃的食物了。吃了幾個月的土司夾花生醬，我都快失去消化功能了。爲了要大肆慶祝，我買了一塊厚厚的牛排，還有一瓶蘭瑟玫瑰紅（Lancer's Rose），那是聖路易能買到的最頂級紅酒了。可惜，我在這兒不認識半個人，可以邀來分享這一刻。我才正抱著購物袋走上前門階梯，袋子就破了，瓶子碎了一地，粉紅色的酒液在走道上成了一道小河，看來可憐兮兮。不過，牛排還不錯。

後來我被派到一個寫作小組，那群人顯然沒事可做。儘管事情很少，整個星期都沒什麼可忙，我們却仍得要在週末加班。

這看來很奇怪，但用不著多問，謎底就揭曉了。這組人的上司，喬（Joe），是個權力慾過量的人。星期假日要加班，爲的是向公司證明他需要更多人手。對喬來說，他手下的人愈多，他就握有更大的權力。

喬幾乎每天都會繞到我辦公桌，帶著一股惱人的雪茄味走近我，想和我聊天。他嘴裡無時無刻都咬著的那根大雪茄，像是永遠黏在他那肥下巴的嘴邊，很惹我厭。後來他問我，要不要下班後和他一起喝一杯。我不斷拒絕他——他不但惹人厭，也已結婚——但他非要我去不可。後來我想到一個辦法，可以永遠斷絕這種種騷擾。

我和他約在附近的一家酒館，與他一起坐在吧台上，直直看著他的眼睛。

「喬，」我婉轉地說，「我覺得我們對彼此都頗有好感，不過有件事我們不得不面對。」

他看來一副訝異的樣子。

「怎麼說？」

「我們得爲自己的前途做打算。」我一邊說，一邊用力地、誠懇地抓住他的肥手。「如果被別人發現我們有關係，我們會被吊銷經手機密文件的資格（security clearauce）⑤的生活會沒有保障，更可能丟掉飯碗。這樣你懂了嗎？」

他在吧台椅子上略略坐直，爲了加重語氣，還把雪茄從嘴裡拿掉。

「妳說得沒錯！」他說，一邊轉著肩膀。「我們得爲自己的前途打算。」

我開始恨這份工作了。工程部設計標案的人，把規格寫作員當次等公民看待；有工程學位的寫作員，把沒有工程學位的寫作員看得更扁。辦公室裡的氣氛絲毫不能激發鬥志，個個小心眼兒，甚至鬼頭鬼腦的。

我部門裡還有一個女職員，好像整天趴在桌上睡覺。我問別人，既然她根本什麼都沒做，爲什麼公司還會留這種人。有人告訴我，她曾經爲公司省下一大筆錢。

韓戰的時候，美國海軍委託麥唐那公司，把某種引擎加掛在班西（Banshee）噴射戰鬥機上。麥唐那對海軍說，這些引擎馬力不足。如果把它們掛上，飛機根本飛不動。海軍回信，要麥唐那照做不誤。結果呢，飛機出廠後，當然飛不動，正如麥唐那當初的預料。海軍得把這批飛機運到密西西比河的機廠去重新整修。海軍把責任怪到麥唐那頭上，還拒絕支付工程費。公司裡的人找不到當初海軍的那封回信。結果這個女人，她簡直像拾荒人一樣無所不收，她找到了回信，發了份影本，拯救了全公司，也因此賺到了終生的鐵飯碗。

這故事對我來說有如一個轉捩點。一個人曾經在辦公事務上有過輝煌記錄，後半生的工作時間却都在辦公桌前睡覺——想到這，我就覺得可怕。這提醒了我，我過去也曾有遠大的理想。這些，加上我對身旁人群和工作環境的厭惡，在在告訴我，其實我的理想並未完全熄滅。很快我就重燃理想，讓生活回到正軌。

我確信，我可以表現得和那些工程師一樣好。事實上，在爲F-111型戰鬥機寫規格書的過程中，我還挑出了幾個設計上的毛病，我想要告訴設計師，可是我沒有工程學位，沒有人會聽進我的話。我重新向奧克拉荷馬大學申請入學，於是我又成爲航空工程系的學生。一九六四年，爲了拿到工程學位，我向麥唐那公司申請在職進修。

此時的我比較成熟了，雜務也少得多。我仍對電路圖很感冒。我修進階電子工程學，勉強拿到了個D——這還是我向教授保證，只要我活著一天，我就絕不碰任何電子的東西之後，他才讓我過關的。我在一九六五年的春天拿到航空暨機械工程的學士學位，我應該早兩年拿到的。我夢想重回線上，自尊心也提高了。我回到聖路易，終於可以一展所長。

但，我回到了麥唐那，仍杵在規格寫作部門，我老闆是喬的老同事。我向公司申請轉調到航空動力部門，可是老闆不讓我走。我衝進他的辦公室抗議。

「妳是我們最好的寫作員。」他說。「妳大可辭職，但我不會讓妳轉部門的。」

既然如此，那麼我辭職算了。於是我去其他公司應徵。

◇

幾週後，麥唐那的資深副總裁傳來一份備忘。他寫著：「我注意到，公司有人不允許員工轉調其他部門，這種行爲必須停止。」我把這張備忘錄和我的轉調申請書一併放在老闆桌上。他狠狠瞪我一眼，說了些粗話，最後還是簽了我的申請書。

我終於成爲航空工程師了！我爲一架飛機的設計案工作了幾個月，然後又被派去爲太空總署設計一九七一年的火星登陸計劃。這項大計劃包括了兩架太空船、兩艘星球登陸艇，整個計劃是由位在加州的噴射推進實驗室（JPL）監督執行的。

我負責研究進入火星航道的太空船形狀，以及進入的軌道。我又迷上太空了，一如我青少年時光。每天早上我去上班，光坐在辦公桌前就是一種樂趣。我甚至想像著我所設計的太空船準確進入外太空軌道，穿過火星大氣，安然登陸在火星地表上。我用數小時開心算著每個角度和參數。像這樣，每天上班工作，心思飛到地球之外，仔細設計一台供太空旅行用最安全的工具，計算一條最佳路線。世上沒有比這更棒的工作了。

這項設計案近尾聲的時候，我竟焦慮起來。萬一麥唐那沒有標到這項建造案，怎麼辦？那我就得回去設計飛機了。不管是哪個承包商從太空總署標到案子，反正JPL都是火星計劃的主管單位——嘿，這個時候，我在《聖路易郵派報》（*St. Louis Post-Dispatch*）上看到JPL登的徵才廣告，他們要徵一位航空工程師。

JPL的人要我去加州和航空工程小組的主管面談。但是面談前三天發生了航空公司罷工。JPL拍電報叫我不用來了，他們無法為我確認機位。我覺得這只是一件小事。我開車到聖路易機場，搭上一班正要飛往洛杉磯的飛機。飛機降落，那是個陽光燦爛的典型南加州夏日。JPL在杭廷頓旅館為我訂了間房，旅館臨近帕沙第納（Pasadena）的典雅舊城區，擺滿漂亮的古董器具，地上鋪著華麗的東方地毯，是棟歷史悠久的建築。旅館仍為我留著房間。我從旅館打電話給航空工程小組的主管，他驚訝萬分，不過還是答應見我一面。

JPL給了我深刻且誇張的第一印象。我的雙眼習慣於中西部的平原景觀，這裡卻立著一大幢太空科學實驗室，好似一座依山而建的大學。我還沒開始面談，必中就已經要定這份工作了。

一九六六年顯然是太空工業的萌芽期。我還沒來到JPL之前，已收到幾份求才信。其他公司的人和我面談的時候，才翻翻我的履歷表，就開始說自己公司有多好。這裡不同，這位主管對我宣稱的能力一再拷問，簡直像研究所口試。我對他說，我曾設計過火星軌道航行船的外型。

「履歷表上說，妳能操作控制機器人六個關節的電腦程式，」他問我，「妳怎麼弄？這裡面有多少方程式是妳寫的？」

面談結束，我是眞的愛上太空了。我想著，眞棒的一個地方呀。我不知道他們會不會收我來這兒工作。

後來聽說，那個主管的上司，對我竟然在航線罷工時還有辦法飛來這兒，感到印象深刻，他說服了那個主管雇用我。他們給了我一份工作（條件是幾家公司中最不好的），我馬上答應。我又把全部家當塞進我那輛綠色的小奧斯汀車裡，驅車橫越美國西部沙漠，在八月熱浪最猛的時節來到洛杉磯。奧斯汀車裡有一片薄隔熱板，隔在我雙腳和引擎間。儘管我還加了額外的絕熱板，穿越沙漠時，我的雙腳却仍燙如燒灼，有如登陸艇在降落時減速與大氣摩擦發出高熱。我正要降落到JPL的土地上。

我不在乎脚有多燙，我已經在前往火星的路上——我壓根兒沒想到，我要花三十一年的時間，才達成宏願。

第三章　愛上機器人

我把一具小小的火星船模型吊在一根長桿子的尾端，氣流從其下方的垂直風洞(wind tunnel)①往上吹動模型。當模型被吹得轉速夠快時，我便猛力把繫住模型的纜繩扯開，讓我這具火星軌道航行模型在風洞裡自由飛翔；我藉由設計這個模型的機會，回到工程這一行。模型受到空氣流的鼓動，前後跳躍轉個不停。時值一九六七年，我和同事們一起從JPL飛到維吉尼亞州的漢普敦(Hampton)，到太空總署的蘭格利研究中心(Langley Research Center)。我們把十分之一比例的鈍錐體模型帶去，我們認為這個形狀最有可能成功進入火星大氣層。

那個模型，形狀極像一只圓頂的中國斗笠。降落時，鈍錐的頂朝著地，火星登陸艇則裝置在裡面。迎風降落的那一面愈鈍愈好，這樣才能帶來最大的摩擦力和風阻，以幫助減速降落。可是另一方面，如果錐型過鈍，模型便可能不穩定。萬一它晃動或甚至翻了筋斗，它就無法保護裡面裹著的登陸艇。那麼，這個圓頂的弧度該有多大？如果我們把錐體肩部弧度加陡來增加阻力，它在大氣中降落時，便可能因磨擦的高熱而熔化。我設計的模型形狀各式各樣，從中國斗笠到麥當勞叔叔戴的小丑帽不一而足。我們在JPL把這個鈍錐體研究了一年，這是我生命中最棒的幾年之一。

◇

太空計劃在六〇年代蓬勃發展，也造就JPL的成長。JPL雇用大批年輕工程師來執行「航海家六號」和「航海家七號」。這兩項計劃預計在一九六九年要通過火星，並爲一九七一年的火星登陸計劃做準備。大多數的新進員工，甫出校園就直奔加州，爲此地帶來年輕活躍的朝氣。我在一九六六年進JPL工作時，JPL約有兩千名工程師，其中有幾位女數學家和至少一位女科學家，但我是唯一擁有工程學位的女性。奧克拉荷馬大學當年那篇描寫女工程師的校刊文章預言成眞，JPL的確是個認識男性的好地方。我還在聖路易當規格寫作員和初級工程師時，負擔不起飛行這項嗜好。不過在洛杉磯那種空氣汚濁、空道擁擠的地方開飛機，也沒什麼意思。而JPL的滑雪和航海俱樂部，補償了我對流體動能的渴望。日子過得不錯，所以我不在乎工作中要做很多數學。

設計火星登陸模型，這個尚未開發的新領域，補償了我終日與數字奮戰的枯燥。我在電腦上操作演算轉動機器人六個關節的公式，模擬模型的三個軸在火星大氣中立體轉動的情形。問題是，我們對於火星大氣的了解，全憑猜測。

我們已知火星大氣非常稀薄。「航海家四號」在一九六五年七月擦過火星背面時，它的無線電訊號突然中斷。如果火星的大氣比較厚，無線電訊號在透過大氣傳送一段時間後，信號就會慢慢變弱。我們猜測，火星大氣的厚度大概只有地球的百分之一到百分之十左右。大多數科學家現已不再採信羅威爾說法：過去羅威爾認爲，火星表面的圖案變動代表火星上有農作。不過還是有少數人認爲，火星表面的暗流波動，很可能表示有某種植物。一九六三年一個完全無雲的夜裡，火星距地球很近的時候，科學家從威爾森山（Mt. Wilson）上天文望眼鏡的光譜儀讀出，火星的大氣幾乎完全沒有水份，只有大量的二氧化碳。植物是可以「呼吸」二氧化碳沒錯，但在我們所知道的植物形態中，沒有一種能在如此嚴苛的條件下生存。對火星表面的波動變化還有另一種流行的說法，認爲那是火星一次長達數星期的塵暴。這種說法還是有問題：既然火星大氣如此稀薄，它的風暴強度能和地球的風暴相比，甚至更強嗎？

現在回想起我們當初設計模型時的情況，幾乎有點可笑。那時，小而快速的電腦還沒出現在每個人的桌上。我剛進ＪＰＬ時，有一群人（全是女性）的工作職稱就叫做“computer”，這字在英文裡本意是計算員的意思。她們在一間吵噪不堪的機動計算機房裡，分析升空軌道弧度，把一長串流體力學公式鍵入計算器裡。我進ＪＰＬ不到一年，實驗室就買了一部有一間房間那麼大的電腦，爲我們節省計算時間。

我們把程式打在一整疊打孔卡（punch card）上，然後把它們餵進電腦裡。如果你在前往電腦中心的路上滑了一跤，那可恭喜你了。我有一次就這樣，還得急忙在我們的電腦使用時間開始前，狼狽地把卡片一張張撿起來照順序排好。

那時電子計算機還沒有問世，所以我們會在計算上約略估算電腦最後會算出來的結果。可是，負責鍵入卡片資料的人員，在鍵入長長一串的符號與數字時，不免會出錯，而只要鍵錯一個，算出來的結果就不正確。如果是這樣，我們兩天後會取回一疊疊的電腦紙，逐頁比對，找出鍵錯的地方。修改之後，得重新安排進電腦計算的時間。很多時候我們想乾脆自己打卡，比較不會出錯。今天，一個設計師在一架工作站上，可以一次就把整趟過程模擬出來。

而即便算遍了每一個角落，風洞測試還是得做的。我設計的登陸模型隨著風洞操作員調整風速，而產生的不同氣流在裡面來回擺動；我們用一部十六厘米的電影攝影機把整個過程記錄下來，然後將這些膠片一格一格分析，把實驗結果和理論做比較。蘭格利中心是我們的競爭對手，他們也在設計自己的模型。他們和我們站在風洞的玻璃窗前，一起興致勃勃地看對方的模型是怎麼設計的。

蘭格利中心的人，把他們的模型叫作「壓力殼」。它的側面從肩部尖銳地削下來，然後接到一個圓頭端點上，模型看起來像極了一只乳頭。它的風阻比我們的錐狀模型高，但它若是擺動角度大一點，就會失去控制開始翻滾。我們的錐體則可以擺個十到二十度仍保持穩定。三十年後，「探路號」飛抵火星，上面的登陸艇便是用這樣的錐體來包裝的。我從一九六六到六八年所做的就是這個。

我和同事們縮簡了模型的參數，並計算出幾種我們認為會成功的登陸條件，我們甚至還做了完整的計劃，準備設計並測試登陸機器。結果國會突然刪除預算，認為這項計劃太貴太冒險。這是我第一次目睹政治立場對太空計劃的舉棋不定。在一項成功發射的計劃背後，有無數個被否決掉的計劃案。政治角力對我造成直接衝擊，我失業了。

我那時剛從南加大（University of Southern California）的夜間部拿到航空工程的碩士學位。我本來天真地以為，既然ＪＰＬ隸屬於加州理工學院（California Institute of Technology），我又進了ＪＰＬ，那我應該能進加州理工唸書。錯了。加州理工不但不收女學生，更不收半工半讀的學生。不過，學歷耀不耀眼已不重要，我已經是ＪＰＬ的初級航空動力工程師，發展的機會便大了。

有個朋友曾要我去鄰近鎮上的一家小型私人公司上班，擔任航空工程師。公司就設在老闆家裡，我在這兒設計了六個月的飛機機翼。後來我發現，他要我做的全是騙局——他要我把假羽毛黏在機翼前緣——他以這項設計向政府騙錢。我立刻辭職。我簡直無法想像，有人竟然會做這種壞事，詐欺、造假，居然有臉每天照鏡子看自己。這整件事只能說是給我自己長智慧。那老闆要我做的，無非是假造航空動力的分析資料，好讓他把「點子」賣給政府。我想重回太空領域，走的路卻錯得離譜。此時我仍和ＪＰＬ的同事一起滑雪揚帆，於是我請他們幫我留意工作機會。不到一個星期，我就進到ＪＰＬ的航道分析部門了。

我從未做過航道分析，不過我想我一定樂於規劃行星間的航線。太空船所經過的每一個行星，都有自己的重力場。重力對物體產生的拉力大小，和物體的重量、兩者的距離呈比例關係。行星並不是完美的球體，它們的南北極通常都扁一點，赤道寬一點。有些行星則有大塊隆起或凹陷，這使得重力場不均勻。做航道分析的時候，得先知道太空船將會飛經行星的那一塊區域，才能算出太空船會受到多少重力。為了讓航道分析算得精確，分析師還得計算光子（photon）的數量。光子是極小、帶有能量的粒子，在太陽系中由太陽射出。光子會打在太空船上。在太空中，即使如此微小的粒子，都會產生一定的推力。

也許有人覺得，航道分析像是在做三度空間的數學遊戲。可惜我只覺得它枯燥透了。我想要了解全局，而不是計算一小部分。而且，我不像同事那樣，都在進行眞正的任務規劃。我規劃的是遙遠未來的計劃。後來我和辦公室的同仁調換工作，結果我花了兩年時間，設計一套迷幻藥的自動辨識系統，好對付美國那段時期裡暴增的用藥問題。

一九六九年的二月和三月，ＪＰＬ分別發射了「航海家」六號和七號。人類踏上月球後第十天，航海家六號便傳回了火星赤道的照片。七天後，航海家七號則拍下了火星的極地冰冠。從光譜上讀出，火星的南極冰冠只有乾冰——低溫的二氧化碳。光譜上沒有顯示氮、氨氣等組成生命的重要元素（至少就我們所知的生命來講是如此），而且沒有水。兩艘太空船上的紫外線探測器都收到從太陽射來的高量輻射，這高輻射使得火星上很難發展生命形態，即使植物也不可能生存。

對於那些希望火星上至少有一點兒生物的人來說，火星表面狀態的最新消息讓他們失望，但好消息是，這證明了我們的太空船能進行如此長距離的飛行。那時蘇聯發射了七艘太空船，沒有一艘到得了火星。而美國發射了四艘，有三艘完成任務。大型的火星登陸計劃已經沒希望了，不過太空總署和ＪＰＬ簽了約，準備在一九七三年時，再送一艘「航海家」太空船去金星和水星。屬於ＪＰＬ民用計劃之一的藥物辨識系統，以七〇年代的技術而言，根本做不出來，而我想「回到太空」。於是我透過交際管道，於一九七三年時獲聘爲「航海家金星-水星計劃」（簡稱MVM）的任務分析師。

在太空計劃中，任務分析師的工作好比球場上的守備。分析師查看任務的各部門，如果發現問題，就要把它修正。事實上，我一走進我老闆的辦公室，就問他我要做什麼。結果他說：「妳得自己爲自己的工作定位，這是行規。」

我於是負責挑選「航海家金星-水星計劃」的發射吉日。每次太空任務都有一段最適合發射的時段，在那期間，行星間呈直線排列，這時從地球發射的火箭燃料花費最低。通常的做法，是把發射日期定在這個時段的早期，愈早愈好，這樣萬一因爲天氣或機件故障發生延誤，任務仍能在時段結束前發射。我們的時段爲期四週，介於十月中旬到十一月中旬。不同的發射日期有不同的航道，同時也會影響抵達金星的時間，以及在飛經水星時，可以看見多少面積的水星。也就是說，有些發射日期對某些實驗比較有利，有些則較差。爲了要算出一個特定的發射日期，我得知道科學家們希望從這次任務得到什麼資料，這樣至少每個人都能從中獲得一部分數據。

JPL認爲，我們可以用非常低的成本完成MVM任務——九千八百萬美元的預算——這筆錢只能用來造一艘太空船。結果，科學家們無不想盡辦法要從這次任務搾出最多資料。這次任務的主要監督委員就有七個人，有幾個眞是渾身帶刺又死硬頑固的人，而且彼此的需要都互相衝突。我還沒受僱前，他們就已爲了要飛過水星的哪一面而吵過一回。航道分析指出，太空船接近水星的時候，水星有一半會被從左邊升起的太陽照亮。掌管攝影機的人當然會要太空船飛到亮的那一面，這樣才能拍照。可是做粒子和磁場研究的人，却要太空船飛到暗的那一面，這樣他們才能測量電離層是否存在，並測量磁場。他們決議，讓太空船飛到水星的暗面，然後分別在接近和飛離水星的時候，用兩部長焦距的電子攝影機來拍照。但除此之外，要爭的東西還多著呢。

◇

一九七〇到七三這幾年間，我的溝通技巧大大進步。我的工作之一，是向製造太空船和設計航道的工程師們講解太空科學概念，然後向科學家說明太空船工程設計的限制，務使所有人滿意。我要向別人說明不同發射日期的優劣，結果我發現，工程師和科學家唯一共通的語言是數學。有個朋友建議我寫出數學公式，好向別人解釋每個發射日期的特性。我把這些函數稱作「(價) 值函數」(value functions)，其實都只是些灌水的東西，但它們能替我說話，切入要點。

我要科學家評估，他們的實驗器材對於達成計劃目標有多重要。例如說，如果太空船在發射後，先拍下地球和月球的影像，以此來調整攝影機拍金星和水星的角度，這對他有多重要？這和在飛掠過水星時，直接大片攝影水星亮面相比，哪個比較重要？我給這些「優劣性」一個數值參數，然後設計一個公式，公式代表的是這個參數在某個發射日期的恰當程度，算出一個介於零到一之間的指數來代表。

這項工作進行得相當緩慢，花了將近兩年，才讓每一個科研小組定出他們認可的值函數。得到共識後，我便把這些函式加總，算出每個發射日期對科學研究的總價值。令人驚訝的是，竟然有一天符合所有的條件——一九七三年的十一月三日——這一天，對所有的七個實驗都是最好的。接下來的兩天也幾乎一樣好，所以我們萬一延誤，至少還有緩衝的時間。向上提報十一月三日這個日期，要冒極大風險。計劃主持人得點頭同意，把預計給的四星期的發射週期犧牲掉前面二星期。萬一天候不允許，或機件出了差錯，使我們無法在十一月三日、四日或五日發射，我們就會進入發射週期的下半旬，那對科學研究來說就不好了。計劃主持人選擇了我訂的發射日期，我得意極了。曾有好長一段時間，我的牆上只掛了一件東西，我認爲那才是JPL對我的恭維：那是一封信，信上寫著，我們要在十一月三日發射。

在那之後，我晉升爲MVM專案的工程師。這時我才發現，我必須監督一群人工作，但他們的工作內容，我幾乎完全無法了解。「航海家十號」是一個嘗試使用「重力槓桿」概念的專案。這個概念是在六〇年代發展出來的。根據理論，當太空船飛經一個行星的時候——好比說金星吧——如果距離和角度算得對，行星的重力便會把太空船拉過來，然後再把它拋出去，這樣太空船的航道就改變了。在這裡，行星重力有點像花式溜冰選手，她站著不動，把朝她溜來的人手一拖，讓他順勢轉個圈，放手以後那個人的方向就改變了。如果航道改得對，太空船便會順勢推進，這樣可以省燃料，不必載滿從地球直達水星實際所屬的大量燃料。

要從八百萬公里外的距離碰觸到這一點，簡直像大海撈針。根據航道分析師的計算，太空船在抓這一點的時候，每誤差一公里，到水星的航道就會偏幾千公里。我可以理解理論的大概，但因爲我仍在做任務分析，故無法了解理論的數學細節。我只能相信導航員了。此外，我也得信任我所帶領的MVM任務小組裡的每一個人。航道分析師、儀器控制軟體的設計師，還有設計傳送太空船指令軟體的人，個個是專家，只有他們能詳細地互相審閱對方的工作內容。

一旦你手下有一批極聰明、極有創造力的人，你會發現，你不可能對他們下命令或掌控他們，因爲你根本不了解他們在做什麼。他們既然超出你的理解能力，身爲管理者的你有兩種選擇。其一，用你的智商去限制他們和整個專案。我認爲這是錯的。另一個方法則是信任他們，用你的管理能力使他們專注於任務目標上。

很多差勁的上司，在下屬知道得比他多時，會有受到威脅的感覺。這種人往往雇用比他差的人，以此保持一手掌握的姿態；要不就是限制這些能力較強者的發展，這樣他就可以掌有控制權。整個計劃於是便被管理人的缺乏安全感給扼殺了。

我自知我無法查驗「重力槓桿」小組的數學是否正確，不過小組的三名成員可以互相驗算。當上小組長之後，我學到了一項實用的經驗：學會何時不去揷手。

MVM任務等待升空，佛羅里達州十一月的潮濕空氣裡充滿緊張。我在卡納維爾角待了幾天，去找發射區的安檢官，他要在發射時監視火箭的動態。他的手指隨時放在按鈕上準備著，萬一火箭升空失敗而有可能掉入有人煙的地區時，他就摁下按鈕，把火箭引爆銷毀。我的工作，便是要確定他了解狀況。除非絕對絕對必要，否則我們可不希望他按鈕。

在此前兩年，「航海家八號」計劃失敗，和我這支一模一樣的那座「亞特拉斯／半人馬座」(Atlas/Centaur)火箭，在發射台上像隻仙女棒似的炸掉。幸好「航海家九號」一切順利，兩週後順利升空，傳回了空前壯觀的火星照片。火星塵暴過後，天空開清，峽谷和火山口於是露了出來，顯示出在這個星球的神祕歷史上，某段時期存在過水，也許至今尙有一些微生物存活下來。這回，如果重力槓桿運作順利，MVM會爲我們傳回水星和金星的地質史。我們只有一艘太空船，也就是說，只有一次機會。這一次的發射不能有任何失誤。

在發射控制中心，我在計劃主持人旁邊佔有一席控制台的寶座，萬一我們無法在當天晚上發射，我便能適時爲他提供建議。倒數計時的時候，我的嘴巴乾渴，心臟砰砰跳。隨著發射時刻逼近，發射小組，以及從螢幕上看到、遠在加州的JPL飛行控制小組，都盯著他們的控制台螢幕，以確保每項數據都在工作範圍內。終於，播報員發聲了：「十、九、八……」

突然間，卡納維爾中心裡的所有人，都從他們的控制台上跳了起來，擠到外頭目睹火箭升空。我呆著不動，盯著螢幕上的火箭，在弧光中帶著它貴重的實驗設備閃亮升空。「三、二、一、〇，發射！」我仍然不動。我彷彿覺得，只要我視線一移開火箭，它就會掉下來。我兀自坐著，希望火箭進入太空。

我的信念終於成眞。這次，這架載著太空船的「亞特拉斯／半人馬座」火箭在發射台上轟然噴出火球，完美升空了。太空船進入前往金星的正確航道，發射裝置逐一脫落，開始與地球進行通訊，這時，任務名稱從MVM七三變成「航海家十號」，我們進入正式運作。

◇

開始正式運作後，我又添了一份差事。我跑去幫艾爾・希畢斯（Al Hibbs）——他是JPL多年的廣播和電視科學節目「代言人」——我成爲「航海家十號」的助理播報員，負責向媒體報告太空船的行星之旅。升空之後，我主要的工作歸屬於太空船控制小組。事實上，升空，是這次多災多難的任務中唯一沒出差錯的一刻。我們幾乎是一路修補「航海家十號」的問題，好讓它撐到下一個任務階段，到下一個危機出現爲止。到頭來，這仍是個非常成功的任務，只是太空船幾乎無時不故障。

太空船上配有「追星儀」（star tracker），持續追踪明亮的老人星（Canopus）②，作爲導航方向指標；這次追星儀上却一直顯示出奇異的明亮碎顆粒。假如追星儀引導著太空船跟著這些明亮的顆粒走，便會走錯方向，而與原先計算好裝入電腦裡，預先規劃要走的方向錯亂了，一切運作便會暫停，而太空船發出求救信號。後來我們終於弄明白了，那些明亮的顆粒竟然是從太空船上方裝置的吸取太陽能天線上脫落的熱反射漆。這些剝落的碎片在整趟任務中一直騷擾著我們的導航作業。

太空船上的陀螺儀，用途是穩定船身，並告知目前方位；這回它也沒有正常運轉。我們得想辦法讓太空船不翻身而繼續前進，因爲只要一翻身，陀螺儀便可能失靈。到了一月，當「航海家十號」還未抵達第一目標金星時，便已耗盡主電源而開始啓用備用電源，而且還失誤，把大部分控制方位用的燃料給排掉了；這些燃料是留著，以便當船身被太空氣流拖偏的時候用來駕駛太空船回到原軌的。在這電量及燃料都不足的困難下，工程師仍堅持原計劃，讓太空船駛入距金星很近的一片窄長空間，由此順勢滑行，讓太空船飛進水星。

導航控制小組此時很仔細地檢視太空船，看看還有什麼沒有出毛病。太空船電力由兩片太陽能電池板供應，它們揷在船的兩側，有點像荷蘭風車的葉片。太陽能電池板設計成可以轉動，以便在離地球近時自動轉向地球吸取最大的太陽能。太空船開往金星和水星，離太陽愈來愈近時，電池板也能轉動偏離陽光。導航小組藉由這個電池板會轉動的特性，利用打在電池板上的太陽能光子產生的力量來平衡及推動太空船，我們稱之爲「太陽帆航」。

導航小組這些「太陽帆水手」們，讓電池板進行微弱漸進的轉動，藉著這細微的光子力量把太空船推動得像風車一樣。想在「航海家十號」穿越幾個星體時校準這些太陽光子產生的風力，需要相當多的事前規劃。太空船必須時時有人監視，以確保它不至於轉得太快，而使得所剩不多經不起浪費的控制方位用的燃料又被點燃起來。大部分的時候，太空船是由船上安裝的電腦所控制；電腦裡的程式會一步一步依照當時太空船方位而即時計算，發出指令，指示太空船如何運作：「把掃描平台指向這裡，把高能天線指向那裡，把儀器X的電源打開」，完全根據太空船在航道的位置而及時下達。當時那架太空船上的電腦還非常原始，記憶體只有一千零二十四個位元組，只能容納五百一十二個英文字——在今天，即使是比這個數字高一千倍，即有一MB記憶體的電腦，都已經是古董了。因爲容積這麼小，因此每一個指令都事關重大，控制小組爲了送達這些指令必須精打細算，甚至斤斤計較，因爲萬一出差錯，我們就得重新規劃、重寫程式，然後全盤重頭測試過。

組裡的人個個任勞任怨，長時間工作。在任務中，導航／控制小組的人常常是睡在控制室的桌上過夜的。沒有休假，每一天往往工作長達二十小時。參與任務執行的各小組好似一支打仗的軍隊，變得十分親密。除了爭執和互相取笑對方作樂外，我們偶爾也像年輕孩子一樣開派對。我記得，有一天早上，組員在附近一家酒館喝完幾巡後，到我家花了好長時間弄早餐吃。這之後我忙了好幾天，才把廚房天花板上的蛋漬給清乾淨。

我的組員們還有個習慣，他們會寫些八卦箴言，貼在會議室的牆上。這些話每隔一陣子就被收集起來編成一本書，叫做《任務龜飯手册》（算是正式《任務規範手册》的外傳）。好比說，當太空船在一九七四年二月通過金星的時候，牆上就出現一張漫畫，畫著太空船喘著氣說：「花了這麼多力氣，也才到次要目標而已。」（因爲水星才是首要目標）。控制小組「太陽帆水手」則寫著：「我希望在星期日和星期一中間能有個『星期零』（Grunday），讓我們放假休息一下。」

太空船飛近水星的時候，情況變得更是瘋狂。「太陽帆」正常運作，但方位控制燃料幾近用罄。陀螺儀仍叫人提心吊膽，但我們得仰仗它們來飛過水星的暗面，因爲那時候太陽能偵測器無法運作。高能天線在抵達金星前就離奇失效——太空船原是要來傳送水星的精細照片的，而這得靠高能天線的強大訊號才送得了。太空船上的電腦記憶體不夠，無法用來儲存影像資料，於是只好把照片即時（real time）送回。萬一高能天線無法運作，那麼當初投資在太空船上的電子傳送攝影機鏡頭，以及在加州沙漠區「外太空資料網」（Deep Space Network）天線上所添加的那堆複雜裝備，全都會變成廢料。我以助理播報員的身分，在太空總署的廣播中以絕望的心情說，我們恐怕只能從水星收回幾張照片。結果，很神奇，也許是因爲太空船接近太陽，於是溫度漸漸上升，高能天線竟然復元了。當水星的照片一張張傳進來時，攝影小組大大鬆了一口氣。

任務圓滿成功。儘管先前出現了導航上的挑戰，但「航海家十號」終於繞金星而行，達成重任。它此後一年多的歲月裡繼續梭行水星軌道，在一九七四年的三月三十號，「航海家十號」再次與水星接觸，並且在次年兩度重回水星。

「航海家十號」在一九七五年三月二十四日停止任務，從它發射起算，已有一年半，共傳回三千五百張金星的照片、兩千四百張水星的照片。紫外線照片顯示，金星雲層呈現快速的旋轉模式（每四個地球日便在金星地表上旋轉一次）。雲層轉動的方向和金星的自轉方向相反——金星自轉緩慢，它每自轉一週（即一個金星日），地球上已經過了兩百四十三天。

一如所料，水星看來就和月球一樣：表面盡是巨大扁平的圓形坑，顯示內太陽系（inner solar system）③曾遭流星撞擊。水星沒有大氣層，這也如我們所料，但出乎我們意料之外的是，它居然有磁場。沒有人料到，像水星這麼小的行星，竟會有液態的地核；地核是形成磁場的主要結構。無論怎麼說，「航海家十號」的確偵測到小型的地核。也許，在水星岩石上，有些分子已經被以前的磁場給磁化了，因而「記下了」水星早年有活地核的歲月。

除了這些收穫之外，我們也學到如何與一群有創意的人進行高難度的專案設計。我們隊裡有科學家和工程師，有「半」政府雇員④，有承包商，還有老式電腦的程式設計師，大家密切配合，工作認眞，產能豐富；我們一同創造了新的管理模式，發明了新的承包和成本控制方法。直到今天，一起參與過「航海家十號」的人，仍共享這一份有笑有淚的情誼。

這項計劃受到重重限制。「航海家十號」的預算只有九千八百萬美元，在此之前的行星探測計劃從沒有如此便宜。我們得準時發射，否則就會錯過從金星到水星的重力槓桿。我們得善用僅有的人力——用聰明和熱情來塡補人數的不足，並且堅毅不拔，不讓太空船半途作廢。

◇

「航海家十號」尙未完成第三次繞行水星任務時，我和實驗室裡參與太空計劃的多數人一樣，職業生涯又轉了一次方向。一九七〇年石油危機的時候，我帶領一群工程師、經濟學家和政策分析師，寫了一份發展替代能源的計劃。結果雷根入主白宮，宣佈能源危機解除，計劃被擺在一旁，我們失望透頂。不過某些方面來說，在「航海家十號」專案的壓力過後，我倒蠻喜歡規律的上班作息。

我愛上了JPL裡的一位工程師，然後我們結了婚。我的女兒洛拉，在一九七七年的二月出生。她出生後，我休了六個星期的假，其後的九個月，以半職的方式工作。女兒斷奶後，我們找到不錯的保姆，我又恢復全職工作。不過問題來了：似乎找不到什麼像樣的事做。我老闆幫我試探了一些機會，發現JPL許多主管都認為，既然我已經是個「成功的母親」，自然不會想要做什麼「眞正的工作」。我和他們約見了幾回，他們才把錯誤改了過來，不過這個插曲讓我開始思考未來。我發現我又迷失方向了。我眞正的熱情仍然是太空。

一九七九年十月，我奉命帶領一個小型的任務規劃案，這次任務是要繞行土星，並把探測器拋在土星大氣層，以及它那又大又神秘的衛星泰坦（Titan）⑤上。然後我又接手一個軍用衛星計劃，研究如何改良電腦軟體，讓衛星能自動避免並更正可能發生的失誤。

其後十五個月，我帶領九十幾位工程師，接手JPL所有的航道分析和任務規劃工作，但我不喜歡直線式的管理工作；我喜歡做專案。我聽說希畢斯在進行一項建造太空站的研究，我拜託他讓我做半職的研究助理。幾個月後，我又成為全職領導人，再度回到太空。

太空站的構想，對於我們那一代的工程師來說，實在迷人極了。馮布朗的行星軌道外發射台構想，是我們年輕時嚮往的目標。我曾坐在大叔和大嬸屋前的鞦韆上，仔細讀著《礦工通訊》雜誌上的圖畫細節，想像自己走在太空站的通道上。《火星之砂》的太空人就是從一個太空站出發的。由克拉克小說改編的電影《二〇〇一太空漫遊》，更把太空站的構想推銷進一般觀衆的想像中。

就如《火星之砂》描寫的，太空站可以當作旅程的中途站。在太空站上進行實驗，以了解長期失重對於人體的影響，這對於長達數個月的載人火星之旅而言，是絕佳的事前準備工夫。很多人也希望，太空站可以爲太空總署賺錢：太空人可以在太空站上爲私人企業進行實驗，一來我們可以據此收費，二來可回應政治人物的叫嚷，讓太空探索也是有利可圖的。如果太空總署能從太空賺到錢，或許政治界對太空計劃的興趣又會提高。

如此大型的計劃，將會是一次複雜的工程挑戰。這也是JPL第一次參與設計載人上太空的計劃。基本上，JPL的角色是給科學家的研究提供資料；我們建造機器並把它們送上天，作爲實踐載人任務的先行經驗。多年來，科學家不斷抱怨，太空梭裡人竄來竄去，造成極高的設計難度：因爲每個實驗都得從人的角度來評價可不可行，這意思是說，科學家必須確保所有的機件儀器，不管是多麼小的器具，都不會對船上太空人造成傷害。

有一次我看到一張照片，照片裡的人站在一疊文件旁，文件足足有他身高的一倍半。照片說明寫著，如果他想證明他的器材用在太空船上是安全的，那麼他就得塡寫這麼多的文件來進行說服的工作。我們此次的任務是協助科學家建造的太空站能方便人類使用。這個太空站，在計劃中有一個足球場那麼大⑥。

我們也想在太空站上裝設類似衛星的實驗平台，讓平台繞太空站轉，但不必受人控制。除此之外，科學家還需要一個以南北方向繞行地球的平台，而不是繞著赤道轉，這樣才可以從太空中觀測整個地球。我們最有興趣的是提供機器人來幫太空人組裝太空站，並在人類到不了的自動化實驗平台上操作實驗。太空總署把這個計劃稱爲「飛行電控機器人」（Flight Telerobotic Servicers），簡稱ＦＴＳ。

太空總署希望，這個機器人能繞著太空站飛行，以組裝太空站零件，或是把零件遞送給太空人。如果要和人類一起工作，ＦＴＳ得要能自動運作且不出差錯。它不可以把工具抓了，然後又很快拋出去，這樣會打昏太空人的。這種對人類來說簡單無比的工作，卻需要極高深的機器人科技。

機器人所做的每一個判斷，都涉及複雜的技術問題：形態的辨識與詮釋，以及做決定。要實際控制機器人的動作，則又要用到另一組技術。機器人學是一門跨學科的領域，即使想要有一小步的突破，都得用上好幾組不同的專家一起工作。

我從來就不是機器人專家，不過因爲太空站計劃，我開始學著喜愛機器人。像ＦＴＳ這種類人形（anthropomorphic）的機器人，可以在地球的軌道上建造或修理東西。而未來的行星探測船，尤其是需要在行星表面漫遊的探測船，用得上這項技術。當ＪＰＬ在找一個人來掌管實驗室的自動化和機器人科技，使這些研究有系統化時，我自願接手。

ＪＰＬ是太空總署裡的機器人研究中心，但其他太空中心也正對這項技術的其他部分進行研究[7]。我認爲ＦＴＳ是一個整合太空總署多頭馬車的機會。在華府，太空總署技術部門的上司們對此想法興致勃勃。於是我寫了一份計劃書，著眼於整合太空總署的自動化和機器人研究。

這項計劃的長期目標之一，是要在實驗室裡展示關鍵的技術。機器人實驗室往往充滿迷人的嗡嗡聲。每次我爲了見習機器人技術，或是帶賓客參觀JPL的進度時，總著迷於那種像玩具店的氣氛。

實驗室的地板上放著各種尺寸的機器人肢臂，任其內部的纜線遍佈一地。實驗室的角落塞著車床和鑽床，讓實驗室人員可以隨意修改零件。這些亂糟糟場面的幕後掌門人是貝耶奇（Tony Bejczy），他是JPL機器人部門的大老。貝耶奇什麼都做，從拼裝拖車到帶領高標準的實驗室都玩過。我從一九八五年到八七年主管自動化和機器人計劃，那時仍是個新鮮的東西。我們的預算幾乎每年倍增。貝耶奇的小組正在建造一具太空梭上用的機器手臂，也在發展FTS所需的技術。如果我運氣夠好，貝耶奇實驗室裡的人很快就會做出東西，而我就會看到一隻機器手臂把東西撿起來、轉個圈，然後將它配對塞進洞中。

另一個實驗室的橫樑上則垂著一條纜繩，繩端掛著一台約一點五公尺乘一公尺大小的小角型衛星模型，研究人員正努力「教」一台三臂機器人去抓那台衛星⑧。負責這項研究的小組成員，有時還得輪流帶機器人玩「貼驢子尾巴」⑨的遊戲，來訓練他把偵測感應安裝在衛星恰當部位。有兩隻手臂是抓東西用的。機器臂手指頭上裝有小型紅外線偵測器，用以測量欲抓物體表面出來的光的強度。機器臂手腕上的偵測器，除了能測量距離，還可測量幾個力學數值：推力、拉力和扭力。第三隻手臂上的立體攝影機吊著信號線前後擺動，傳回衛星模型的影像。影像資料以位元方式傳送，機器臂附近一部桌上型電腦則將之還原回圖形，並找出圖形上的直線，這些線條告訴電腦，這圖形就是它要尋找的衛星。電腦上的程式可以認得出線條的圖形、線條間的相對距離，以及它們與機器臂之中的距離。電腦還可以「看到」衛星基座的魔術氈（Velcro）⑩，機器人便是用手臂上的魔術膠帶去黏住衛星的。

雖然這幾隻機器臂動作不生硬並且十分迅速，不過對完成任務來說，精確度比速度重要多了。機器人的大腦是一台簡單的電腦，負責計算變數、推算衛星相對於機器臂的移動速度，並下指令叫機器臂移動，這些計算一次可能便要花上十分鐘的時間。然後機器臂順利伸出，魔術膠帶貼到另一個魔術膠帶上，讓擺動中的衛星慢慢停下來。這個實驗並非次次成功，因爲有時影像系統會出錯，有時則是手臂找不到衛星的位置。

而每當ＪＰＬ有重要賓客參觀時，他們總想要看機器人，有手掌、手臂和雙眼的機器人，一種狀似人類的機器。有了它們，實驗室裡到處在進行的頂尖科技就變得較容易理解了。這有點像到動物園去看猴子；獅子大象雖然壯觀雄偉，不過猴子比較滑稽精怪，而且動作表情都近似人類。

機器人的行爲是難以預料的。有一次，貝耶奇的機器人把一隻手臂伸出來，打了他屁股一記。後來實驗室要求爲每一台機器人劃出一塊安全區域。貝耶奇對他的機器人忠心耿耿，他還爲機器人辯解：「我沒注意到有人在它上面設定了程式，是我不該靠近哪裡的。機器人沒錯。」

每次我帶領重要人士參觀機器人實驗室，我總無法預測機器人的舉動。如果訪客是太空總署派來的代表團，一次公開展示便可能攸關幾百萬美元的計劃經費，因此我們總是預先小心排演。儘管如此，你還是無法預測它們會做些什麼。

有一次，太空總署的來賓們穿著深色西裝，站在展示聚光燈旁造成團團黑影，使室內的光度大幅改變，這把機器人系統給弄迷糊了。機器人手臂瘋狂亂甩，工程師只好按下緊急停止鈕。他們又試了一次，結果還是一樣。這時實驗室裡衆人已頗感狼狽；下一個展示是要讓兩隻手臂操作一個海棉橡膠平板，而一名軟體工程師在驚慌中把要用的軟體又給裝錯了。於是機器手臂不消一刻就把板子拆爛掉了。工程師們曾爲這展示演練了五十遍，不過「莫菲定律」說，如果一件事有出錯的機會，那麼它就一定會出錯。在此果然印證。太空總署的大人物們一路嘀咕著走掉了。

◇

我們同樣無法預測政府要做什麼。對我和實驗室來說，太空站計劃後來成爲一件讓人沮喪又無產能的事。我們加入競標行列，希望能成爲FTS計劃的中心，負責設計機器人平台，並且替科學家以太空站使用者的身分發言。但JPL在載人太空計劃中表現一向不佳。一九八五年中，所有的太空站計劃都分給其他太空中心。不過，我們沒拿下FTS計劃說不定是幸運的，因爲JPL計劃的經費嚴重不足。JPL曾預估FTS要花掉三億美金。一方面長期缺乏經費，一方面又低估計劃的困難度，太空站計劃最後只決定花一億美金。太空站還沒蓋好⑪，機器人現在由日本和加拿大負責製造。

不過，太空梭和太空站，一度爲JPL的機器人研究提供了焦點，而且每一次進展都有用處。就拿貝耶奇來說吧，他成功建造了太空梭機械臂上的扭力感應器，那可以讓太空梭艙內的操作員在抓取衛星，準備要收回或佈署衛星時，「感應」到機械臂的操作反應。此外，FTS的影像辨識技術，可以用在某個我更有感情的東西上面——行星漫遊車。

第四章 牙齒與洛磯

在JPL工作了二十年後，到火星的終生大夢竟成了我挫折的來源。為政府執行任務，對於每個參與者來說都痛苦無比。一群工程人員齊聚一堂，為某個到火星或月球、金星的任務難題絞盡腦汁，犧牲睡眠，減少和家人相處的時間，只為了要使某個零組件的設計盡善盡美。付出了幾年的腦力，經過無數的爭執和熱情的討論，突然間政府說不幹了。專案小組被迫解散，成員分派到其他專案去，再度付出和先前等量的熱情和承諾。

我一九六六年進入JPL時，還以為不用幾年就會登陸火星了。離開JPL六個月，使我錯過了「航海家九號」，它在一九七一年時成為第一個火星軌道衛星；為了「航海家十號」，我又錯過了「海盜號」計劃，它在一九七六年時成功將登陸艇放到火星上。現在，太空總署想送一部漫遊車上火星，而我終於覺得，技術成熟度、人力、經費和我的生涯，終於來到一個不可多得的交會點。

一九八七年，我開始帶領火星漫遊車的研究。在「海盜號」計劃後，有三組不同的科學團體，同時競爭下一次火星任務的實驗主導權。氣象學家遊說太空總署，要花一個火星年來做火星氣象研究。他們要的是「火星觀測號」(Mars Observer)，那是一枚載滿儀器的衛星，打算放置在火星上空，傳回資料和照片，他們也想要一組氣象網路，最好能送個二十台氣象站，散置在整個火星上。

地震學家是較小的一群人馬，他們想看看火星的內部，送幾具地震儀上去，以偵測火星的地震情況（如果火星有地震的話）。海盜號登陸艇的支脚上，綁了地震儀。但是在登陸後，任務管制中心很快就發現，那上面的地震儀，記錄的並不是什麼火星地震，而是火星起風時登陸船搖晃的資料。「海盜號」計劃騙了地震學家一次，所以他們遊說太空總署，他們要登上下一艘開往火星的船。

行星地質學家則大聲疾呼，希望這趟任務能採集火星岩石和土壤，並把它們送回地球。「海盜號」傳回的照片裡，火星上遍佈岩石，有的直徑達一、兩公尺。萬一登陸艇有一隻脚撞到一塊這樣的岩石，船便毀了，任務也完了。還好它成功降落在一座岩塊花園裡，但伴隨這份幸運的是同樣程度的挫折感：「海盜號」的機器手臂採集到了火星土壤樣本，但根據船上所載的實驗器材顯示，土壤裡沒有任何生命的跡象。科學家於是把注意力轉移到登陸艇外的岩石上。岩石上的坑坑洞洞，很可能是火山岩在冷卻時，氣泡逸出所造成的。它們也可能是被火星上古時代的洪水沖刷造成的。也許它們可以解釋，火星上的水跑哪兒去了。可惜，「海盜號」登陸艇並不是設計來移動的，而它的土壤採集臂也無法伸及岩石。

有些地質學家認爲，如果只是發射幾種儀器，像是用光譜儀來讀出岩石的礦物組成，就值不回任務的票價了。再怎麼說，如果你有辦法弄回眞正的樣本，科學家們便可用大型的實驗室器材，深入研究探測樣本的蛛絲馬跡。然後我們便得以知道火星的年紀，以及火星是由什麼構成的。這些人認爲，要眞正了解火星的歷史，就得從各種不同種類和地區的岩石中取出各種樣本；而若想做到多樣的採集，就必須用漫遊車。

過去三十年來，JPL對漫遊車的興趣起起落落。六〇年代中期，我們送了五部「調查號」（Surveyor）機器人太空船上月球，這「調查號」是設計來解開月球表面的一些基本問題的。「調查號」對「阿波羅」計劃有特別的價值：藉「調查號」來判斷，太空人是否能安全登陸月球。某些行星地質學家認爲，月球表面佈滿了一層狀似爽身粉的物質，深達十公尺。如果眞是這樣，月球登陸艇會整個陷下去，我們便再也收不到太空船或是太空人的信號了。

第一艘「調查號」伸出機器臂採集月表土壤的時候，頭幾公分感覺是鬆軟軟的沒錯，但再往下伸，它就碰到了比地球任何一處都硬的地面。月球長期受殞石撞擊，其結果却正好和科學家料想的相反：非但沒有把表面撞成粉狀，反而讓岩石擠壓得比混凝土還要硬。

七〇年代初期，蘇聯發射了兩部月球漫遊車，名叫「陸納柯」（Lunakhod，意即「月球車」）。這種像蜘蛛般裝有八個輪子，形狀像個老式澡缸的漫遊車，成功達成任務，在月球表面爬行。它們在月球的白晝爬，晚上則「睡覺」，如此進行兩周。其中一部存活了幾個月，行走了三十七公里的路。月球和地球間的信號傳送，只有一秒半的時間差距，因此，蘇聯可以在地球上像控制搖控車一樣來操作那兩部月球車。（不過，從送出信號至看到結果，一來一往共有三秒的時差，光對付這一點，就讓月球車的操作員累得半死。）

火星漫遊車的挑戰比月球漫遊車大得多。首先，地球和火星的時差，一來一回長達半小時。漫遊車得是自走的，它得要自行規劃路線。在地球上的漫遊車操作員，如果在螢幕上看到漫遊車快要掉進懸崖裡，他盡可用力發出「停車！」的信號，只是，等漫遊車收到信號時，它早已葬身谷底了。火星漫遊車得照顧自己。要能自動控制，就得用到具備一定智慧的機器人，而那又得用到高速的電腦計算。不幸的是，一九八〇年代的電腦既粗糙又笨重，而人工智慧也才在萌芽。

打從六〇年代起，JPL的工程師便在研究漫遊車的性能了，但他們眞正在自動控制上有初步進展，已經是「海盜號」計劃幾年後的事了。到了七〇年代中期，由於微處理器的發展，電腦的能力變強，體積也開始縮小，這時，把樣本從火星送回的計劃看來不再那麼遙不可及。機器人的研究進展快速。許多人樂觀地以爲，到二十世紀末，電腦就會超越人腦的思考能力。電腦專家甚至吹噓，要不了幾年，他們便能讓電腦程式下棋勝過人類。（當然啦，這件事一直到一九九六年才成眞，足見那些理想在那個時代是多麼不切實際。）JPL的第一部實驗自動漫遊車，是用轎車輪胎載著一組鋼架，上面鋪著木板，擺上攝影機、感應器和電腦設備。這一組硬體設備，用一條電話線，連線到加州理工學院的大型電腦主機上。

漫遊車上載著複雜的電腦軟體程式，負責計算視覺影像、規劃路線、避開障礙，這些是由一台電腦在進行的，而那台電腦比今天任何一部桌上型電腦都遜色，漫遊車自然是慢得讓人受不了。事實上，漫遊車甚至慢到——就算是加進了地球和火星間的時差——從地球上搖控，都比讓它自己在火星地面上找路走來得快。一九八〇年，第一批火星漫遊車計劃被取消。再下一波橫掃實驗室的機器人熱，要等到一九八二年。

◇

一九八二年，布萊恩・威考克（Brian Wilcox）正在進行機器人視覺研究，而他的機器人小組能夠做到抓取旋轉中的衛星。威考克除了發展太空站上用的機器人技術外，他還在進行一項軍方的專案，負責發展用來漫走敵區的自動無人駕駛車輛。軍方要的是一種能自行計劃路線，朝敵方前進的車輛，並且讓它在用攝影機觀察地形時，將敵軍的數量、武器、位置等資訊傳回去。即使這些自動機器人會引來敵軍開火，至少軍方已經得知敵人的藏身處。

同樣的技術應該也可以應用在行星自動車上。太空總署在八〇年代中期資助了幾項漫遊車研究，以評估行星自動車的研究是否可行。我是機器人研究的一員，因此我對漫遊車任務的概念也挺熟悉。八〇年代晚期，FTS計劃不了了之，漫遊車便漸漸成爲JPL機器人技術的主力方向。

一九八七年，太空總署總部批准一些經費來做「火星採樣送回」（Mars Rover Sample Return, MRSR）的研究。漫遊車設計小組是採樣送回專案的一部分，而我很高興能帶領這個小組。機器人漫遊車，火星，和一個任務規劃小組——都是我喜歡的事情。

把採樣送回的這一項任務，有幾個方案，而同樣的想法是，得送上一部強有力的漫遊車，把它降落在火星某個點上，這個點要鄰近幾種不同的火星地形。漫遊車得要能一天走個一百到一千公尺，這樣，一年內它就可以行走超過一百公里的距離，並採集各種不同的地質和礦物樣本。然後它便與採樣回收車會合，交出採樣盒，讓回收器把採樣帶回地球。

根據「海盜號」傳回的資料，地質學家認爲，如果要避免漫遊車卡在岩石或古老的水道中，漫遊車就得能爬過一公尺高的障礙物，能跨越一公尺寬的溝渠。所以我們有一個想法：漫遊車應該把它自己看到的影像，和從繞著火星軌道探測衛星不斷滑行的太空船上照下的鄰近區域照片作一比較，以此來規劃漫遊路線。我們希望能有幾架這種漫遊車繞行火星軌道，其上架有大型的相機，可以偵測到一公尺大小的物體。這也是爲什麼我們把視覺障礙定爲一公尺的另一個原因——這樣，漫遊車在看不到前方物體的情況下也可以直接開過去。

威考克是我「採樣送回漫遊車計劃」的當然成員。過去以來，他和其他幾個人努力延續著漫遊車計劃——常常是靠他那項軍方合作案的一點微薄經費。他還記得，有一次他向幾名資深工程師抱怨，說他需要一部車子來測試他的軍用計劃，却沒錢造一部。其中一名工程師坦承，說他們其實有一部小型的漫遊車原型一直藏著，JPL換了幾任主管都沒發現；每一任主管發現這部從六〇年代遺留下來的通用汽車（GM）古董月球漫遊車原型時，都會叫人把它丟掉。理由是，倉儲空間寸土寸金，而那部原型車又沒丁點用處。不過那位工程師每次總找得到地方把它藏起來。他很高興威考克能把它加以利用。

威考克第一眼看到這部小型的六輪車，就深深陷入回憶。這一部長一點五公尺、由三節組成的「調查號月球漫遊車」（Surveyor Lunar Roving Vehicle, SLRV），是設計來探尋月球登陸點的。它和威考克一九六二年在加州聖塔巴巴拉（Santa Barbara）通用汽車對外開放供人參觀時所駕駛的車是一樣的。對於那時只有十二歲的威考克來說，這部車的三節驅幹，看起來像隻大昆蟲。漫遊車上繫著一根長帶子，帶子的另端接著操縱桿，威考克就用這根操縱桿，遙控著車。威考克的父親是通用汽車國防研究部的工程研究部主任。他手下有一個由匈牙利移民工程師組成的小組，由貝克（M.G. Bekker）帶領，他是世界上研究探路前行車輛這一門領域的翹楚。這部「調查號月球漫遊車」，其實是針對爬山機能而設計的，底盤裝有彈簧，另外還有六個狀似甜甜圈的輪子。這個小組還設計了一九六九年時太空人在月球上兜風用的漫遊車（最高時速十六公里），那部車在月球的低重力下輕快地上下跳動，所過之處，在那沒有空氣的太空中，揚起一條長長的像公雞尾巴一樣的灰塵。

威考克仔細檢查原型車，發現塑膠車胎已經沒氣，車身也開始掉漆，但原型車的主幹和三節車體間的連繫看來都還算牢靠。威考克的組員爲它噴上亮麗的天藍色，並換上新輪胎。他們把它接到擺在辦公室角落的一部舊電腦上，移駕到ＪＰＬ附近的一處乾河床，亞洛優．希可（Arroyo Seco），開始玩起那輛「藍色小車」。

他們的辦公室位在實驗室的東側大門，是一棟搖搖欲墜的組合房屋。每天早上九點鐘左右，他們把藍色小車從屋裡開出來。停車場上總有人車進出，而藍色小車身處其中，用每秒僅三十公分的速度（即每小時一公里）前進。這個五人小組擔任「護駕」的工作，他們把人車停下來，好讓小車子悠閒地花二十分鐘開到河床上。這輛車子時時獲得一群人的祝福，大家只要看到五人小組和那隻機器寵物，就覺得高興。顯然它有它可愛的地方，它那只球狀的大頭，上面裝了兩隻廣角鏡頭，像極了電影裡的ＥＴ。路人常常會停下腳步，跟在它後頭，看著它通過警衛室，排除萬難克服前方的險降坡。只要看到藍色小車在動的人，幾乎都會說：

「好小啊！」

以那時的電腦尺寸來說，它的確算小。那時最好的電腦是迪吉多公司（Digital Equipment Corporation）的「ＶＡＸ電腦」，它足足有一個電冰箱那麼大。藍色小車身長只有一點五公尺，無法承載像ＶＡＸ那麼大的東西。於是，他們在亞洛優河床和實驗室間拉了條長達數百公尺的電纜，把車上用來驅動馬達轉動的電腦，連到實驗室的ＶＡＸ「大腦」上。操縱藍色小車的人爲它選定路線，而ＶＡＸ「大腦」負責算出這條路線該怎麼走。

想控制這樣一台自動機器車，共要用到三種技術。最簡單的技術，負責把操縱員的指令翻譯成機器的控制碼，告訴機器人上的馬達該朝哪個方向移動，該移動多少距離。這些低階的功能，可用來定位機器人的手臂，並開合機器臂上的「終端作用器」(end effectors)，簡單說就是機器臂末端的「手」。如果機器臂是搖控的，這些低階功能會交由一隻「主臂」來處理。機器人操作員移動主臂，其他機器臂便「模仿」主臂的動作。即使這些只是最低階的功能，控制多接點手臂仍然用到極複雜的數學。對漫遊車來說，這些低階功能負責控制輪子（或機械腳或履帶）：向前、向後、轉彎。

再高一個層次的技術，則是要機器人或漫遊車規劃出一條前往目的地的「路線」。對機器手臂來說，這代表伸手出去並碰觸某樣物品，比如說去抓取一顆衛星。而對漫游車來說，這是指它能指引機器驅向地表上的某個目標。要漫遊車做路線規劃，它得有能力知道它正前往何處，並知道是否已經抵達了目標。

最高一個層次，也是最難的層次，便是選擇目標。機器人怎麼知道到底要去哪裡？

威考克對藍色小車的研究，焦點便放在後兩個層次的技術上。和一部自己用脚走路的機器或一隻有好幾個關節的機器臂相比，有輪車輛的低階控制簡單得多；計算地表上有那些障礙則比較困難。而要漫遊車聰明到不需人類指示便能自行尋找目標，可就難多了。如果路線都是直線就比較容易，例如沿著公路走。許多機構都已經爲軍方的自動車研究出尋找道路的方法。威考克的小組用相似的技術，讓他們的三臂機器人可以抓到旋轉中的衛星：儘管衛星在轉動中，機器人上面的攝影機和電腦，集中焦點尋找物體的垂直切面來鎖定目標。

但是，對機器人來說，要在毫無地標的地表上尋找路線，可比尋找直線難多了。威考克的小組設計了一個視覺系統，可以把立體的影像收進來，仔細加以分析，以判斷那些地方比較近或比較遠、比較高或比較低。然後，漫遊車用電腦裡預先輸入的規則（參第三章註八），判斷哪些路線是安全的，最後再將最低層的控制指令送到驅動輪子的馬達，正式上路。這些計算需要用掉很多電腦記憶，因此藍色小車必須連一條線到實驗室的大號電腦，才會有足夠的記憶容量。

最後一項問題：到底該決定去哪裡？這個問題用一個不太難的方法就解決了，這個方法便是「電腦輔助遙控駕駛」，簡稱CARD（Computer Aided Remote Driving）。立體影像是這項技術的關鍵，不過，負責選定目的地的仍是人腦。電腦螢幕上顯示航空遙測照片，或漫遊車上攝影機所拍得的景觀。電腦操作員看著畫面，找出安全路線，把要移動的方位的指令送到漫遊車上。漫遊車上的低階自動反應功能便會照著命令駕駛。有了CARD，視覺系統只要負責監看操作員忽略了的危險路況就行了。視訊系統不必分析全部的景像，只要延著規劃好的路線分析就可以。

研究小組把藍色小車成功緩步穿過亞洛優河床的經過錄影下來。小車子的三節車廂一邊晃著，一邊爬過一些較小的石塊。再來則是一塊巨大的白色鵝卵石，體積甚至比漫遊車還大。漫遊車看來像是突然停下來，凝神定視那塊大圓石——然後，在一陣漫長的暫停和計算後，它轉了個方向，繞過障礙物。軍方顯然對藍色小車印象深刻，於是威考克得到一筆錢，準備為軍方的HMMV（或唸作HumVee）超級吉普車發展CARD系統。後來我接管漫遊車開發專案，包括規劃火星採樣送回計劃的漫遊車。我知道，想去火星，就需要這種東西。

◇

JPL並不是唯一在研究漫遊車的機構。漫遊車的主要兩個研究領域分別是「移動性」和「控制性」。大多數人都只專注於其中一項領域，沒有人像JPL一樣，同時處理所有問題。

俄亥俄州立大學設計了一部巨大的六腳自走機，可以用一種類似貓的碎步，行走於險惡的地形上。它的步行是自動控制的，但仍需要操縱員下指令告訴它怎麼走。俄國人則有一部類似藍色小車的六輪車輛，但更有力，而且用的是大型的錐狀輪。有些人認爲，要像軍用坦克那樣的有履帶車輛，才是獲得移動力的方法。

藍色小車繼承了通用汽車的設計，在翻過障礙物上的表現頗不賴，但它也有不少缺點。它的三節車身繫在一起，一節移動時另一節也跟著動，要在上面架設太陽電池板和研究設備，並不容易。另外，三節車廂的連接點會有嚴重的保溫問題。漫遊車的目的地火星，是一顆極冷的星球，如此一來，每一節車廂都得個別保溫。而車廂的連接點上，却裝著信號線，負責把輪送電力和信號輪送到輪子上。這些連接點是難以保溫的，它們若在極冷的溫度下搖擺晃動，信號線的絕緣外皮可能會凍裂，而使得車體極易損壞。我們得要設計出更穩的車體才行，同時它仍要能在險惡地形上移動。採樣送回計劃小組公認的移動力大師，唐・畢克勒（Don Bickler），想到了一個絕妙的方法。

那時，漫遊車小組正在研究繞行火星岩塊的方法。畢克勒是一位機械工程師，正想著如何從他手邊進行的計劃脫身。他負責設計木星探測的「伽利略」計劃，但他對紙上行政工作感到厭煩。他是那種閒不下來的人。畢克勒身形削瘦、精力充沛，講起話來像個大哥，後面總跟著一群年輕的實習生，對於畢克勒即興而發的洞察力大表佩服。他常常在晚上下班後，在家裡車庫與他的舊式工具爲伍，敲敲打打，試著解決一些他想像中的機械問題。

他兒子不久前才買了部吉普車，帶著他一起參加業餘者越野車輛展。畢克勒很驚訝，許多廠商賣的一些所謂加強行駛威力的器材，盡是些僞科學的產品，設計粗糙，一眼就讓人看穿。這些器材最多也只能增進一點點馬力而已。而且畢克勒發現，盡管設計差勁，這些價格高得離譜的器材，仍然炙手可熱。畢克勒在想，要不要自己也設計一些器材，讓車子眞正能增加拖曳的馬力？或者，設計一部能在野外行駛的輪椅，會不會更炫？有個朋友的兒子因爲在野外開車出意外而癱瘓，畢克勒一直想要爲他製造一部可以爬樓梯的輪椅。這些都可能大有賺頭，可以讓他辭去當時在JPL做的無聊工作。

他有個朋友，從七○年代就開始設計漫遊車。畢克勒開始向他吐苦水。那個朋友建議他去找威考克。結果威考克給了畢克勒一個建議：去看看通用汽車的貝克做過些什麼吧。

於是第二天，畢克勒進JPL的圖書館，找出貝克那本關於車輛行駛性能的書。他知道威考克正在用貝克的原型漫遊車進行測試，他甚至看過那捲漫遊車爬樓梯的神奇錄影帶。不過，雖然那部車爬樓梯時表現不賴，影片卻沒提到，它在路面顚簸時的表現極差。錄影帶中，漫遊車只有在遇到比輪子大的岩石時，才會卡住停下來。如果威考克設計的影像系統已經解決了這個問題，那麼在火星上要像爬樓梯一樣爬過岩石，就不會有任何問題。但路面顚簸會是個麻煩。畢克勒認爲，自然的土地可不是由一階階的岩石構成的。地面上多的是凹凸不平的隆起陷落。他翻著貝克的書，看看有什麼可以激發想像力，讓他找出解決問題的方法。

畢克勒看著貝克寫的數學式，回想起他年輕時在芝加哥所設計的改裝拼裝貨車。對貨車來說，獨立懸吊（independent suspension）是絕對不可少的裝置，而貝克是獨立懸吊的死忠愛用者。車子在撞擊路面顛簸時，獨立懸吊系統會吸收震動，使車子在水平面上的晃動減到最小。但在爬坡的時候，前輪爬得愈高，懸吊系統的彈簧就反其道而行，讓車子動彈不得。我們的車輛，必須既能爬坡，又能克服路面顛簸。獨立懸吊提供了足夠的移動範圍，以及平均的重量分散。我們需要這項優點，但不要它彈簧的阻力。貝克的書裡有一段話，是關於六輪獨立懸吊系統的實測紀實，畢克勒注意到這段話是這樣寫的：「獨立懸吊系統的最佳表現，大約是彎臂輪（bogie）最大爬行力的百分之九十五。」

彎臂輪！那就對了！彎臂輪的概念非常簡單，畢克勒是這麼想的。履帶中的每個輪子都用一根槓桿接著，這根槓桿可以繞著固定的一點彎曲旋轉。這大概是全世界最簡單的懸吊裝置了。畢克勒小時候就在祖父工作的鐵路機場看過不少彎臂輪用在火車上。那何不設計一組彎臂輪呢？彎臂輪有個優點，無論每個輪子撞到什麼障礙，槓桿都能把車身的重量平均分散。畢克勒想，如果六個輪子各裝上一組彎臂，應該在爬梯子上能和貝克的設計相匹敵。對路面顛簸來說，可能會表現得更好。

畢克勒和一位共事的學生，霍華・埃森（Howard Eisen），剛開始在電腦中設計六輪車的模型，他們馬上就碰到貝克的設計問題。如果車輛在沿著路線行走時，前輪碰到了一塊隆起，後輪應該要向後移動，以增加推進力，使車繼續前進。如果把輪子在車子底盤用一組彎臂懸吊起來，就像嬰兒床頭吊著的音樂旋轉玩具一樣，輪子上的槓桿便能升高或降低，以順應車子水平面的移動的地勢高低。

畢克勒並不是那種精於描述的工程師。對他來說，要他描述自己在做的事，不如要他把東西做出來。每次畢克勒說起他做過的設計和專利時，總會夾著這樣一句話：「他們就是不懂我在說什麼，所以那天晚上我就在車庫把它做出來了。」

畢克勒想造一具比例是原型八分之一的漫遊車底盤，於是他利用晚上時間動工，學生埃森有時也一起來，做了一具「畢克勒氏縮放儀底盤」。（比例縮放儀是一種製圖工具，由幾支桿子交疊形成平行四邊形框，製圖師用它來調整尺寸比例，做縮放圖用。）畢克勒和埃森認爲，底盤的物理運作模式，可以由這個八分之一比例的模型顯示出來，因此，這個設計可以應用在各種大小的漫遊車上。

畢克勒的車庫是一間原始科技博物館。他所製作的大部分的底盤，和一小部分的漫遊車零件，都是在他那架一九一〇年的車床上削出來的。他一九五六年購得這架車床，花費十五美元；車牀太古董，帶動馬達轉動用的皮帶已經配不到了，於是他找出一捲皮條自己做，用的是同樣古董級的鞣皮機。至於模型的輪胎，則是畢克勒用一捲玻璃纖維造出來的——這捲東西從他一九六〇年買來到現在，就一直塞在車庫頂的櫥櫃上。他還在輪子上加上突刺，用來加強火星地表抓地力。這些刺是從玩具屋上拆下來的。他承認他從不丟東西。他在ＪＰＬ的辦公桌上，擺著一個牛奶盒大小的底盤骨架模型，是把他兒子小時睡過的木床拆下來做的。到今天，那些廢木料仍然堆在他車庫櫥櫃的後面。

畢克勒先在車身側面掛上掛勾，然後把一組半彎臂繫上。他不想要軸承，這樣底盤的轉動接觸面積才不會受限制。他和埃森利用藏在錐型輪子裡的馬達把模型架起來，把它用長帶子搖接上控車以便操縱。畢克勒對模型車的性能甚感驚喜。它沒有軸承，也沒彈簧，轉動時接觸的面積等於它的輪直徑那麼寬。模型車可以跨過相當於它身長百分之四十的凹縫，即使把它傾斜六十度，它也很容易回復平穩。他們倆在JPL的第一五八號大樓走道上架了一組階梯，然後叫我來看這個新玩具。這部小車輕易就爬過了坡度頗大的階梯，相當有趣。

我們認爲，漫遊車任務要展開時，可以把模型尺寸放大。但畢克勒和埃森並不就此滿足，他們以貝克和他同事們所設計的公式爲基礎，寫了一些電腦程式，而證明了將設計變更爲使用履帶輪後，會比先前的原型好太多。我把這項新設計命名爲「洛磯彎臂輪」（Rocker Bogie），因爲輪子是連在彎臂上，而且也因爲輪子在石塊間上下搖擺前進（"rocking"）。所以很自然的，我們就把依此設計的漫遊車取名爲「洛磯」（Rocky）。後來畢克勒開始建造一部眞正的小型實驗漫遊車，「洛磯一號」（Rocky 1）於焉誕生。

◇

任務研究並不是有一項新設計就告結束的。我們還得作「可行性調查」，仔細分析數種達成此任務的方法，從中挑出最省錢的方案。於是我們在一九八八和八九年把這項調查外包給兩家公司作——一家是FMC公司，他們擅長製造大型的可移動機械，包括坦克；另一家是馬丁・美利塔（Martin Marietta）公司，他們為軍方造過陸用自動車輛。

第一回合的調查研究相當有趣。FMC和馬丁公司都創意十足，在第一次交上來的報告中，滿紙的構想草圖，提出了像風箏、像蚱蜢一樣會跳的機器、滑輪、自走機、熱氣球等等。大多數的公司在進行研究時，鮮少能一起合作，因為他們彼此競爭。但這次的研究，幾家公司不但彼此交換想法，也和我們交換點子。三組人馬分別想出不同的動態設計：兩組人用的是六輪車輛，另一組則是六條腿的自走機器。

馬丁公司的「自走柱」（Walking Beam）最特別。他們的概念是向日本人借來的，「自走柱」移動起來像隻尺蠖，有兩節身體，每一節都有可伸縮的腿。比較大且朝外的那一節，樣子像一具三腳架，兩隻前腳中連著一條橫槓，而另一隻較長、水平方向的樑柱，則從橫槓的中間延伸出來。第二節身體接在樑柱上，藉由兩腿的伸縮來前進。當後一節身體移動到橫樑上時，它會把腿伸長到地上，然後第一節身體會把腿收起，並把本體移到第二節上方，再將腿放下。馬丁公司造的模型是原寸的四分之一大小，其實相當巨大（身長六公尺，從地面算到它天線頂部，則有九公尺高）。這個「小柱子」可以爬過階梯並在不平的路面行走，但前提是需要有一位操作員以無線電信號來配合搖控。它就像《綠野仙蹤》故事裡的稻草人，沒有頭腦。在示範影片中，有一段看到它在走下坡路時跌了一大跤，好丟臉。

FMC的「有線童子軍」（Attched Scout）則用到了三節車體的設計，和藍色小車相似。這部「童子軍」的前方有一隻大型的採樣機器臂，整台車需要使用核能。它和藍色小車一樣，無法在三節車體裝上太陽能電池板。

ＪＰＬ漫遊車小組推出來的是「洛磯」。威考克、畢克勒和ＪＰＬ其他一干設計移動裝置的人，在實驗藍色小車和「洛磯一號」的過程中，漸漸發現六輪漫遊車有其優點。在影片上，藍色小車的六輪獨立懸吊設計和洛磯一號，都表現出驚人的爬梯力，可以爬上比它們輪子直徑大一倍半的梯子。活動貨櫃（機場用的那種）的拖車也是六輪的車輛，但無法開過比它輪子高一倍半的東西，因爲它的輪子缺少足夠的拉力和彈性。兩部實驗車的六個輪子都是獨立驅動的，使它們有足夠的扭力和拉力，可以開過大多數擋在前面的障礙物。當前輪開始爬上階梯頂部，但拉力已經不足時，後面的輪子仍有力量把車子開上去。當前輪抵達頂端，就換前輪把後面的車身給拉上來。在巓簸路面行駛上，洛磯很快就證明，它比藍色小車優秀。畢克勒和埃森還把它帶到沙漠，讓它開在充滿石礫和溝渠的火山地型上。

我們得把這種高行動力和自主性結合在一起，這樣漫遊車才可以在沒有道路或路標的地表上自行找方向行駛。威考克的小組已經使藍色小車成爲半自動的了（只要有人告訴它目標在哪裡，它就會計算出到達目標的路線），但漫遊車恐怕得有更大的車身來裝設它的大腦。

雖然ＦＭＣ、馬丁・美利塔和ＪＰＬ的移動性設計差異甚大，在自主控制系統方面卻相像得令人不敢相信。換個方式來想，這是有道理的。每一部自主漫遊車都得要知道自己身處何處、周圍有些什麼。它們得計算出要往何處開去，並且要下指令給輪子或腿部要它們開過去。巴爾航太公司（Ball Aerospace）想成爲漫遊車偵測器的供應商，因此他們以自費方式參與了這項研究案。他們除了提供我們一些實質的技術資料外，還畫了一些漫畫，讓我們明白他們想像中的漫遊車是啥模樣。在漫畫中，漫遊車掛滿了相機——前方、側面，甚至還掛在上方繫著的氣球上。每一部相機隨時都可以「瞄準、按鈕、卡嚓」，拍下那些站在漫遊車前，雙手比出和平手勢的三頭綠色火星人。

馬丁公司的「自走柱」，除了在橫槓上方一根高桅桿上裝有立體攝影機之外，還會向前方發出雷射。雷射會從岩塊上反射回來。如果自走柱是在平地上行走，雷射反射的時間會比較短。相對的，如果雷射跑進一個坑洞裡，反射的時間就會比較久，因為坑洞比平地深。這就形成自走柱的路面避障系統。這三項設計都假設漫遊車可以克服翻滾和打滑的問題，也都假設漫遊車上裝有穩定車身用的陀螺儀。

最大的問題在於電腦和軟體。即使到了八〇年代，電腦仍是體積龐大、速度緩慢，而且價錢昂貴，耗電量更是大，而且在溫度過低或過高時都極容易故障。人工智慧的軟體都還很生硬複雜，而且大多容易造成「方山效應」(mesa effect)：只要有一個新狀況超出了原先軟體所設計的能力範圍，整個系統馬上不知所措，會當掉。好比說，把一套追蹤道路的演算法放到沒有馬路的野外，它就成了廢物。

三個小組一起針對控制系統集思廣益，結果三方想出來的主意，都和威考克的自動控制概念相似：讓人類操作員選定目標，然後讓漫遊車自行算出到達目標的路徑，沿途避開障礙物。但因為這些設計既昂貴且計算速度緩慢，許多人認為乾脆把錢省下來，什麼複雜的自主控制都不要做。我們就直接在地球搖控漫遊車，讓操作員先看清楚前方所有的路障，再下指令給漫遊車，告訴它避開路障的走法，以此來做短距離的移動。

比爾・迪亞斯（Bill Dias）是一位任務規劃的老手，他向我們證明，搖控操作不可行。迪亞斯身型粗壯，個性內斂，總是帶著淺淺的微笑，說起話來穩重而思考周詳。他曾參加過「外太空電腦聯絡網」計劃，寫過一個排定使用日程的程式，那是一個複雜的問題，因爲要在有限的資源和衆多要求間取得平衡，而他全部從零開始做起。

該如何評估挑選這三種完全不同的漫遊車設計？這個問題迪亞斯深感興趣。哪一部車可以開得最遠、進行最多科學實驗、採集最多最好的樣本？火星表面可不像清淨無塵的太空深處，可以用數學模型計算出每一種對太空船造成影響的變因。火星表面可是高低不平、佈滿岩礫的，而且滿是看不見的坑洞和障礙，可能會有流沙（被塵土蓋滿的暗坑）之類的東西，想當然爾，這些都無法精確計算出來。迪亞斯寫了一套規劃軟體，叫做「火星漫遊車的一日」（A Day in the Life of Mars Rover）。漫遊車的每一項行動都建進軟體裡，用以估算出每一項行動的時間。一部身型較大也比較聰明的漫遊車，理論上移動速度應該會比小型而缺少智慧的漫遊車快。

迪亞斯開始思考如何呈現火星漫遊車的「一日」。可以把漫遊車想成是一部資源有限的車輛。在太空中，只要太空船沒有飛到行星背面，太陽永遠是亮著的。在火星上，一個「火星日」的長度和地球的一日差不多——精確地說，是二十四小時又三十七分鐘——所以每天有一半的時間天是黑的。那個時候既沒有太陽能，也沒有攝影的光源。

在火星採樣送回計劃的研究過程中，最困難的一項妥協，乃是決定漫遊車該使用何種動力。如果要在行星上進行長途的快速移動，用核能是最好的。但我們很快就發現，把一部核能車輛發射上去，不但價格昂貴，而且得冒政治方面的風險，棘手得很。太陽能便宜多了。但是除非我們把一部分的車體改裝上備用電池，否則我們很可能只能在白天時操控漫遊車。

所以現在有個大問題：漫遊車在白天能做多少工作？這又牽涉到太陽能板有多大、有多少電池可以儲存電力以供夜間使用，以及漫遊車有多聰明，因為這些都影響到能源的消耗量。

另一個問題是漫遊車要做成多大。我們是不是眞的需要讓漫遊車開過一公尺寬或深的障礙物，還是我們把漫遊車做得小一點，讓它自行判斷繞路行駛就好？有些人想像中的漫遊車都無比巨大，我們索性叫它「酷斯拉漫遊車」（Gozilla rovers）①。移動力研究小組還畫了一張漫畫——一隻巨大的綠色酷斯拉，坐在平台卡車上兜風。科學家愛死它了：酷斯拉可以把任何一種人類已知的科學儀器全帶上火星去。另一種漫遊車設計則被暱稱為「天才」型漫遊車：既聰明又移動迅速。但是我們眞有錢來做其中任何一種設計嗎？

我們之中沒有人曾遇過這些問題，但迪亞斯把它接下來。他是個話不多的人。有些人要酷思拉漫遊車，有些人要天才型漫遊車，他則淸楚知道，一部漫遊車在一天、一個月或一年內到底有多少能耐。他似乎總是夾在爭論不休的三方之中。迪亞斯的分析程式被稱作「迪亞斯試算表」，但它根本就是「酷斯拉終結者」。他的試算表不但記下時間和移動距離，還記下電源、可傳回的資料量，以及進行每一項科學研究所需的時間。迪亞斯很快就告訴我們，聰明一點的車比較好。一部搖控漫遊車，不管體積多大，在一年內只能移動十公里不到，而且只能採集十種樣本。而一部自主的漫遊車，則可以在同樣時間內移動幾百公里，並採集更多樣本。

儘管科學家不斷向迪亞斯「關說」(迪亞斯是這樣嘲諷的)，但他說，假設一部漫遊車要在火星上待一年，並把沿路每一寸土地的照片都傳回來，那麼一部自主漫遊車每天只能移動一公里，這是他們所能要求的上限了。火星對科學界來說絕對是個全新的領域，每一寸走過的路都可能極富研究價值，所以，在一天之內盡可能趕路，是錯誤的想法。儘管科學家們對此牢騷不斷，迪亞斯的每日一公里距離，其實仍比任務規劃專家爲二〇一五年的漫遊車所規劃的距離長得多。迪亞斯試算表和我在做「航海家十號」的「値函數」相似，都是一種評估的方法，用來處理各種互相衝突的科研目標。

◇

所以，到了一九八九年，我們已經有漫遊車的設計、工具和技術，可以開始實踐了。一九九一年，威考克的小組用太空總署的研發預算，造了一部酷斯拉迷想要的漫遊車。它和藍色小車不一樣，它得帶著自己的大腦，那是一部VAX電腦(藍色小車用的就是這種大型電腦)。這使得漫遊車的底盤和卡車用的一樣大。本來，在「洛磯履帶輪」上裝固定的平台，應該是進行下一波半自動車輛測試時最好的設計。但威考克的工作並不是解決移動力的問題。他要的是在合理範圍內做到自動控制，把一些東西塞在一起，讓它們上得了路，並且讓它們更快也更小。他叫一個實習研究生設計底盤，輪子直徑長達一公尺，而且車體重達兩百多公斤。

「羅比」(Robby) 一開始的重量有兩百多公斤，但這重量不斷增加。它有四部攝影機和兩部電腦：一部用來計算感應器的資訊，一部用來控制車輛。火星上沒有磁場，因此「羅比」無法在上面用羅盤尋找方位。「羅比」需要使用旋轉羅盤 (gyrocompass)。但是比較便宜且輕易弄到手的，是一架軍用的裝置，重達七十五公斤。即使到了一九九〇年，酷斯拉漫遊車飛上天的機會仍是零。

一九八九年七月二十日，當時的美國總統布希發表聲明：「我們要回到月球上，並在那裡居住……然後……把人送上火星。希望在二〇一九年之前登陸火星。」我們聽到這項宣示異常興奮。火星採樣送回計劃，會是人類上火星前絕佳的先遣任務。我們相信，有總統撐腰就一定能成功。「阿波羅計劃」不就是這樣完成的嗎？還有太空梭呢？太空站不也是嗎？詹森太空中心準備好了。他們已經組成了一個小組，要和我們一起進行MRSR計劃。

把所有的設備加在一起，「羅比」重達八百二十二公斤。這台漫遊車幾乎有一公噸重了。看到這部車子的人總會說：「好大啊。」車子這麼重，自然也開不了多遠的距離。一開始，整組人馬甚至操作了一天，也才讓它移動了十三公尺而已。太空總署才不會花錢讓這麼慢的東西上火星呢。不過小組裡每一個人都相信，只要預算增加，我們就可以跟上電腦的最新發展，使重量降低且速度加快。

經費來源露出曙光，漫遊車突然成爲衆人關愛的對象。這會是JPL有史以來最龐大的計劃，而且因爲它和載人太空計劃有關，於是使計劃的曝光率大增。實驗室決定要小心審核計劃，並且開設了一個由層峰組成的委員會。這些傢伙沒一個懂機器人，而我的工作之一，就是要讓他們相信，我們知道自己在幹什麼。我還記得在一次審核會議上，我是如何試著解釋視訊系統原理的。

委員會成員全是男性，圍坐在一張桌子的後方，我在桌前來回走動。我說：「我們打個比方，假設我們要辦場選美會好了。而漫遊車的工作呢，就是要把委員會裡最英俊的男士給挑出來。」我把手掌放在眼睛上方，好像一部帶著望遠鏡的機器人。我走到他們面前，他們眼睛睜得大大的，而我就一個個掃視過去。

「這套系統的目的，是要選出最好的岩石，並從岩石上採集樣本。它的原理是這樣的：漫遊車用不同的（顏色）頻譜拍攝同一個景象，然後再用它上面的電腦軟體分析這些頻譜。綠色的石頭對地質學家來説就很有用，因爲這代表岩石裡含有未風化的成分，而這岩石可能是不久前因爲殞石撞擊，而從地層深處被撞擊上地表的。如此，漫遊車便能自動挑出最好的岩石，一如選美會裁判推出最帥的男士。漫遊車把它看到的東西，用電腦在資料庫裡進行比對。」

我注視著他們，繼續說。「現在，如果我是選美會裡的機器人裁判，我的電腦裡會有一張所謂最帥男人的照片——」我慢慢走到他們身旁，故意仔細看著每個人。「我把這張照片和每個參賽者一一比對，於是優勝者就脫穎而出了，那個人是——華特！」

華特已經六十幾歲了，微禿，而且有些矮胖。不過因為他是審核委員會的主席，我想我可以和他開個玩笑。華特在椅子上坐直身體，笑得有點不自在。其他聽衆則爆笑出聲。

我攤開雙手：「這就是視訊系統的原理啦。」

這些審核委員的反應有三種。有個人在審查會開完後逮到我，諷刺地說：「這是我有生以來聽過最有性別歧視味道的說明會了。」

華特後來出現，告訴我整個報告有趣極了，幫助他了解漫遊車的原理。幾天之後，另一個委員說：「妳可眞教訓了我們這些男人一道。」

JPL裡有幾批不同的人馬，想要主導漫遊車大腦的設計，這些派系也聞到了錢的味道在JPL的空氣中飄散。威考克的智慧機器人設計有個死對頭，那組人由一群人工智慧研究者組成，數量不多、行事古怪，由戴夫・米勒（Dave Miller）主持。

米勒是個早禿的天才，一對黑色的雙眼神情狂放，和他亂亂的黑髮相映照。他對於能自己思考的機器興趣極高。有時他對自己所要講述的想法太過興奮，會變得好似口吃。米勒能參與漫遊車計劃，簡直是椿意外。實際上，他所屬的資訊系統部門，根本和漫遊車一點關係都沒有。他們研究的東西，應該是控制太空船用的人工智慧才對。

米勒八人小組中，其中一位是拉吉夫・迪賽（Rajiv Desai），印度人，剛剛拿到機械工程博士，專攻機器人學。他在印度唸大學時就造了他的第一個機器人。他和米勒在機器人的行動和控制力方面實力相當。迪賽對於能得到JPL的工作感到十分光榮。他第一天進人工智慧部門報到上班，發現他的部門沒半具機器人，自是萬分吃驚。

米勒和迪賽想到一個快速解決問題的方法：自己製造。他們的第一個計劃，名稱縮寫是「獠牙」（FANG），原文全意是「全自動導航哇啦啦機器」（Fully Autonomous Navigational Gizmo）。這是一個工業用機器人，有一個美式垃圾筒那麼大，約半個人高，下方裝有輪子。他們爲「獠牙」設定程式，讓它在他們的辦公大樓裡四處跑，幫人收發口信。這對他們小組來說其實是非常重要的事情：在JPL這麼高科技的地方，竟沒有電子郵件可用。

但機器人智慧小組所用的控制機器人的概念，和機器人設計部門的人完全不同。米勒相信，「羅比」要解決的問題根本沒有抓到重點，也因此整個電腦程式模擬都是錯的。建造「羅比」的基本概念是：我要怎樣描述這個世界，以分辨樹與岩石的不同，岩石與坑洞的不同，好讓車子在其中走動？羅比的程式，是以人類的視覺和認知系統爲基礎而建立的。但對機器人智慧小組的人來說，機器人的思考模式應該建立在昆蟲的認知模型上。昆蟲並不知道擋在它路徑前方的東西是什麼。它只知道那物體有多大，而且知道它得避開那物體。於是，他們認爲，問題其實很簡單：我如何從A點開到B點？

「獠牙」是用來呈現這種思考模式的優良範例。「獠牙」循著走道地毯上所貼的條紋行駛。

如果有人把東西丟到條紋上，它會繞過物體，然後回到貼有條紋的地方，繼續前進。而且它不像JPL那群工作狂工程師，「獠牙」知道它的電池何時用完。這時它會跑回實驗室，把自己插到充電器上休息，直到電池充飽再出發。

實驗室裡的某些人，對於要把這麼簡單的概念用在漫遊車上頗不以爲然。最主要的一點，「獠牙」是室內機器人。以傳統的概念來說，室內機器人和室外機器人是不一樣的。「獠牙」在實驗室狹促的走道上表現不錯，但外面的世界充滿太多變數。

米勒的小組總是嘲笑威考克，說漫遊車根本不需要視訊，它只要像個盲人一樣，用根拐杖到處探索就行了。威考克問：「如果它看不到東西，怎知道自己身在何處？」米勒反駁：「只要你告訴它要往哪裡走，它又何必知道自己在哪裡？」這個想法，對於「羅比」之前的所有漫遊車設計無疑是一大挑釁，而且貶低了現有漫遊車的電腦設計。

◇

另一方面，對威考克來說，看著米勒的漫遊車移動，他深感痛苦。那東西簡直笨呆了。它的程式是這樣設計的，如果左方有障礙物，它就向右轉；障礙物在右邊，它就向左轉。有一次威考克看著它開過一塊危險路段，威考克得親手把它停下來，把它擺回正確的方向，這樣它才不會撞到障礙物。它就只是向左轉——但每個局外人都看得出來，它一向左轉，就會轉到一塊更危險的區域。威考克知道，米勒的機器人是靠撞到障礙物來繞行的。也就是說，如果你把它放到一張會議桌上，它會掉下去摔個稀爛。威考克說：「也許你可以假設火星上沒有懸崖。也許火星上眞的沒有懸崖。不過萬一有呢？我寧可造一部你把它放在會議桌上它不會在一分鐘內就自殺的漫遊車。」

機器人智慧小組決定要進行實驗，把「獠牙」造得更小。他們在搖控車體上造了一個二十五公分長的機器人，並把它取名叫「牙齒」（Tooth）。他們幾乎沒有經費，但還是四處挖錢，把「牙齒」造了出來。

「牙齒」是一個聰明的小機器人。它的程式設定使它可以離開「基地」——他們在房間中央擺的一枚燈泡——然後在地面上尋找一顆曲棍球。「牙齒」一旦找到曲棍球（它還會伸出手掌觸摸這顆球，確定它眞的是曲棍球），就把它撿起來，快速開回基地，然後把球放到基地上。球才剛從它手中離開，它又跑離燈泡。它眞是充滿活力，又小巧又聰明，至少在我眼中是這樣。

早在一九八八年，我就邀米勒加入MRSR漫遊車小組，這樣我們在交換情報的時候可以有更多種機器人的方案。如果我們採用米勒的設計，也許可以建造更便宜（雖然較不穩定）的漫遊車——如果以前那種「萬能漫遊車」大型計劃的錢下不來，我們就得這樣做。我們之前有過核能與太陽能的抉擇，大漫遊車與小漫遊車，聰明的漫遊車與笨的漫遊車。現在我們又有兩種不同的機器人模型要選擇。

如果我們做的是什麼都來的萬能漫遊車，費用會十分龐大。兩顆軌道繞行衛星、兩艘登陸船、兩隻從火星發射送回樣本的火箭、兩部足堪勝任的漫遊車、兩架地球回收裝置——這樣一共是十件物品。「海盜號」是那時最花錢的任務，一共有四件物品，換算成一九九〇年的幣值，花了二十億美金。簡單推估一下，採樣送回計劃可能要花六十億到八十億美金。根據一家太空總署的週邊公司獨立估算，這趟任務可能花上一百億美金。

此時，太空總署的詹森太空中心正計劃著載人太空計劃；相較之下，我們這種花費眞是小巫見大巫。而因爲布希總統的一席話，MRSR現在已經不只被視爲一項科學計劃，它還是人類上火星前的先遣任務。進行了獨立評估的人不少，包括馬丁・美利塔公司的總裁奧古斯丁（Norm Augustine）、第一位上太空的美國女性莎莉・萊德（Sally Ride），還有前任太空總署署長潘恩（Tom Paine）。他們堅持要載人上月球和火星。他們說，這是美國和全人類的使命——這一點我同意。問題是，何時，以及機器人要扮演什麼角色。在我想像中，機器人是人類探險隊的先發部隊，恰如當年西部拓荒時，列維斯和克拉克（Lewis and Clark）替後來的拓荒者繪測西部地圖。我甚至還寫了幾篇報告，主題是機器人如何在太空探險中扮演人類的搭檔。

這些獨立評估都沒有把所估算的經費發表出來（不過，即使是在太空總署裡，最支持人類上太空的人，也被這些評估嚇到了）。據說可能高達幾百億美金。那時的國會仍由民主黨主掌，他們聽到那些數據可是樂壞了，巴不得把副總統奎爾（Dan Quayle）拉下馬。奎爾那時是美國太空委員會的主席，而太空總署和軍用太空事物都歸這委員會管轄。一九九〇年秋天，布希總統發表那段把人送上月球和火星的大膽宣示後一年，國會把所有載人太空計劃的經費全數刪除。後來他們又想想，乾脆連用機器人探索的計劃也一起刪。我們和詹森太空中心的聯手計劃宣告失敗，連更卑微的一些計劃案也都遭砍。

其實在預算被砍前，我就有直覺，這計劃的要價太高了。我看過畢克勒的「洛磯一號」在非常險惡的地形上攀爬；我也看過「牙齒」在米勒的實驗室疾走。如果我們用小型的漫遊車來探索火星並採集樣本呢？即使是一組小的樣本，也總比沒有樣本來得好。

但這時有人提出質疑，尤其科學家們認爲，小型漫遊車既不可能在眞正的火星地形上行走，也不認爲它能做什麼眞正有用的科學實驗。不過，這群科學家還沒見識過「洛磯」。我請米勒和畢克勒一起工作，準備向這群人證明他們錯了。

我問他們：「你們何不把『牙齒』的腦袋裝到『洛磯』的車身上呢？」

他們回答：「行。不過妳能幫我們弄到錢嗎？」

我答應他們，從日益減少的採樣送回研究經費中挪出幾千美金。他們說願意試試看。米勒的小組已經湊了一萬美金，打算用來修改畢克勒的「洛磯一號」模型，把它加上傳動馬達和搖控裝置。畢克勒蠻願意把「洛磯一號」借給米勒，不過米勒得答應把測試數據交給畢克勒，做爲交換條件。「洛磯二號」一直只是設計圖上的紙上談兵。倒是第一版的「洛磯三號」，它的大腦用了一個麥金塔電腦的外殼裝著——不過裡面裝的並不是麥金塔電腦，而是機器人智慧小組設計的電路板——安裝在洛磯的底盤上。小組發現，與其要實驗室的高水準機工房幫他們做殼子，還不如買一部麥金塔電腦，把裡面的東西全丟掉，然後只用它的外殼，這樣還比較便宜。「洛磯三號」相當粗糙，看來像個裝有輪子的麵包盒，重達二十五公斤，在柔軟的地面上還會陷下去。不過，它可以在堅硬的地面上，以每小時一百多公尺的速度前進，而且它可以爬過岩石和山丘。我們在摩哈維（Mojave）的火星小丘（Mars Hill）上拍了一捲測試實況，根據行星地質學家的說法，那個地方和火星的地形相似。影片是「洛磯三號」上面的攝影機拍下來的，在影片裡，它先是爬到一條山脊，像隻電影裡的怪獸，然後再緩緩開下一個緩坡。工程師在一旁為它加油喝采。影片裡甚至可以看到「洛磯三號」小組某個成員的一隻腳，跟在這台漫遊車的身旁走，看著它爬過一塊又一塊奇險的岩石。他叫道：「這就是我所謂的『很上道』啦。」

不過，要從小型漫遊車再往上一步，我就無能為力啦。我已經口袋空空了。美蘇之間的冷戰結束對我們有所影響，太空總署的預算，曾因為「挑戰號」事故後②需要建造新太空梭而一度攀升，不過其後預算就如自由落體般往下掉。MRSR計劃中途叫停，我轉到探測工作先發研究室工作，這兒的預算簡直只是杯水車薪。

我替米勒和畢克勒向太空總署要到十萬美金的研發經費，要他們嘗試為下一代的「洛磯三號」做一趟樣本採集測試。不過他們兩人為「洛磯三號」進行準備時，風暴正要襲向JPL的機器人計劃。

◇

威考克任職的機器人機構，與米勒的機器人智慧小組之間，為了爭取已經不多的機器人研究經費主控權而起了爭鬥。JPL一向少有政治問題，這次是罕見的例外。而在這一場政爭中，機器人機構獲得勝利。

他們得勝讓我震驚。我和米勒部門的主管一起努力，想讓機器人智慧小組照常運作下去。我相信，如果機器人智慧小組的人被迫轉入機器人機構，我們就失去他們了。

一九九一年夏天，雙方人馬在亞洛優河床碰面，來看「洛磯三號」走動。但爭鬥仍未停息。「洛磯三號」慢慢開到預定的位置，用收集匙採集了一些沙土，轉身，延著原來的路線回去，然後將沙土倒到一台假登陸船的漏斗裡，人人歡呼叫好，威考克也不例外。米勒和畢克勒向大家證明，即使是小型的漫遊車，也可以具有大型漫遊車的能耐。不幸，眼前沒有火星任務可以把漫遊車（不管大小）送到火星上。

不過我們若有神助。掌管JPL太空和地球科學部們的一位主管，對「洛磯三號」的成功展示有著深刻印象。他配了二百五十萬美金的預算，用來建造「洛磯四號」。但米勒不能參與此事。儘管他是替「洛磯四號」鋪路的關鍵人物，但他就是被擋駕，無法讓他從事他想做的事。他得到一年的輪休，到麻省理工學院一年，然後又回到JPL，希望重返機器人研究。幾個月後，該發生的事還是發生了：機器人智慧小組劃歸機器人機構管轄。機器人智慧小組的機器人和所有其他設備，統統要搬到機器人大樓去。不到一年時間，機器人智慧小組裡的大多數人都離開了JPL，這種龐大的人才損失原是可以避免的。

突然間，我對所有的火星計劃開始反感。不是對漫遊車反感，也不是對工程師和科學家，而是對JPL內部運作和國會的權力運作感到噁心。不只如此，爲了讓我的組員工作下去而必須到處籌錢、到處碰壁，讓我感到十分疲勞。我決定要離開漫遊車計劃，轉到更大型且更穩定的計劃部門去。我那時還沒發現，其實漫遊車一直吸引著我，要我回去。

第五章　漫遊車青年軍

我穿著正式套裝，小心翼翼走在亞洛優河床的岩地上，緊張不安貫串全身。科學界的高階人物、太空總署和JPL的要員們，還有記者，總共一百人以上，在一九九二年六月來到此河床地，在「調查號」無人太空船登陸月球三十週年的這一天，他們要一探「洛磯四號」的能耐。這些在六月熱天下頻頻擦拭額頭汗水的高官要員們，手上握著我和「洛磯」的前途。

「洛磯四號」，JPL新近建造的縮小版漫遊車，如果它照預定劇本演出順利，這些人便可能肯出錢把我們的漫遊車送上火星。下一階段的漫遊車開發，稱作「微型漫遊車」專案，我才剛被任命爲此專案負責人。如果洛磯演出失敗，我就要準備捲鋪蓋走路了。眼前的問題是：自我上任以來，我還沒看過洛磯哪一次演出時沒有發生故障。

我煩的還不只是炙熱的氣溫和應付來賓而已。乾涸的河床已經面目全非了。三個星期前，洛磯小組聽了「海盜號」地質學家的話，把沙地重新整過，還把岩石噴了漆，搬了位置。「洛磯四號」的障礙路線，和當初「海盜號一號」的登陸地點相似。他們還造了一台模型登陸船，上面的攝影機負責拍下洛磯在河床上的活動。

◇

公開亮相的前一週，洛磯小組進行了一整週瘋狂的測試。他們把所有裝備裝在一台拖車上，車就停在測試場附近。ＪＰＬ還租了圍籬，把整個區域圈起來——那塊地其實是公用土地，還雇了一群警衛，好讓這些設備可以安心在原地過夜。另一組人則搭起藍白相間的條紋帳篷，好爲電腦設備和賓客們遮陽。一眼望去，眞像在辦園遊會。不過誰知道，搞不好這是小組的告別演出。

放到岩地上的「洛磯四號」，比「洛磯三號」的體積小很多。接手這項設計的是朗尼・藍恩（Lonne Lane）博士，他要把一部創意獨特的小原型車，變成一部能做眞材實料科學實驗的漫遊車。藍恩的組員把洛磯的重量削了三分之二，並加掛兩件儀器，車腹還裝了收集匙，用來採集土壤樣本。我覺得新的洛磯停在模型登陸船上的樣子十分可愛，不過，花了錢在它身上可不是只讓別人來看它長相的。

藍恩沒戴帽子，身穿深色西裝，頂著火爐般的太陽來回奔忙。ＪＰＬ充滿各種特質鮮明的人物，藍恩是其中最富色彩者之一。

他是危機處理高手，工作是一個專案接另一個專案。在像ＪＰＬ這樣的環境，許多人往往刻意專注於某一項科學或工程研究，藉此成爲某個領域的專家。但是藍尼絕對不做重複的事。他對自己的評語：「總是在時間底線的刀口上，卻也總是趕不上最後期限。這才讓我有活著的感覺。」一九八一年，我在掌管任務規劃部門時雇用了藍恩，希望借用他的創造力和精力來重整任務分析。他答應要做的事爲數龐大，我花了許多時間幫他減少工作量。但是沒有成功。

藍恩個子小，性格強悍，專長是開發新儀器，有過不少成功的發明。

「洛磯四號」專案找藍恩來主事，是想借重他快速解決困難問題的能力。「洛磯四號」不只是一次科技展示，它更是機會，讓我們有可能在探索太空的新領域中佔到前線：小而省錢的任務，在短時間內連續發射。

太空總署原本是美蘇冷戰時期的產物，成立於一九五八年，設立宗旨在於「試試美國的火箭技術」，好把蘇聯比下去。於是太空總署發射衛星、進行行星探險，甚至還把人類送上月球。自從阿波羅計劃後，載人任務的規模大幅縮水，但機器人任務則愈益龐大。一九九二年所發射的「火星觀測號」（Mars Observer）衛星，總經費將近十億美金，光是發射裝置就花了三億。

一九九二年後，蘇聯四分五裂，冷戰告終。太空總署的任務不再像過去那樣明確，它的預算於是飽受批評。後來高登上任太空總署署長，他最常掛在嘴上的話是「更好，更快，更省錢」，好向國會顯示，時下企業界流行「企業減肥」和「企業重整」，太空總署也搭得上這班車。「發現計劃」（Discovery）便是此一概念下的首批實驗品。發現計劃的任務，如果用一九九二年的幣值計算，只要一億五千萬美金便足矣（不過火箭和任務執行的費用不算在內）。

「發現計劃」的第一個任務，便是「MESUR-探路號」（MESUR／Pathfinder）專案。MESUR是個縮寫，意思是「火星環境普查計劃」（Mars Environmental SURvey）。MESUR專案在火星設立一系列的氣象站，此乃氣象學家想望已久的事物。「探路號」則是一項試驗性質的任務，測試一套將來要把十數個MESUR放在火星上時，所用的便宜登陸系統。氣象學家希望藉由了解火星的氣候，來增加對地球氣候的了解，並希望利用「火星觀測號」衛星（那時計劃在一九九三年抵達火星軌道）和地表氣象站來收集這些資料。「探路號」專案則可以利用小型漫遊車來測試漫遊和登陸的技術，順便安置一些儀器在火星上作實驗。

許多學術機構和實驗室都推出他們的漫遊車設計，而因爲預算受限，多半是屬於和「洛磯三號」一樣的小型漫遊車。JPL知道，我和其他人這些年來爲漫遊車付出了多少。如果太空總署打算把漫遊車的設計外包，JPL當然希望工作落在自家人手中。藍恩總共收到兩百五十萬美金的預算，一部分來自太空總署的科研經費，有些則是JPL的行政經費，有的甚至是從JPL老闆的私人研究經費（通常是用來做一些稀奇古怪的研究）分來的。藍恩要用這些錢建造「洛磯四號」，一部可以供實用科學研究的超小型漫遊車。藍恩得在一九九二年的十月向大家亮出漫遊車，所以他共有十一個月左右的時間來做這件事。

JPL高層對這專案頗感興趣，但別人不看好這個專案，認爲根本不可能在期限之前完成。這些都激起了藍恩的熱忱。藍恩說：「太空總署每每在從事無人嘗試的新領域時，態度比最謹慎的銀行團還保守。風險趨避（risk aversion）在這種地方簡直是不可動搖的宗教。」藍恩不是這種保守的人。那時他才剛爲俄國人設計一架飛機。整個過程，從第一張設計草圖到新機出廠待測，一共才花了他和小組十一個月的時間。這次的漫遊車計劃長達一年，而且他已經有「洛磯三號」的基礎了。絕沒問題。

我是到了「洛磯四號」發展將近尾聲，才開始參與專案的。那時我在卡西尼（Cassini）計劃擔任專案工程師，這個卡西尼計劃的目的地是土星，整個計劃是從我在八〇年代所做的研究發展出來的。參與卡西尼計劃一年後，我才知道，JPL正在尋求管道，想在漫遊車展示結束後，說服太空總署出資，造一部可以上太空的洛磯漫遊車。看來這可是上火星的最佳良機。我是眼前最有資格接下此一任務的人，可是我沒有任何經歷足資證明我的能力。再說，接下這份工作的人，就要負責把東西飛上去。這簡直是一種「第二十二條軍規」：就因爲我之前沒送過東西上太空，所以我不能接手這份工作，把東西送上太空。我因爲這種奇怪的規定吃過多次閉門羹。甚至有一次，我還被一個中階主管以此理由拒絕申請。但最後接下這份工作的人，竟是個一點兒專案資歷都沒有的人！

後來我問負責決策的經理：「呃，爲什麼你把這份工作交給吉姆來做？」

他很乾脆地答道：「喔，我們想讓他爬到高位，所以我們把這工作丟給他，這樣他就有把東西送上太空的經驗了。」我簡直不敢相信。顯然，他把當初拒絕我時所用的藉口給忘了。

我後來得到了漫遊車專案的主管職位，我很興奮，卻也不由得心生懷疑。原來是因爲那些大男生壓根兒不認爲漫遊車會成功，所以根本懶得爭。

我和藍恩的工作在一個月裡是有交集的。於是，一九九二年五月，我認識了這群漫遊車青年軍。這些人大多是MUSR小組的成員：畢克勒、威考克、迪賽，還有幾個留守機器人智慧小組的人。我知道大家爲何不看好洛磯。漫遊車的問題可大著呢。

◇

計劃剛展開的時候，製造商承諾要在二月前把底盤送到。但一直到四月，我順路探訪時發現，底盤根本還沒送來。他們測試了漫遊車操作用的電腦程式，但他們無法校正輪子的轉速，也無法得知漫遊車到底會走多遠。藍恩從當地一家工廠訂來的電腦主機板也有問題。主機板只是一塊佈滿配線的原型機。在電路板下面，配線亂成一團，簡直像個超大盤的細絲通心麵。電腦不時故障，技術人員匆忙更換晶片，大家心情愈繃愈緊。如果已經找出問題，情況應該會控制下來，讓人覺得在平穩進展才對。事實却不是這樣。

四月底，JPL火上加油。實驗室告訴藍恩，漫遊車的展示將在一九九二年六月底，「調查號」計劃週年慶時的重頭戲。他們竟然把專案的底限整整提早了五個月。藍恩大可告訴他的上司說，他們瘋了，我不會接受的。但這消息只讓他更專注於漫遊車的設計。

藍恩重新安排小組的結構，以加快進度。每天上午十點，他們在威考克實驗室前的那部HMMV吉普車前集合，針對現狀做一次迅速的簡報。一天早上集會時，藍恩對組員說，這不只是一次技術展示，這是一次發射任務。

他說：「你眼前有扇發射口，還有一個預定的時間。就我們的任務來說，這個時間便是六月二十七日，有半個小時給我們。我們得在那半個小時内秀出東西來。發射口打開，沒多久就關上了。如果連開啓鈕都沒得按，那就不用玩了。你們所投資的心力，和已經做出來的東西，全都化爲烏有。那些人是不可能明天繼續收看的。」

他要所有組員承諾，每天完成一件重要的事。對一項發射任務來說，不管是正常的工作進程，還是核心工作進程，一天都損失不得。對任何發射任務來說，在「一天」這樣的時間長度裡，可以做的事太多。如果不在發射日前有一定的進度，而只是讓許多「一天」白白溜過，任務是不可能完成的。

藍恩每次開會，時間限定十五分鐘，議程別無其他，就是問相同的問題：我們今天要做到什麼？每個人都知道自己要做什麼了嗎？有沒有人和其他人溝通時遇到問題？有任何問題，請立刻提出來。

藍恩也身負財務壓力。時間短暫，藍恩並不認爲，多等個幾天，他就會收到所有他要的零件。就算他願意等，從下訂單到JPL撥款下來，等待時間短則三天，長却可能要三個星期。如果某一家公司要八周後才會進貨，洛磯當場就死在製圖桌上了。藍恩得和採購部門奮戰，叫他們別像平常那麼悠哉。

洛磯並不像「羅比」那樣，需要用到複雜的路徑規劃系統。但是洛磯不能因此就在路面上跌跌撞撞，或者每次遇到路障時就只是轉彎而已。

威考克說，洛磯並不是瞎的，它只是身處在霧中罷了。它可以看到前方幾公尺的東西，但是再遠就不行了。長程的路徑規劃，由ＣＡＲＤ系統（電腦輔助遙控駕駛系統）來控制。登陸船會把照片傳送回操作漫遊車的駕駛員，好讓組員知道洛磯的位置。洛磯也會傳回它眼前看到的景像。這些影像上面畫有點格（grid），駕駛員利用這些點格，爲洛磯畫出路線。如果洛磯的規劃路線有障礙，它也有足夠的能力發現障礙並避開，而且不忘自己的最終目的地在哪裡。

藍恩和威考克爲攝影機爭論不休。威考克認爲，若要使用ＣＡＲＤ，駕駛員就得從洛磯和登陸船上收到立體影像。這表示洛磯得在前方裝上兩台廣角攝影機，以便和登陸船的攝影機匹配。藍恩告訴威考克，他不可能浪費預算去買兩台攝影機。他得把洛磯的重量從十五公斤削減到八公斤。他只裝了一架輕型的攝影機。

小組成員中問題最少的，要屬畢克勒。他大多數的工作都已完成。他盡力幫助藍恩，減輕漫遊車的彎臂輪重量，以減輕洛磯的總重。工程師和技師們利用畢克勒的想法，發展出一種接合無縫中空管的技術，藉此造出輕型的彎臂輪，同時保持強度。但ＪＰＬ的技師們不明白畢克勒要他們做什麼。於是乎就像過去一樣，畢克勒在車庫裡自己動手把它造出來。這件事相當費力，他得用他的古董車床磨出一把切割器，削磨過程的金屬屑還弄壞了車床。

畢克勒努力的最終結果，是一件精美的工藝品。彎臂輪重量極輕，由拋光的鋁板製成，上面打了一系列的洞，可以減輕結構重量，並讓工程師得以漸次插入管線。藍恩和畢克勒得意地將原型擺在辦公室展示。兩人一談到這東西，就把它用食指撐起來，讓它優雅的曲線在食指上面平衡，看著它的槓桿柔軟地扳曲。如果光看他倆的表情，你可能會以爲他們拿的是米開朗基羅的一件作品呢。

藍恩爲洛磯的當日展出設計了繁複的時程表。在登陸船觀測完地景後，電腦開始處理亞洛優河谷的影像，人類駕駛員則爲洛磯規劃路線。洛磯會從登陸船上開下來，放下地震儀、用光譜儀讀出一塊岩石的礦物組成，用它腹部附帶的小鏟子挖起一匙土壤樣本，回到登陸船，把土壤樣本放進一個小罐中，然後等待觀衆的掌聲。對一部這麼小的機器來說，這可是一串了不起的工作，至少我們是這麼想的。

展示的日期逼近，亞洛優河床上的狀況看來却愈來愈糟。那一年的六月非常熱，漫遊車無法承受。洛磯會走一小段路，然後就再也叫不動了。它的軟體常常離奇當掉，晶片中的程式也還有錯，但漫遊車小組找不到錯在哪裡。有時洛磯會無法處理指令，通訊也經常中斷。大家被展出期限一逼，竟然忘了記下晶片堆裡有那些是他們丟掉不用的。有時他們需要換晶片，一換就要換好多次，才會換到正常工作的片子。他們慌亂地換著晶片，緊張的氣氛隨之上升，情況相當危急。現在連岩石切割器都出問題了。

藍恩要展示的儀器之一，是一部小型岩石切割器。那是一個凸輪裝置，上面裝著一根削尖的桿子，大約一支鉛筆的大小。它可以在一秒內「啄」數十次。科學家認爲，火星上的岩石和地球一樣會風化。在日曬、風吹和水侵蝕的作用下，岩石表層的化學結構會改變，使它和裡面的「新鮮」岩石變得不同。風化過的表層當然值得研究，不過地質學眞正要採集的，是裡面的「新鮮」物質。這是爲什麼地質學家在出野外時，總要敲敲打打的。

於是藍恩便爲洛磯裝了一部岩石切割器。他知道，裝這樣一具東西，可以討好那群來參觀的地質學家。切割器的力道不大——你可以把手放在它面前而不感疼痛——但它能把岩石表層給啄開。至少那是它「應該」能做到的事。它常常一開始表現不錯，卻在中途停下來，這時就得有人重新啓動電腦，好讓它再度上路。如果在展示當天發生這種事，那我們都得捲鋪蓋回家寫履歷表了。

展示前兩天，藍恩爲組員來了場精神講話。大家對洛磯的失望，表現在他們譏諷的言語上，藍恩希望打破這種局面。他曾不只一次遇過這種危機，而他知道，只要適當引導大家的精力和熱情，大家是可以重整再出發的。我站在大夥兒身後，對他的行事風格感到佩服。

「我們只有這些經費，我們也只有這些時間了。」藍恩說，「在這種條件下還照邏輯來工作的人，都不正常。我們得自己創造奇蹟。」

展示的前一晚，我順路到亞洛優，看看他的精神講話是否改變了氣氛。結果沒有。工作人員把電腦挖了出來，在亂糟糟的線路堆中翻找，似乎在修什麼東西。在河床上，小組人員爲洛磯規劃一條特別路線，還把石塊搬到特定位置，好讓一路上都沒有大型障礙物。每個人都有重要的事要做，就我沒有，我唯一能做的只有——精神支持。我幫忙把營帳架起來，看看守衛是否都在崗上。我幫人拿一些忘掉的東西、載人去吃晚餐，幫工作人員帶食物回來吃。

最後要離開展示場時，我有一種沉重的絕望感，衷心期望藍恩能在隔天早上變出奇蹟。

◇

展示的這一天，營帳裡擠滿了人。除了參觀來賓和守衛外，還有電腦設備及漫遊車的組員。我們架起幾台螢幕，上面還用厚紙板罩著遮陽，好讓參觀者能在烈日下看到漫遊車的走向。洛磯謹慎地在地面上安裝一台地震儀，用以偵側地球的任何動態，其中一台螢幕會顯示這個儀器的讀數。這架地震儀是JPL的精密機械實驗室（Micro Devices Lab）的重大改良發明。以前用的地震儀體積龐大，而且得隱置在建築物的地下室裡。另一台螢幕則讓人看到洛磯身上攝影機所拍到的畫面，還有一台螢幕顯示的是光譜儀的讀數，用以偵測岩石中的氧化鐵——以上，都是我們想像中在火星上要看到的東西。

營帳旁有一部無窗的拖車，威考克和他的組員關在裡面，他們負責駕駛洛磯，走的是那條細心規劃的路線。拖車裡塞滿電腦裝備，以致於沒有空間多裝幾台螢幕。幸好還是有冷氣的。這讓我在外面太熱的時候，有藉口趁機溜進去納個涼。

藍恩站在太陽下，向記者群和參觀來賓解釋目前動態。預定時間一到，他便宣佈，展示開始。現場寂然無聲，只有相機快門不停拍著。什麼動靜都沒有，有人開始耳語。

藍恩安撫大家的情緒：「一切ＯＫ。拖車裡的操縱員需要花一兩分鐘來觀察地形，藉此來爲漫遊車規劃路線。」

突然間，小小的漫遊車開始啓動，人人歡呼叫好。它開始蹣跚前行，六個鋼製輪子發出鏗鏗的聲音，慢慢從坡道上開下來。漫遊車身前有一隻小機械臂，上面掛著一具只有一包香菸大的地震儀。設計地震儀的是位瘦長的年輕人，他緊張地看著洛磯開到地面上，又向後退了半公尺，然後降下地震儀，把它安裝在地上。

接下來洛磯轉了個身，晃啊晃的朝第一塊岩石開去。這時有位研究人員把一塊石頭丟到地上，一群人圍著地震儀的螢幕看。我把這叫作「模擬地震」。這時螢幕上突然出現一條波峰，地震儀偵測到了一個超迷你的地震了！

洛磯開到了岩石前，那塊岩石大概有一個足球那麼大。洛磯在岩石前停了下來，似乎在考慮下一步怎麼走。車上的攝影機和光譜儀都裝在一個光滑的鋁盒內，盒子的形狀和大小像是一本書。操縱員下指令給洛磯，要它把攝影機盒抬高，好讓岩石出現在畫面正中央，顯示在營帳裡的螢幕上。洛磯這時開始像隻瘋了的母雞，開始啄起岩石，觀衆席中有人笑了。

漫遊車對著岩石向前開了幾公分，然後對它啄了一兩秒。這時漫遊車突然發出嘶嘶的聲音。藍恩盯著這小傢伙，它竟然仍在瘋狂地啄著。在這段時間裡，岩石切割器的震動，造成了車上電路板的短路，使得切割器無法關閉。

我可以想像，組員們發現時如何按捺他們的失望。岩石切割器根本沒在啄岩石，光是瘋狂在空氣中猛戳。我聽到有些組員們發出不屑的言論，甚至有人乾脆大笑出來。我想這幾週來的龐大壓力，讓他們受夠了。他們知道，這場展示不會成功的。他們才不相信一切都會突然變得完美。每一隻眼睛都盯著藍恩，等著他承認出了問題。不過，他可眞是個身段優雅的傀儡戲手。他逕自繼續講述漫遊車的設計特色，以及那台瘋了的岩石切割器的用途。他讓氣氛變得若無其事，這時，他按下漫遊車上的某個電源開關，切割器便停了下來。藍恩宣佈展示結束。

觀衆們都稱讚這場展示，官員們則站到臨時講台上，爲組員和同僚們的技術突破而祝賀。洛磯奇蹟似地照著設計演出。那完全是我們設計的劇本，一切照章搬演。不過那的確是技術上的突破，而我們也的確値得爲此慶祝。藍恩和他的組員證明了，即使是一部小型漫遊車也能做眞正的科學研究。至少，這可是在有限的金錢和時間下完成的。

就在藍恩接受表揚的時候，漫遊車小組把洛磯帶回技術人員所在的營帳裡，看看到底出了什麼錯。電腦小組人員把一顆壞晶片換掉。在來賓離開現場後，小組修好了洛磯。他們決定讓洛磯表現一次自己的實力。

在這場令人焦慮的展示開始之前，組員們一直很小心，不去試探洛磯的極限，以免它把重要的零組件給弄壞了。所有的展示都集中在導航和科學實驗上。洛磯只被允許去開過一些小而無害的岩石。現在組員們則放手讓洛磯開在險惡的地形上運作。一開始，他們要洛磯開過岩石，好測試彎臂輪的擺動能力。亞洛優展示場的後方有一條深溝，深度大概有漫遊車身長的一倍半，溝渠成五十度角下降。他們要洛磯開過那條溝渠。當洛磯滑下深溝的陡坡時，我們都屛住氣息。洛磯要往上爬的時候，我們一直叫著：「動啊，快動啊。」

但坡度實在太陡了。洛磯的輪子無力地空轉，把一些岩石刷下陡坡。原本看似無望，這個時候，它卻突然像隻死命掙扎的昆蟲，轉身開到深溝的另一頭，那裡的坡度比較低，它便在衆人的喝采中開了上來。

隔天早上，藍恩和我進行了簡單的交接儀式。我們在組員面前握了手。「這全是妳的啦。」藍恩說，「祝好運。」

我眞的需要好運氣。

◇

JPL給了我們一筆小型預算，用來撰寫專案企劃書，同時讓技術開發繼續下去。理論上，我應該會接收藍恩做「洛磯四號」展示時所剩下的預算。但展示的脚步太快，JPL有如原始人步調的會計系統完全跟不上。「洛磯四號」的花費只有草草幾筆紀錄，沒有人知道到底還剩多少錢。後來，這筆糊塗帳糾纏我們長達兩年之久。

「更好，更快，更省錢」，是太空總署的熱門口號。我認爲，既然漫遊車要成爲這個口號的代表產物，那麼漫遊車設計小組的組織方式，應該要和過去二十年來所有太空硬體設備的發展方式有所不同。發射到木星或更遠行星的計劃極少，於是每個科學家都想要「趕搭最後一班船」——這句話出自太空總署署長高登。龐大的花費，意味著保守的設計。在這麼高的投資風險下，不可能有什麼創新設計的。

我看過不少任務，這些任務都有個問題——事實上，那個年代的每一次任務都一樣：工程師們孤立無援，兵荒馬亂，在有限的太空船預算之下，試圖滿足科學家愈來愈高的要求。如果要在限定的經費和時間內完成漫遊車，我們便必須在第一次開會時就掌握科學家的期望，這樣我們才不必背負一些既誇張又昂貴的目標。

我很清楚，JPL的工程師也得重新思考他們的工作方式。在負責大型任務的時候，每個部門都會收到一大筆錢，可以盡全力製造最好的無線電、攝影機或機械元件。然後再由系統整合人員，把這些個別的零件湊在一起。此即爲何太空船往往花費龐大，而且建造費時。我們的小漫遊車既沒有那種體積，也沒有那種能源，更沒有那種時間來照這種方式製造。要能找到合適的人才，並能用極度不同的想法工作，會成爲專案的一大挑戰。

我找來肯恩·卡沙尼（Kane Casani）。他是航海俱樂部的老社員。我剛來到JPL的時候，曾和他一起參與火星登陸船計劃。彼時，他和他的小組剛以一千萬美金的預算，完成一部繞行地球軌道的太空船的設計及飛行。這項計劃名叫「精密小型感應器科技整合專案」（MSTI, Miniature Sensor Technology Integration），是一項爲了向空軍展示「更好，更快，更省錢」政策的專案。他完全清楚我該找什麼樣的人。

卡沙尼搭起兩手手指，倚在椅子上說：「妳要的是在JPL待了超過二十五年的人，要不就是在這裡還待不到五年的，沒有介於其中的人可用。」

他這樣說，理由是JPL的老人（例如他和我），在早年所做的那些太空任務，本質上都是既好又快又省錢的，原因是那些東西以前根本就不存在。他們知道，用少量的預算是可能快速建造出一艘太空船的，因爲他們以前就做過這樣的事。年輕人則有年輕人的優點，他們未曾參與過大型任務，於是他們不會認爲事情辦不到。卡沙尼認爲，就是那些介於這兩者之間的人，那些做過像「伽利略」或「卡西尼」等大型計劃的人，無法轉換思考模式，做到「更好，更快，更省錢」。

他也建議我要審愼挑選技術。JPL所做過的任務，要不是從零開始發明所有的東西，就是使用上一次任務留下的硬體，因爲上一次用過，就證實適合從事長途太空飛行。卡沙尼用了很多軍方庫存的飛行裝置，只有在他非親手做不可的時候，才發展新的技術。這爲他省下不少經費。但卡沙尼也說，對一部只有十公斤的漫遊車來說，現有的設備都太大了，電源消耗也太多。

卡沙尼最後說，如果小組的規模不大，我們的組織就得更有彈性，少一些層級制度。他建議我們模仿籃球隊的方式組隊：每個人有一定的位置和攻守策略，但執行的方法可依場上的狀況調整。這個想法和我一拍即合。我長久以來一直相信，嚴苛的命令和控制，會使得組織結構缺乏效率。我步出卡沙尼的辦公室，腦裡裝滿各種可能性。

我想要建立一種工作環境：創意導向，每個人都可隨時提供意見，讓意見自己證明其優劣。我一直認爲這是辦得到的，而現在機會來了。小組裡的每一個人都要爲整個計劃負責，而不只是負責一小部分而已。這樣做，是爲了讓每個人覺得，他們的付出是值得的。我在「航海家十號」專案進行最順利的時候，曾目睹這樣的片刻，不過從未看過有哪個專案是從一開始就這樣進行的。

對於該如何組織小組，如何讓組員一起工作，我有新的想法。我不要用層級式的組織架構，我一人在上，其他人按照階級一階階降下來；我要的是一個圓。我把這結構比爲一個細胞。工作都在細胞內部進行，而細胞外面有一層細胞膜。營養物質從膜裡滲進，提供內部工作使用，在此同時，細胞膜過濾掉有害的物質，並與外面其他組織做區隔。我認爲我的工作就像細胞膜。我會讓錢流入，好讓工作進行下去，並且試著把官僚體系和過度管理等這些「惡勢力」給擋駕在外，不讓它們影響小組工作。

另一方面，對小組成員來說，他們並不必常常用到我這個溝通者的角色。他們只要等到工作分完和預算配好，就可以互相配合了。只有在出現爭執，或者有問題無法解決的時候，他們才需要找我。我希望我的組員們都是通才，並且能在團體裡工作，以此方式使小組壯大。現在，我的挑戰則是要找到適合的工程師，他們要能有足夠的彈性，在這種新的結構下工作。

我從洛磯展示專案接手了一組人員，他們爲專案設下好的開始。威考克和他的遙控駕駛小組，已經準備好要加入。我和威考克共事多年，我知道他的行事風格，那對我的組織管理實驗會是一大助力。

畢克勒也願意幫助，不過他已經有重責在身，他是個小組長。他希望他組裡有人能代替他帶領機械小組。再說，畢克勒雖然是個天才，卻總表現得像個脾氣暴躁的難纏怪人（其實他只是隻紙老虎），我不確定他在進行細部的飛行計劃時能有多大耐心。我倒很高興能雇到他的愛徒埃森。埃森是紐約人，體型圓厚，留著鬍子，三年前的夏天，和畢克勒一起在車庫裡造出「洛磯履帶輪」。他也曾是MRSR小組的一員。埃森現年二十四，從麻省理工學院拿到航空工程的碩士，而且已經參與過兩次繞行地球軌道的衛星發射案，其中一個是MSTI，儼然是個老手。我的小組有了他的精力和才智，不啻如虎添翼。

只要你開始在JPL裡尋找專案人手，你馬上就會知道你的專案在JPL眼中有多少份量。有些專案，大家幾乎是死纏不放，拜託你讓他們參一脚。而漫遊車專案呢，我在做MRSR計劃時的一些老朋友，都彎願意幫我們變成上得了太空的案子。好比說迪亞斯，他是MRSR的任務規劃員，曾經寫過「火星漫遊車的一日」規劃軟體，他就來幫忙規劃漫遊車的操作規格。但離開了我的小圈子，我就得使出混身解數，用力說服別人，用一些人情壓力（甚至是人情債），才得以湊出整組人馬來。

我對機器人機構的經理討了一筆人情債，他才把他手下一名頂尖工程師讓給我。亨利・史東博士（Dr. Henry Stone），負責帶領漫遊車導航和控制小組。史東三十五歲，戴著眼鏡，長得英俊，頂著一頭金髮，他在卡內基・美隆大學（Carnegie-Mellon University）拿到機器人學的博士學位。我在負責機器人專案的時候就認識他了，那時他負責調控機器人手臂的精確度。機器人專案預算被砍，後來終至停擺。在停擺的這些年裡，史東靠他的「哈茲巴」（Hazbot，是Hazard Robot的合寫，意思是可以處理危險物品的機器人）出了不小的名。「哈茲巴」是一個小型的遙控機器人，可供炸彈拆除隊或危險物品小組派遣至危險區域，查看是否有炸藥或有毒物質外洩。史東令人讚賞的地方，在於他只用現成買得到的商用器材，而不自己從頭設計製造，因此可以降低成本，以低廉的價錢完成了這台機器人。

這項專案的每個主要系統的計算小組，組織也具有同樣的彈性。威考克是史東的小組長，是他名義上的老闆。但在漫遊車小組裡，威考克為史東裝置攝影機和開發軟體。畢克勒和埃森的關係也類似這樣。看到人們一起工作不需要強大的層級組織，我感覺很溫馨。

我既要負責整個團隊的管理，也要帶領系統工程小組，他們負責整合所有的設計。我認為我做得不錯，不過埃森和史東所屬的兩個小組，都認為我要找人幫忙。他們兩組人從過去就一直是死對頭。機械工程小組的人認為，既然洛磯已經有如此強大的履帶輪底盤裝置，車上就用不著什麼大腦了。控制小組的人卻希望盡可能裝上功能最強大的電腦。他們提議找比爾・萊曼（Bill Layman）來解決爭端。他應該是ＪＰＬ裡最強的全才工程師，也很可能是世界上最傑出的。只有他能獲得兩方的信任，他們相信他能代表兩方的利益，做出最公平的設計決策。

對於多邀一個人進小組的建議，我並不是很能接受。我害怕的是，萊曼一加入，我就會失去地位，無法親手送機器上太空。不過當我一踏進萊曼的辦公室，我就把我偏執的焦慮給丟在一旁了。

萊曼有種特別的氣質，使人立刻放鬆下來。他個頭頗高，言詞簡捷，極度冷靜，凡事必講道理，而且極富創意。他並不想接管理階層的位置。政治和組織管理的頭疼問題，他不感興趣。他只想要處理有趣的技術問題。萊曼說，他會確保讓我的東西上得了太空。

◇

就在我籌備小組的時候，太空總署的科學部門宣佈，他們要在投入火星環境普查計劃和實際佈署火星氣象站之前，先發包進行一項專案，用來展示「探路號」所要用的低成本降落與著陸系統。接手這項挑戰的人，是史皮爾。他是個極富魅力的領袖型人物，不過他直言不諱的態度，比他的社交或政治手腕出名。史皮爾手上的任務頗為艱鉅：他得用一億七千一百萬美金的預算，把太空船安全著陸在火星上。用相同的幣值計算，二十年前的「海盜號」計劃花了三十億美金。我的工作，是要說服太空總署和史皮爾，讓我們搭「探路號」的便車，把洛磯所展示的漫遊車科技一起載到火星去。原本的登陸計劃已經非常不尋常了，現在再加上漫遊車，情況更是複雜。太空總署過去所批准的計劃，從來沒有哪一次是兩個飛行器材分別設計，並由不同的部門出資，然後這兩者還能協調完成任務。

想叫太空總署這樣的體制改變，那怕只是改變一項作業方式，都是極困難的工作。而我們却想要他們改變一切。我面臨抉擇：放棄，認為體制已經是高牆豎起，磚砌堅實，根本吸收不了變革的作用力；或者我可以樂觀以對，認為只要我敲對磚塊，整面牆就會倒下來，然後我們便能重新開始。身為女性，我所做的是太空總署裡的女性從未做過的事。我信任我的直覺，用直覺去敲擊那一塊磚。我繼續籌備我的漫遊車小組。

我們仍需要人來開發電源和通訊系統。萊曼找來了隆・貝恩斯（Ron Banes），一位散仙級的資深工程師。我們把他招攬過來，請他爲漫遊車加上電力。他已屆退休，似乎沒有人能爲他找到合適的工作。另一方面，我們雇了一位新手，琳・蘇坎托，一位從印尼來的年輕工程師，由她負責通訊系統。不過，我們的經費只能讓她兼差工作，請她幫我們覓尋便宜又可供太空使用的無線電器材。這工作聽來簡單，我們却不知道它會多麼複雜。

洛磯並不是唯一想前往火星的漫遊車。其他機構也希望太空總署看看他們的漫遊車。一九九二年勞工節的週末，在華府航太博物館旁的展覽場，行星協會（Planetary Society）辦了一次「漫遊車大展」。那時，「洛磯四號」正在緊鑼密鼓趕工中，所以我們把「洛磯三號」送去，由威考克負責護送參展。

那是個炎熱的夏日週末，大營帳裡盡是各種尺寸的漫遊車。麻省理工學院的一個大學生設計了一具小型的六脚自走機器，名叫「成吉思汗」（Genghis）。另一部名叫「阿帝拉」（Attila）的自走機器，由一家麻省理工畢業生組成的ＩＳ機器人公司（IS Robotics）所推出。麻省理工的另一組學生，設計了一台六輪的漫遊車，請我爲它命名——我把它稱作「邁帝」（MITy）。另一部有履帶的小車，名叫「踐行者」（Treader），出自戴夫・米勒的設計。他就是那位發明了洛磯控制概念的人。

太空總署的另一個研究機構，阿姆斯研究中心（Ames Research Center），向俄國人借來漫遊車，爲它加上自動控制系統，成了「馬索柯」(Marsokhod，意思是「火星車」)。火星車的體積頗大——差不多和藍色小車一樣——但比較重。俄國人則帶來一台火星車的縮小版複製品，大小和「洛磯四號」相近。JPL裡也有人推出漫遊車，要和洛磯競爭。威考克的小組造了一台四輪車，名「高福」(Go-For)，它有個可愛的功能，可以翻身，並且萬一在崎嶇不平的路面上卡住，它也可以將自己解救出來。

最令人印象深刻，同時也是最不實用的，是一部六公尺高的「漫步者」(Ambler)，由卡內基・美隆大學的一個小組所造。「漫步者」身型巨大，有個參觀者說，他看到這東西站在展示館一角的沙地上時說：「我還以爲展示館的門怎麼這麼大呢！」卡內基・美隆大學還展出了「但丁」(Dante)，那是由機器人學的教父懷特克 (Red Whittaker) 所設計的。「但丁」是一隻八脚蜘蛛，有著亮麗的紫色，即將要送到南極，準備爬進危險的火山中。懷特克一向以此類探險出名。他設計的機器人，曾協助處理車諾堡核電廠和三哩島核電場災難的善後事宜。雷德的機器人就和他本人一樣，身型龐大、充滿活力。他對小型漫遊車不屑一顧。

「羅比」則在展示館的另一頭展出，它被圍在一個九公尺乘十五公尺的圈子裡，裡面填滿紅色的砂，使圈子看起來像火星表面。一張從「海盜號」登陸船所拍攝的大型火星寫眞，成爲沙地後的背景。「洛磯三號」和羅比相較，像個小侏儒，和火星車相比亦然。但是它很討上萬名參觀民衆的喜歡。

這次展覽不是什麼實力測試，但從展示中仍看得到許多有趣的事。「成吉思汗」和「阿帝拉」的細腳末端，在鬆散的沙地上一下就陷進去了，到頭來它們是用腹部在沙裡「游泳」，而不是用行走的。「踐行者」在前方有太多塵土時，會無法繼續前進。桑迪亞（Sandia）的「曲行者」（Ratler）很容易被岩石卡住，而威考克的「高福」在翻過身後，就得由搖控員小心調整才行。至於小型漫遊車，以「洛磯三號」和麻省理工的「邁帝」表現最好，也只有它們兩部使用了感應器和人工智慧來避開障礙，而不是硬爬過去。

爲了預防有人企圖用其他小型漫遊車把洛磯換下來，我寫了一篇論文，分析這幾部候選車輛是否能即時上線，並推算如果這時換掉洛磯，改用其他技術將會花費多少。根據展覽會的經驗，我們的論文頗有說服力。六月的展示會更讓洛磯遙遙領先其他候選的概念。

我從展覽會回來，看到競爭的結果，對於我們登上火星的機會感到樂觀。只要能得到更多經費。但是，正當我的小組全員到齊，我們即將可能從總部獲得完整的經濟資助時，史皮爾竟然從他的計劃經費中撥出六萬五千美金，要藍恩發展漫遊車來和我競爭。藍恩兩度試圖推掉這項工作。但史皮爾現在是他的老闆——而史皮爾的命令是不容回絕的。他說，身爲專案計劃主管，他得要有個備案才行。我懷疑，他根本是因爲看不上我，以及我們這突破傳統的小組。他就是想把我們趕走，好讓他專心於他的高難度任務上。我在想，我會不會永遠上不了火星。

第六章　地球上最快樂的女生

東尼・史皮爾，「探路號」專案的主管，是個臉色紅潤、肩骨寬大的男人。他走在JPL的廊廳時，手裡總握著一大把各色鉛筆，好隨時記下突如其來的鬼點子。有一次，在和JPL及太空總署高層主管開會時，我親眼目睹他眼睛一亮，彷彿對一個思考頗久的問題有了答案，然後在筆記本上振筆疾書，完全不理會旁人的注視。

史皮爾有領導魅力，又能鼓舞人心，這對於帶領「探路號」專案自是重要特質。不過我可沒受到他的鼓舞，因爲他把我視爲「探路號」邁向成功之路的絆脚石。我的工作，是要他做他不想做的事——把漫遊車載上去。花了一年的時間，史皮爾最後終於接受現實，漫遊車——我的漫遊車——要用他的太空船載到火星上。在那風暴不斷的頭一年，我們吵架的聲音，不時傳遍二〇三號大樓的每一條走道上①，讓同事們感到極不舒服。我們的個性相衝，却又和專案的管理問題絞在一起。一來他想把漫遊車從「探路號」上踢下來，二來他根本就不想在辦公室再見到我。想把這兩件事分開，對我來說眞是困難。

我們第一次衝突，源於史皮爾決定要自己造漫遊車，而不載我們的車子上去。

◇

「火星採樣送回」專案告終的時候，火星科學社群急著找出一個便宜的上火星的方法。太空總署的官僚們也正在傷腦筋，下一趟計劃該做什麼，這時有個概念成爲大家的最愛。太空總署阿姆斯研究中心把火星氣象站網路的舊瓶裝上了新酒：一切從簡。這一次不再像「海盜號」計劃那樣，送幾部裝有數種儀器的大型登陸船上去；這一次只送一種儀器上去——氣象站。阿姆斯中心把「火星環境普查計劃」呈上太空總署，附上一份低得離譜的成本評估。阿姆斯說，即使要送十二到二十台氣象站，也只需要花費兩億美金。太空總署竟然熱切爲這個荒謬的價格叫好——太空總署甚至高舉這份專案，要其他實驗室以此爲榜樣——而且已經考慮要撥經費給阿姆斯中心來從事「火星環境普查計劃」。

一九九一年，在一次跨機構的權力鬥爭中，JPL奪回「火星環境普查計劃」的主導權。JPL特別強調實驗室的宗旨，以及我們在管理行星探測計劃的經驗。但是，我們不會只用兩億美金的預算來作業，除非我們確知這個數字切合實際。史皮爾那時剛卸下「麥哲倫專案」(Magellan Project)的領導工作，這項計劃使用雷達來繪製金星炎熱表面的地圖。自此之後，史皮爾便潛心研究「更好，更快，更便宜」的任務目標。這讓他成爲「火星環境普查」的當然適任人選。一九九二年，我正在爲我的小漫遊車尋找搭戴船隻，史皮爾已身兼「火星環境普查計劃」和「探路號」的負責人了。

漫遊車並不是唯一想搭便車的設備。地震學家和地質學家很想把「火星採樣送回計劃」搭載上去，所以對「火星環境普查」和「探路號」寄予希望。他們對「探路號」提出的問題難以辯駁：由太空總署科研實驗室經費所資助的計劃，爲什麼竟然不做任何科學實驗？

地質學家聲稱，若想檢驗「探路號」是否安然著陸，最好的辦法就是載一些儀器上去，看看它們在降落後是否正常工作。科學家們個個想讓「探路號」帶一部地震儀上去，以讀出火星的地震；也有人要它帶光譜儀，用來分析岩石；還有人要帶中子光譜儀，以檢測土壤中的水份；當然還有相機，以拍出新的火星地景；最後，如果還有可能的話，最好再載一座氣象台上去。突然間，「探路號」不再是單純的小型登陸實驗了。太空總署署長曾經嘲弄這種「趕搭最後一班船」的心態。即使是面對這類規模小、價格低廉，而且發射次數頻繁的任務，這種心態依然存在。

我除了要找錢來製造漫遊車，還得說服「探路號」小組，讓他們同意載漫遊車上火星。藍恩現在是「探路號」的科研暨儀器部門主管，所以「探路號」上的任何車輛設備都在藍恩管轄範圍。藍恩認爲，我的小組沒必要存在。如果太空總署要一部漫遊車，爲什麼不直接撥錢給他，叫他造一台就好了呢？史皮爾和藍恩都明確表達他們的看法，他們認爲，我的小組，說得好聽一點，充其量就是爲這趟任務錦上添花，說得難聽一點，很可能對這趟任務的安全造成威脅。別的不說，我們的太空飛行經驗有多少？尤其我？我們有什麼憑藉，可以準時交出一部正常運作的漫遊車？

藍恩對我說教：「我所擁有的經驗，還有史皮爾的經驗，我把它們稱做是一組『優秀的直覺』。在處理飛行硬體難題的學習曲線上，我有不少傷疤和刀痕。有些是我自己的錯，有些是別人的錯，而我得去修正。如果這中間有一個錯誤是妳無法修正的，妳就死在那邊了。我認爲，除非妳眞的流了血，被人攻擊得體無完膚，否則妳不會了解某些決策過程的難度。這裡可不是什麼教妳如何遞送太空飛行裝置的地方。」

對史皮爾來說，萬一漫遊車不成功，可不只是「探路號」面子受損的問題而已。漫遊車至少會佔用他太空船十公斤的重量，而且可能會分走讓計劃成功所需的人力和時間。

再說，他認爲至少要花兩百萬美金以上的錢，才能把一部「不花（他的）錢」的漫遊車整合進他的太空船裡。史皮爾決定要用那兩百萬美金，自己造一部用纜繩繫著的漫遊車。如果漫遊車用纜繩與登陸船相連，它就不需要自己的電源系統、通訊系統，甚至連攝影機可能都不需要，這些全都可由登陸船提供。至少，一部有索的漫遊車即使構造非常簡單，也可以開下登陸船、放下地震儀、探測一兩塊岩石，然後把數據傳回來。不過，如果漫遊車是有索的，那麼它的大腦和功能就全歸登陸船所管。沒有一項實驗資料可供未來的自動漫遊車使用。太空總署的科研辦公室才不會把錢花在一條被拴著的狗上面。但如果史皮爾執意進行，我的計劃就完了。

我問他：「史皮爾，載一台不花你錢的漫遊車上去吧。爲什麼要把你自己的科研經費用掉呢？兩百萬美金做不出什麼有用的東西來的。」不過這句話似乎沒奏效。

就連藍恩也直言以對，說他瘋了。

藍恩記得他曾這樣問史皮爾：「爲什麼把自己逼到懸崖邊呢？你早知道答案是什麼的。他們要的是無索的漫遊車。」

史皮爾這樣回答：「我不接受人家對我說『辦不到』。我要你做這個。我要你估算成本。我要你列出要做到這些還需要什麼。這是你老闆給你的作業。」

「好吧。」藍恩答道。「不過這可是出自你的脅迫。」

藍恩和我認識已久，在多年的工作中，彼此都十分尊敬對方。儘管他原本不相信有索漫遊車的可行性，但他還是照做了。而我也依然堅持，要把一部能在長時間內走更長距離的漫遊車送上太空。

我和史皮爾爲有索漫遊車而起爭執，也讓人發現，無論是財力或官方支持上，漫遊車專案都缺少靠山。我們在太空總署科研辦公室一九九二年十月開始的會計年度中，預算分配排名第二順位。儘管如此，科研辦公室的人要史皮爾承諾，如果要他們撥錢給漫遊車，他就得同意把車子送上火星。而史皮爾未曾給過這樣的承諾。

雖然缺少經費，又沒有來自高層的支持和資助，我仍不顧一切繼續行事，彷彿我代表的是全國最優秀的任務概念，彷彿我已有足夠的錢，依此概念製造實物出來了。早年在從事太空站計劃時，一位同事的話成爲我最喜歡的名言：「先斬後奏。與其要求事前批准，不如事後再求諒解。」

我對這種事情經驗可豐富了。在進行太空站計劃、MRSR計劃，還有EIS探測工作先發研究的時候，曾有一段時期，太空總署和JPL都不認爲我們能收到經費繼續進行。但我仍得負責四處推銷這些計劃。畢竟，如果太空計劃的政策立場突然來個一百八十度轉彎，這些計劃又會敗部復活的。我努力推銷，直到我發現自己只是浪費力氣才罷手，改做其他打算。

◇

不過，我對漫遊車的感覺完全不同。計劃經費不算高。製造漫遊車，是工程技術上的挑戰，但在能力和運氣配合下，並不是不可能的事。太空總署的衆多科研部門和JPL都支持漫遊車，不過，許多科學家站在史皮爾那一邊。在經費和載重允許之下，他們寧可載儀器上去，也不要搭載漫遊車。漫遊車自身並沒有什麼誘人的科學器材，可以讓它得到上太空的船票。我們可以用漫遊車上的輪子來做些土壤力學實驗，但沒什麼科學家對此感興趣。剩下的一張船票，給了 α-質子-X射線光譜儀（Alpha Proton X-ray Spectrometer，APXS）。

這種光譜儀會把 α 粒子（氦原子核）射遍岩石表面。粒子不是被吸收，就是以質子或X射線的形式重新釋放出來，要不就是彈回探測器裡。藉由測量收到的 α 粒子、質子和X射線，可以讀出岩石的元素組成，這可是地質學家夢寐以求的事。最棒的是，APXS設備幾乎是免費的。德國人願意提供 α 粒子偵測儀，美國只要出錢買質子和X射線。

如果科學家不贊成用有索漫遊車來裝設APXS，史皮爾考慮，索性替登陸船裝一支機器臂，不管怎樣，就是不載我們的漫遊車。科學家知道機器臂是可行的。「調查號」上有簡單的機器臂，「海盜號」則用較佳的機器臂收集登陸船四週的土壤。JPL機器人實驗室裡擺著極複雜、供太空站使用的機器臂。長機器臂可以延伸到岩石上，臂上還可以裝置APXS，而花費比把漫遊車和「探路號」整合起來省得多——許多科學家如此認爲。史皮爾委託馬丁．美利塔公司設計一隻手臂，而他們估計至少要花上兩百萬美金——正好和史皮爾把漫遊車趕下船所要的錢一樣多！我的小組得設法說服科學家，以證明漫遊車才是採集岩石的好辦法。

首先，我們想讓史皮爾放棄有索漫遊車的構想。漫遊車小組全體動員，向他做了一份簡報，將自走漫遊車和有索漫遊車逐一淸點做了比較。我們坐滿會議室，手上拿著圖表，把座位調整成正對史皮爾。他皺著眉頭，不打算接受我們。我先上台，措辭謹愼，爲有索和自走漫遊車公平地做了比較，希望可以作爲理性討論的起點。我們很快發現，我們錯了。史皮爾不相信我們會做出什麼公正的比較。

我們的備案，則是把接下來的時間交給萊曼。他能力強，頭腦冷靜，是我們的首席工程師，在好幾個領域都有鑽研。

萊曼指出，即使是最好的有索漫遊車，也無法讓漫遊車觸及有效距離外幾步之遙的岩石，而那岩石卻可能值得研究。萬一纜繩被岩石絞住了怎麼辦？萬一在漫遊車顚簸行走的時候，自己壓到了纜繩怎麼辦？纜繩的重量還得要很輕，否則光是帶著它走就會耗去太多電源。這也意味著，當漫遊車壓過纜繩時，車輪上的尖齒會把纜繩弄壞。再者，一部船以繩索和登陸緊密結合的漫遊車，爲登陸船所帶來的風險，要比一台獨立的漫遊車來得高。

最後，萊曼開始爭論史皮爾宣稱爲了搭載漫遊車要花的兩百萬美金。這時，史皮爾根本不聽了，他頭低低的，憤怒地在筆記板上寫著字。他就是不相信我們沒有偏見。

可是，如果史皮爾和我願意互相配合工作的話，我們是可以共享許多資源的。我們都覺得，從上司那邊得不到什麼幫助。史皮爾把他的計劃小組稱作「臭鼬工作隊」(Skunk Works)②，典故來自洛克希德公司 (Lockheed) 一群資深的飛機設計師。他回憶說：「我有一度懷疑自己是不是眞的很臭。看起來我們似乎一直是單打獨鬥的。」

我倆頭上都有一堆上司。我還沒派到「探路號」計劃之前，就已經有三個老闆了。其中一個，我認爲是我的眞正上司，他是賀施班 (Murry Hirschbein)，他在太空總署科研辦公室，掌管我們的預算。JPL認爲有必要再派給我兩名上司。此外，史皮爾和藍恩認爲，如果我的漫遊車眞要順路搭一程，那我就得歸在他們下面工作——這樣我就共有五個上司了。

JPL裡負責太空計劃的主管，認爲整個計劃還需要更多監督。於是他帶進一群頑固的資深任務人員來審核整個計劃案。他把這群人叫做「紅色小組」。史皮爾則開設了他自己的審核委員會，以便獲得更多高層指示和回饋。除此之外，每個計劃案還得定期接受太空總署總部的審核，以確保計劃在預算範圍內按時程表進行。一般的計劃只有兩到三次審核，「探路號」以兩年爲一期，每一期却有二十五次審核。埃森說：「這麼少錢的專案，從來沒有被審核這麼多次的。」萊曼預估，我們在專案的頭兩年裡，光是準備這些審核，就要花去百分之七十五的工作時間。如果你要準備審核，那麼原本應該用來從事設計的精力，就全被消耗掉了。而且他們問的都是我們老早就知道的問題。

對我的漫遊車小組（對登陸船小組也是）來說，「紅色小組」早期的審核，爲我們帶來困難。因爲我們都還在專案進行的初步階段——才進行了幾個月，甚至連組員都未找齊——這個時候談審核未免太早。我的組員這時仍在釐清任務的關鍵問題：漫遊車要做什麼？它能佔多少重量？佔多大體積？計劃如何進行？在此關頭，他們竟要我做出一份有憑有據的成本估算表。任務的另一項困境，則是史皮爾、藍恩和我之間的競爭。在做「洛磯四號」的時候，藍恩對太空總署科研辦公室的人說，他認爲，ＪＰＬ可以用大約一千萬到一千五百萬的預算來設計製造漫遊車。我不管怎麼看，都相信我們至少得兩千五百萬美金，而我一直在想辦法把這兩個數字統合起來。而且我知道，史皮爾和藍恩一定會在審核的時候，亮出他們只要兩百萬美金就做得出來的有索漫遊車。如果我們連用兩千五百萬美金的預算都無法做出漫遊車，事情就很難看了。

爲了估算成本，我把建造工作按照設計分成四個子系統。一般情況下可能會分成八到十個子系統。我只分成四個，是爲了能省下整合的費用。然後我開始估算，建造每一個子系統要花多少時間、多少錢，還有多少人力。最後我把這份估價單送到每個子系統小組的負責人手上——我們叫這些人「萬事通工程師」——希望能逼近藍恩提出的一千五百萬美金的數字。

每個小組都交上他們的估價，而總合加起來遠遠超過一千五百萬美金。我們得重新來過，想想看漫遊車在火星上的最小需求是什麼，把它變得更合理一些。

從「探路號」計劃的研究，我們已知道許多這項任務的需求和限制了。第一階段，我們先砍掉漫遊車的科學儀器搭載量，再砍掉一些不明確的技術實驗，那些實驗只是爲了要證明漫遊車能在火星上正常運轉。我希望每個留下來的項目都不致背負過多的承諾。如果出錢的人只需漫遊車在火星上待幾天，我們就要一部能在火星上待幾天的漫遊車就好了。

但史皮爾堅持，不管是登陸船還是漫遊車，兩者都要能至少運轉一個月，最好是能運轉一年。我則認爲，等我們踏上火星，我們也老得差不多可以死了，所以愈快開工愈好。在登月計劃的那段日子裡，「阿波羅」的工程師有句標語：「人類・月球・十年期」（"man, moon, decade"），充份說明他們對任務成功的定義：在甘迺迪總統發表演說後十年內，把人送上月球，再把他們帶回來。我的標語則是「土壤・岩石・登陸船」。我們只要能做一種土壤實驗、讀出一塊石頭的成分、再拍一張登陸船的照片，就滿足出資者的需求了。其他多出來的都是意外收獲。

我們用迪亞斯的「火星漫遊車的一日」軟體計算，得到結論：漫遊車可以在一星期內完成它的基本任務。我們便以此爲設計基礎。如果我們先從一部簡化過的漫遊車開始，就可以省下許多設計費用，而第一個能省下來的便是設計所需的人力。

此外，我擬定了製造漫遊車的設計方針。漫遊車既然是一項實驗，我們便不需太花時間撰寫報告或是寫下設計過程的文件。我們直接製造硬體，因而省去電腦模擬設計和取得打樣的過程。顯然，許多人認爲，我們這種精簡方式的風險比傳統方式大得多，因爲我們沒有足夠的紙上作業做後盾。

這份設計方針還包含一份日程表，這讓工程師知道，他們有多少時間可以用來設計和測試，以及製造出他們所負責的漫遊車元件。日程表同時也告訴他們，需要多少人力，以便在限定的時間內完成工作。人力就是金錢。日程表還告訴他們何時採購器材。日程表上每個項目，都從一九九六年十二月的預定發射日期回推而得。行星運行是不等人的。

我們漸漸把費用刪減下來。但經過兩輪的縮減後，我相信我們無法用少於兩千五百萬美元的預算完成計劃。事實上，我們在給紅色小組審核的時候，預算一度接近三千萬美元。我們那時還需要和小組再進行一輪的討論，才可能減到兩千五百萬美元，但要在審核前做這件事，時間已經來不及了。要能滿足重量、經費及電源這三樣限制，唯一的希望就是讓審核委員會明白，我們做事的方法和過去任何人完全不同。

好比說，如果我們使用商用馬達來驅動漫遊車車輪，這就會比自己設計、建造並測試馬達來得便宜。所以即使我們無法百分之百確定這個方案會花多少錢，但我們有信心，它一定會落在我們預估的範圍。至於電子和控制的部分，史東則建議我們購買「卡西尼計劃」的備用電子零件，「卡西尼計劃」的設計階段已告完成，這樣我們就不用個別向不同包商購買。這可是爲我們省下大筆金錢和時間的好方法，相信這也是審核委員願意大力支持的。我們不打算只為一具適合太空飛行用的無線電花上幾百萬美金。相反的，我們只用幾十萬美金去買一台商用的無線電數據機。我們所有的電子裝置，都會放在一個廉價且容易加熱保溫的盒子裡，而不是散置在車體上，造成保溫的問題。攝影機部分，我們則想要用簡單幾顆晶片和線路，自己造個幾台。

小組裡有人認為，這種新鮮的設計方式，會讓委員會稱讚叫好。但我比較清楚狀況。我面對過不少審核，我知道，對那些做過太空計劃的人來說，我們這整套方式，風險看起來實在太高。

◇

我的組員和我一走進會議室，我就看得出來，委員會對我們有多麼不支持了。紅色小組由知名人士組成，一共十二人，其中多數人至少有二十五年以上製造太空飛行裝置的經驗。每一個人都準備對漫遊車小組的行事方式投以批判的眼光——我們可是宣稱自己要用更便宜和更快的方式行事，比太空總署以前做過的還要快還要便宜。他們累積了數十載的經驗和直覺，在在告訴他們，我們說的話是辦不到的。

我首先起身，最後一次試著解釋經費的問題。

「我並不打算報告預算內容。」我說。「但我們會向各位簡報我們的設計，以及我們如何計劃把預算刪減至兩千五百萬美金這個數字。」

委員會主席打斷了我的話。

「唐娜，我們要妳報告預算的內容。」他說。「我不想要聽妳告訴我，說妳們要怎麼做這些事。我要妳告訴我，妳要怎麼照預算行事。這是本次審核的目的。」

「好吧。」我說：「但你不會喜歡聽的。」

我轉身面向組員。

「大家把各自的成本估算表拿出來，簡報時記得要仔細說明。」我費勁唇舌，委員們則像禿鷹一樣咀嚼我的每一個字。我講完之後，萊曼繼續解釋整個系統的設計。

在台下，史東抓著我的手臂。他面色蒼白對我耳語：「這簡直是浴血奮戰嘛！」

我對他笑了笑：「才不，典型的JPL太空計劃審查大會就是這副德性。」

即使我們已經說明我們降低成本的計劃，委員會仍對我們的數字指指點點。重要的不是我知道成本不符要求，而老實招供；他們要確定的是我知道他們曉得這事。

在第一次紅色小組審核會後，小組組員在「探路號」計劃的會議室集合，一如往常。史東神色沮喪。他不知道，在這種審核會上被惡意攻擊是非常正常的事。審核委員會的工作，是要確定我們沒有忽略任何一個細節，並確定我們沒有提出笨主意。埃森、萊曼和我都沒那麼擔心，但琳和史東一樣沮喪。

「別這樣。」我說。「看開點，沒事的。」

史東一本正經地透過眼鏡瞧了我一眼。

「一場浴血戰。」他喃喃道。

「不，不。看，他們並沒有要我們去做我們計劃以外的事。」我開朗地說。「他們也沒有發現任何我們沒有考慮到的東西。」

我看了整個小組一眼。

「這是件好事呀！」我把雙手放在桌上，兩眼直視，和每一個組員都做了眼神接觸。

「我們現在要做的只是一件難事而已：把錢裝進袋裡。」我繼續說。「就我看來，想省錢最好的方法，就是不要製造太多的測試模型。」

我們原先的計劃，是要讓每個主要小組，即控制小組和移動力小組，各自擁有一具漫遊車模型，並分開同時測試他們的設計。

埃森相當振奮。他靠在椅子上向後倚，用一隻筆在筆記板上敲著。

埃森說：「如果機工小組能暫時借用『洛磯四號』，我們便可以換上一些自己的零件，用它來測試機械零件。史東則可以設計一些電腦模擬，用來整合他的設計。」

史東撐大雙眼，用手指揉了揉他眉骨上的皮膚，這是他消緩壓力的方法。

史東說：「好吧。不過我得在開始建立整套系統前，拿到我們要用的模型，這樣我們才能開發軟體。」

萊曼傾身向前：「讓模型在小組間交換。我們就從『洛磯四號』開始。把它的大腦拿掉，反正漫遊車的電腦得要從頭設計過。」他建議：「移動力小組組員應該可以用一些便宜的設計更動，獲得大量的進展；在此同時，亨利和阿隆可以開始他們的設計。」

我起身，在白板上畫了一條水平線。

「好，讓我們來看一下日程表。」我在白板上寫下月份：十一月、十二月、一月……

我在畫到終止日時頓了一下。

「我們把手上這部洛磯叫做『洛磯4.0版』如何？埃森，你何時能把『洛磯4.0』改裝成機動力的測試平台？」

埃森用手撥了撥他的鬈髮。

「喔，大概要不了兩星期吧。如果我們把電腦和儀器拿掉，就可以將它的重量視爲在火星的眞正重量，並以此來做測試③。」

我在一條水平的線上畫出一個小三角形，用以標示每一樁階段性的大事。

「假設你會在十二月前把它完成吧。我們把這部稱作『洛磯4.1版』。你把『洛磯4.1』交給史東，然後史東爲它加裝一部商用電腦，變成『洛磯4.2版』，這樣他就可以進行軟體製作了。」

「『洛磯4.3版』上面則有一部複雜的電腦，一部比較接近實際飛上火星用的電腦。」史東說，「我們也需要把感應器裝上去——包括攝影機、能測量傾角的測速計，並爲輪子裝上里程表。」

我用麥克筆指著他。

我說：「如果漫遊車的功能只是像隻蟲一樣，撞到東西然後想辦法避開，我們就能達到預期目標了。」

史東驚慌地從桌前倒回椅子上。威考克神情錯愕。我只用了一句話，就一筆勾銷了他十年來所做的研究成果，他希望送上火星的研究。我可以了解他的感受，但我也知道，我們現在除了做一部又慢又笨的簡單漫遊車外，別無他路可走。

「妳不能這樣做！那風險太高了。」史東大聲說。

我看著他們每一個人。

「大家聽著，我們只有兩千五百萬美金，這是我們全部的預算了。風險只是我們必須考慮的諸多事項之一。效能是另一項。如果我們非得移動得慢一點不可，我們就動慢一點。」我說。「如果我們必須笨一點，那麼……那麼我們就在兩千五百萬美元的範圍內盡可能做得聰明。」

隆・貝恩斯站在他慣常所在的後排，這時他說話了。

「那妳準備如何為這些測試機供應電力呢？」我們面面相視，他接著說：「在火星漫遊車上，我們只有面積零點二平方公尺那麼大的太陽能電池板。這只有一點電力而已，大約八到十瓦左右。這會影響所有設計的。妳要何時開始用太陽能來模擬漫遊車？妳需要為太陽能板進行多少次測試？」

我們竟從未想過這件事。

「好吧，我們先算算看需要多少測試平台。」萊曼說。「我們需要一個接近實際漫遊車的測試車，這樣才能在實際建造之前先做預習。」

我們爲這幾個版本的洛磯排出精細的時程表，另外還規劃了兩具建造用的模型：系統整合模型（SIM, System Integration Model），以及飛行系統漫遊車（FUR, Flight Unit Rover）。每一次洛磯有重大的改變，版本號碼就換一次。當我們一路排到「洛磯4.5版」及ＦＵＲ的進度時，就不再沉浸在悲哀裡了。用萊曼的說法，我們的問題太過困難，困難到我們受了傷的自我都消失了。後來，我們踏上勝利的整合之路。

藍恩有一個早上的時間，向紅色小組報告有索漫遊車。我們則用下午時間來報告自動漫遊車。藍恩和組員在他們的三個月中十分有創意，一共提出兩種設計：其中一部漫遊車的功能和我們的一樣，但用纜繩繫住。另一部則像個四輪的玩具車，藍恩把它稱做「儀器佈署裝置」（IDD, Instrument Deployment Device）。從他自己做的成本概估看來，和我們那部相似的車輛，要花上大約一千八百萬美金——幾乎和我們的自動漫遊車一樣貴，而且與登陸船整合的費用更高。小巧的ＩＤＤ只能夠在登陸船幾公尺的範圍內安置儀器，即使是那樣也要花超過兩百萬美金。

我們在幾週之內，便把漫遊車專案的經費縮減至兩千五百萬美元的範圍內，並準備在下一次紅色小組審核會上說服委員們，說我們有能力做這件事。可憐的藍恩。委員會在第二次審核時，嚴肅地告訴史皮爾，別再想漫遊車的事，只要專心管他自己的問題就行了。有索漫遊車的構想仍進行了一年左右，但都是背地裡進行的。我們現在可以專心處理自動漫遊車的其他問題了。

◇

每週一上午是漫遊車小組的開會時間，這群創意伙伴聚集一堂，互相交換漫遊車的構想，討論的氣氛充滿了活力和創意；這是我每一周裡工作的光輝時刻。在其他時候，我得動用政治手腕，向太空總署要錢，還得擋著史皮爾，不讓他趕走漫遊車專案。討論會填補了這些時間的虛耗，並讓我有力量，使我得以在無數的夜裡，為錢東補西湊的傷腦筋。

我知道，一開始的時候，有些組員把討論會視為必要之惡。他們寧可坐在實驗室裡，坐在電腦桌前，實際做點什麼。但開會是打破個體距離，並且使大家有團體認同感的唯一方法。漫遊車小組成員散處JPL各地：控制小組擠在小小的一零七號大樓裡，火星沙箱就放在那兒；機動小組和萊曼一起，窩在一五八號大樓的二樓；琳在通訊部門實驗室的一個小角落；貝恩斯得步行到另一棟大樓，才能跟幫他裝置動力設備的人說上話。

漫遊車的設計過程，好像是在組一張大拼圖。桌面上一共倒著六到八箱的拼圖塊——每一片圖塊都代表過去其他火星任務所提供的方案。我們得挑出互相吻合的圖塊，還得把它們塞進我們有限的重量、能源和經費限制中。討論會的步調極快，熱度很高，可以感受到腎上腺素在體內的流竄。每個人都提供想法，在白板上或在紙上畫圖。有時我們把想法寫在立可貼貼紙上，然後把它們到處挪動。一個外來旁觀者，很可能認為我們在吵架。但這其實是一個團體正在創作的聲音。

我鮮少坐在首位，大多時候都坐在長桌某一邊的中間位置。我會移動，讓大家保持新鮮，打破層級組織。其他人則圍著桌子坐下。埃森和史東兩人的大吼聲，每每把他們帶上舞台中央，因爲他們的對話主導了討論。貝恩斯則幾乎總坐在第二排、遠離桌面的位置。我則常鼓勵他，要他移向前來，混入人群中。他看來總是若有所思，看著手指，有時甚至像是睡著似的。但如果我們在動力來源上方向錯誤，他就會起身發言。

至於琳，她總是耐心等待別人的爭論結束，才發表意見。這是她第一次從事太空專案，但她在小組裡表現出決斷力，同時也是個提供點子的創意人。她身材短小精壯，膚色黝深，留了一頭黑髮，甜美的笑容，使她看起來比實際年齡還要年輕。你不會選這種人去和埃森或史東那種強悍的人做辯論。在辯論技術問題的時候，琳總是靜靜地守著她的立場。經過幾次討論會，她了解到她可以不同意別人的看法，而即使她的音量較小，大家仍會聽她說話。她說：「有時候，音量小反而讓他們聽得更仔細。」

在週一的討論會上，我通常會先報告經費的流向、高層的緩慢動向，以及「探路號」計劃和我們的關係，做爲會議的開場白。萊曼則報告漫遊車在系統整合層級的現況。迪亞斯告訴我們任務的進度。我特別強調，我們不需要子系統層級的現狀報告，關於那個，我們已經用冗長的電子郵件報告過了。每週五我會把它們整理起來，各送給漫遊車小組和「探路號」小組一份，並且發給我們的諸多頂頭上司。

會議的重點是要解決問題。如果有人提出某項可行的技術方案，我們就順著這個意見討論下去，並請萊曼做仲裁者；他完全沒有預設立場，充滿技術天賦。許多工程師會孜孜不倦工作，直到做出一個完美的方案。萊曼不是這樣的人。他把他的設計方式稱作「稻草人設計」——他並不刻意用心在這設計上，但至少這項設計已經有足夠的基本功能。只要有人提出更好的想法，他便從善如流，把稻草人推倒。在他身經百戰的經驗和直覺之下，他掌握設計方向的正確率往往有百分之八十。每次小組成員得到萊曼的點頭同意，就好像史東說的，「得到了救世主的祝福」。萊曼有一項了不起的能力，他可以把一位工程師所提出的解決方案拿來，用幾個問題把案子整個翻過來，但仍能讓那個工程師覺得是他自己解決了問題，而不是萊曼。

◇

我和組員的互動並不僅限於討論會而已。我只要一有空，就會走訪幾個實驗室，這樣我便能認識新進的小組成員，並且看看他們是不是面臨什麼問題。

每次我拜訪機動力小組，都看到他們在拆卸馬達，評估哪一種馬達最適於用在火星上。他們至少拆了五到六種各式馬達，終於發現了一種電刷式馬達，體積和一只釣魚線軸差不多大，由一家叫做麥克森（Maxon）的瑞士公司製造。他們喜歡它的兩個地方，一是它的電刷是由貴金屬製成，這讓馬達在太空中更堅固；另一點則是它的電容器可以儲存馬達過剩的能源輸出。唯一的問題是，當我們把電容器拿到零下一百度的環境時，電容器經常會碎裂，造成馬達裡佈滿碎片。埃森認爲，只要針對這些缺點做一些補強，這種馬達就可以用於火星了。他打電話給麥克森的駐美業務，與對方討論補強方案。麥克森的人告訴埃森，要他們做補強，簡直異想天開；麥克森賣馬達給航空工業，一次都是以五十萬具爲單位的。埃森的訂單量只有一百具，却要他們做特別設計。

我體認到，這不是用電話或用傳眞就能溝通的事。我們得說服麥克森的總裁，使他相信，在他那一百塊美金一具的馬達上面花大錢做修改，是値得的。我們得運用個人魅力，還得藉助太空神奇和浪漫之力。我那時正準備去法國，在一場電子視覺的研討會上發表論文，機票錢是由研討會出的。我不了解馬達的事情，但是威考克和我可以負責寫論文，讓埃森了解關於電子視覺的問題——請埃森代表我出席發表論文，而既然要飛到法國了，便請他順道去瑞士，拜訪麥克森公司。

埃森飛到洛桑，花了一天的時間欣賞風景。第二天，他搭火車到瑞士小鎭撒赫森（Sachseln），麥克森的總部就在這兒。他帶著漫遊車的設計圖、「探路號」登陸火星的預想圖，還有一張電容器碎片的X光圖，他要用此向公司要求修改馬達，除此之外，他還帶了他和組員爲馬達所做的一些實測數據。麥克森可是家大公司，二十五歲的埃森希望能準備齊全，和公司的主管及首席工程師會面。

埃森與麥克森駐美代表及該公司首席工程師並席而坐。埃森做了一份詳盡的報告，說明他和組員在這具小馬達上所做的功能及性能測試。技術討論的部分進行頗爲平順——那是工程師對工程師的對話。麥克森的工程師見埃森竟如此了解他們的馬達，感到驚訝。後來銀河系集團（Intergalactic AG）的負責人出現，該集團是麥克森的母公司，整個討論的氣氛急轉直下。銀河系集團的主管認爲，爲了這麼少量的訂單而修改馬達，未免太浪費公司的資源。這就是埃森要突破的部分了。

在會面前一天，埃森曾參觀瑞士運輸博物館「運輸房」（Verkerhaus），裡面主要展示的是舊式火車和馬車。他自然也逛了太空探索展示區，那裡只展示了一件物品：一家瑞士公司爲氣象衛星所製造的閂鎖。

於是埃森將話題一轉，改談起他很喜歡「運輸房」。銀河系集團的主管說，大家都很喜歡那間博物館，他自己就是愛好者之一。埃森注意到，博物館的太空展示區只有小小一角：就只有那枚小閂鎖而已。他說，三年內，如果他們雙方能合作，那麼麥克森便可以擴展博物館的展示空間，把他們的馬達放在裡面：推動火星漫遊車的馬達。

埃森的談判任務至此可說是已經成功了。他在離開撒赫森前，還由首席工程師陪同參觀了工廠廠房，確定我們有辦法決定馬達的發展史。他還遊說他們，讓他瞧一瞧他們的馬達設計圖，並讓他們接受我們想要的修正設計，還請他們把測試每個馬達時所做的性能測試報告送一份給我們。麥克森公司發現，要修改馬達，使它在險惡的火星環境下有更可靠的表現，方法其實很簡單。最後，麥克森公司只略略調漲了每個馬達的價格，漲幅不到十美元。

這可完全值回我們把埃森從法國送到瑞士的旅費了。

1944年，爸爸與我在祖父家留影，他就要出發往太平洋區，加入軍隊行伍。

1961年，榮膺維尼伍德鎮小姐。

1958年，奧克拉荷馬大學「空中精靈社」的幾位成員。後排最左邊那一位是指導老師，彼得・霍華。前排蹲著的中間那位是珍諾拉。

1974年，我與希畢斯在JPL合影。他是JPL的資深廣播電視代言人。

藍色小車在亞洛優河床地漫步。

右方巨大的車輛是「羅比」，俯視著米勒的工作小組與「洛磯三號」。時爲1992年。

1992年，行星協會在華府舉行的漫遊車大展上，孩子們津津有味看著「洛磯三號」。

「洛磯4.3版」停放在JPL的沙箱裡，上面加裝了電腦。

漫遊車全組在1992年2月的大合照。前方正中央是落磯四號。從左邊數來第一位是琳．蘇坎托，第五位是迪亞斯，第七位是貝恩斯，而站在迪亞斯前面，身穿深色襯衫的是利威里尼。照片中央後端有個大鬍子，那是威考克。我是右邊數來第五人，我右肩後面那個個頭和我差不多的人是畢克勒。我左手邊是史東，然後往右依次是萊曼、馬提耶維奇和埃森。

1995年的漫遊車小組。前排由左開始，漫遊車駕駛庫伯，馬提耶維奇，琳。後排左起第二人，帶頂棒球帽的是莫爾。後排中有位雙手在胸前交叉的人，那是埃森。站在最右邊的是莫里森。

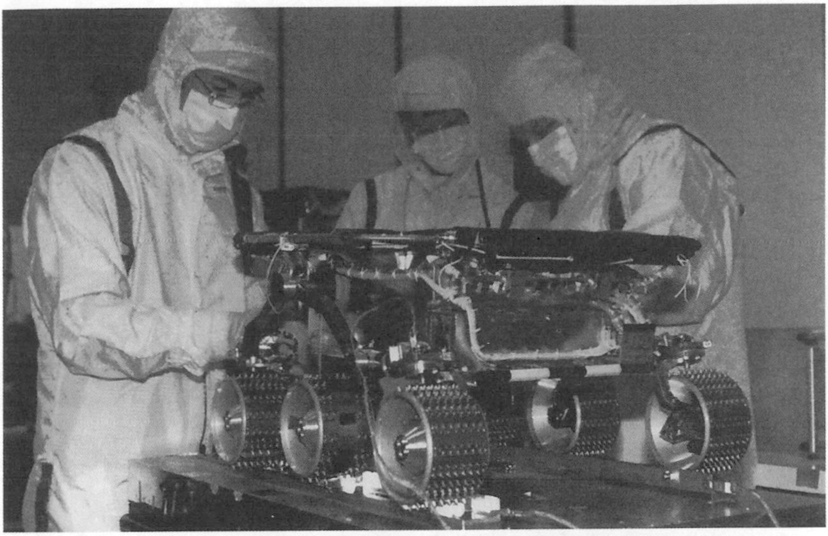

漫遊車動力小組在組裝「旅居號」，最右邊的是埃森。這時是1996年。

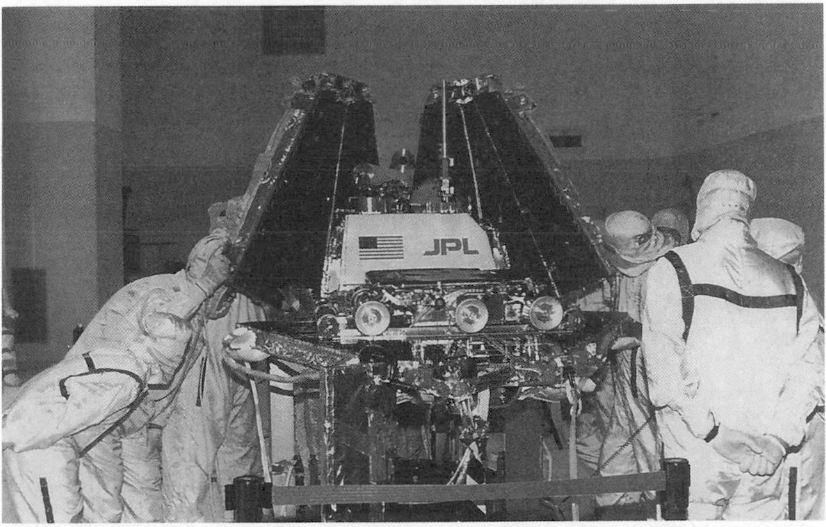

在卡納維爾角，測試「探路號」的瓣翼。工程師與技術人員在一旁全神貫注。這是漫遊車在登陸之前留下的最後身影。

太空總署署長高登(左二)向副總統高爾(中)解說任務。右方的人是我。

1996年11月，準備發射火星環球探測器。找得到我嗎？

1997年7月4日，「探路號」所拍攝的第一張彩色照片。「旅居號」蹲踞在登陸船的瓣翼上。

1997年7月5日，「旅居號」六輪著陸。

1997年7月8日，「旅居號」在採尤紀的樣本。

從漫遊車所看到的登陸船景象。

◇

儘管缺少經費和實驗室的支持，但我的組員們仍踏實地一起工作。在一九九二年會計年度，我們只有五十萬美金的預算。但4.1版的「洛磯」已經裝上一部更像實際任務所用的新電腦，它的導航系統也比六月展示時的要更好。我們取得更多經費的管道，靠的是「漫遊車系統規格審核會」(Rover System Requirements Review)。

我們四年裡共兩千五百萬的經費，太空總署用錯誤的分法配了下來，使得我們頭兩年的經費過少，卻在一九九六年發射完漫遊車後，還會剩下一大筆用不完的錢。我們急需把錢挪到九三和九四年會計年度裡。如果我們在漫遊車系統規格審核上進行順利，賀施班就有可能替我們改善這個窘況。

在太空船設計的領域裡，系統規格審核會簡直和婚禮時詢問雙方意願一樣。審核時，JPL應該回答這個問題：我們能在目前的經費下完成任務所要求的事項嗎？太空總署則問：這項任務值得花此經費完成嗎？我們當然可以用電子郵件來連繫，以此表達小組對計劃的承諾，但若那樣做，意義比不上面對面的儀式。

我們和「探路號」小組不同。他們那時仍在評估不同的設計案，每一個案子都只看到圖表。漫遊車小組在進行審核時，只要拿出「洛磯」，叫它在會議桌上開兩圈就成了。我們把「洛磯」放在火星沙箱裡，讓它開上一段長路，這使足已向懷疑者證明，我們知道自己在做什麼。

完成了漫遊車系統規格審查後，我們和太空總署簽下合約，也得到承諾，讓我們在本會計年度的後六個月中拿到兩百萬美金，並在未來陸續取得剩下的兩千三百萬美金。史皮爾和太空總署科研辦公室也承諾，只要我們完成規格書的要求，就會把漫遊車載到火星上。

但史皮爾和我的關係仍不樂觀。「探路號」在審查會上過關，成爲正式的太空任務，史皮爾趁此機會，放出求才啓事徵求一位新的漫遊車主管上任。我極度不悅。他幹嘛要把我的工作拿來弄個徵人啓事呢？我分明是靠公平競爭而得到這個建立漫遊車的工作，我贏得正大光明。

史皮爾避而不談——把每個職位都公開徵才，讓大家爲自己的職務爭破頭。藍恩是我唯一可能的對手。但他已經離開此案，轉去爲俄國的「火星九六」計劃設計飛行器材。既然藍恩已經不在了，史皮爾就找不到更合適的人來取代我了。他再也甩不掉漫遊車和我了。

幸好，我們有位德高望重的科學家爲我們撐腰。漢克・摩爾（Hank Moore）曾任「海盜號」計劃的科學家。「海盜號」計劃無法收集距登陸船幾尺之遙的岩石，一直是他和一群科學家心中之憾。他對漫遊車的喜愛，有如祖父疼愛孫子。他把漫遊車稱爲「那個有六個輪子的小甜心」。

有這樣一位知名的行星地質學家坐鎮，對我們形勢大有幫助。「探路號」計劃裡有一位隆貝克，精力充沛，他和摩爾一起發表了篇論文，談論可能登陸地點的岩石密度。他們估算，用機器手臂載著APXS而能實際探測到岩石，其機率遠小於百分之百。自從那篇論文發表後，科學家們慢慢相信，用漫遊車載著ＡＰＸＳ，對這趟任務的科研實驗部分會比較有利。當科學家們開始說漫遊車好話，我們距離任務成功的焦點位置就又更進了一步。

三月，我搬到二三零號大樓的二樓，那是一個無窗的工作區，「探路號」計劃在此進行。我決定搬到史皮爾工作所在的同一樓層，這應該可以促進彼此合作，並且讓我可以看著工作動向，以免雞同鴨講。登陸船收納漫遊車的錢，我們尚未決定錢由誰來出。政府規定我們要把漫遊車和登陸船的經費分開。在漫長的討論和討價還價後，「探路號」和漫遊車兩組人馬都同意，與其斤斤計較每一分錢，不如互相交換功能。登陸船上要具備整合漫遊車的所有功能，而漫遊車則負責搭載ＡＰＸＳ。就目前我們所知，這兩種功能的費用是幾乎一樣的。這種「以物易物」制度的效能還挺不錯的。

史皮爾擔心，登陸船會沒有足夠的經費來完成這項艱鉅任務。審核委員會殘酷地加深了他這項焦慮。登陸船和漫遊車不斷用到新發明的科技，但是人力募集的步調慢得多。史皮爾不只需要更多錢來解決已知的問題，他知道他還需要一大筆預備金，以便應付那些未來「尚未出現的未知問題」。

他已經砍過一次地面系統的預算了——地面系統包括一組電腦、軟體和人員，負責傳送指令給太空船，並記錄飛行時的資料——他還砍過科研儀器的預算，砍得幾乎已經見骨。在他爲太空船尋找更多經費時，他對漫遊車的小乞缽施以嫉妒的眼神。六月的某一天，他把小組的資深成員和我叫進他辦公室裡，名義上是要以物易物，實際上是來要錢的。

他對我說：「妳得給我兩百萬美金。我需要那筆錢來把漫遊車整合進登陸船裡。」

「你有病。」我說。我很清楚，兩百萬美金可是我們一整年的預算，而且那筆錢甚至還沒匯入我們的帳戶裡。「你的小組和我有一套以物易物的協議，而且進行得十分順利。我不會給你一毛錢的。」

「我是計劃負責人，妳得做我要求妳做的事。」史皮爾咆哮著，他已滿臉漲紅，滿頭灰色鬈髮一一豎起。

「國會配了預算給我們。」我提高音量吼回去，做爲對此自大舉動的回應。「除非動員國會，才可能改變經費分配。」

「這是命令。」他嚴詞正色道。

「你分明是想藉著拿我們的錢，把漫遊車小組趕走。」我突然領悟，暴怒起來。

我們一來一往吼著，聲音愈來愈大，用字愈來愈難聽，辦公室裡的其他人不是盯著牆壁就是看著天花板，假裝沒看到我們有失專業的舉動。

後來，史皮爾那邊一位高個兒和氣的資訊系統主管，緩緩從他隔壁辦公室走了進來。他清了清喉嚨，史皮爾和我轉身看了他一眼。

「兩位能不能音量稍稍放低一點？」他平靜地說。「我正在思考。」

我們收起先前針鋒相對的情緒，各深深吸了一口氣，但我們的內心仍在翻騰。

「史皮爾，這件事由太空總署來決定。」我說。「這不是你的錢。這也不是科研經費。這是技術發展經費。」

「妳那台天殺的漫遊車會害我的計劃泡湯的。」史皮爾不滿地發牢騷。

我覺得，他的計劃才是會把我的事兒給毀了呢。「洛磯」是JPL近幾年裡最有吸引力的公開展示品。漫遊車在外面頗受歡迎，在JPL裡也漸受歡迎。「洛磯」的沙箱很快就成了JPL導覽的必經之地。和其他機器人實驗一樣，一部可以運轉的「洛磯」，讓我們在科研和工程上的創新，得以讓人用比較容易理解的方式接受。

在《馬路與鐵軌》（*Road and Track*）的四月一日愚人節專號上，半帶幽默地登了一張小漫遊車的照片，旁邊還畫有「洛磯」的各部位元件設計，圖表的形式就和雜誌上用來評量汽車性能所用的一樣。這篇報導上面寫著，「洛磯」的最高時速，每小時可達零點零零六公里（六公尺）。《國家地理雜誌》那一年也爲「洛磯」做了一篇報導，把我描寫成地球上最快樂的女生，因爲我每天有一大部分時間可以和漫遊車一起遊玩。好吧，這其中有一小部分是眞的。

◇

前來拜訪位在一零七號大樓火星沙箱的賓客愈來愈多，我通常擔任導覽解說。參觀人士從小學校外教學到美國參議員都有。我們把沙箱裝置成像個假火星，上面佈滿火山岩，用「海盜號」太空船所拍的景觀畫面做背景。有些來賓被唬住了，他們會問：「這些眞的是從火星上搬來的岩石嗎？」

沙箱裡擺著某個版本的「洛磯」，插滿電線和電纜。它通常是擺在地面上，有時擺在一個板條箱上，由程式設計師傑克．莫里森（Jack Morrison）負責下指令給它的小腦袋，一個指令一個動作。

為了省錢，我們從「卡西尼計劃」的備用零件中，以低價取得了功能簡陋但適合太空飛行的電腦。那是一部英代爾 80C85 電腦，威考克抱怨，這顆晶片只有八位元長的整數④，太少了，寫不出有用的程式。不過傑克看來很願意接受挑戰。他敲進幾行程式碼，這些程式告訴漫遊車的輪子轉動或轉向，「洛磯」身上的感應器便測出輪子的轉動量。莫里森日復一日，耐心十足地修正漫遊車的反應，使得每個感應器讀到的資料都是對的。他需要一整台漫遊車系統才能寫程式，因為漫遊車「看到」或「收到」的訊息，和它所做的事有高度相關。漫遊車在左方「看到」一塊岩石，於是轉身向右；漫遊車「感受到」它轉彎角度過大，便會退回來再試一遍。

莫里森人長得好看，有一頭深色微鬈但稍微少年白的頭髮，以及近似小淘氣的幽默感。為了展示漫遊車在使用雷射反射避障系統的反應，他寫程式讓「洛磯」說話。車上共有五道雷射光束，每一道光束射過沙箱時，電腦就會發出聲音「左邊」、「右邊」、「中間」，依雷射光射出的方向而定。來參觀的人常在看避障系統展示時，被電腦合成的語音嚇得跳起來。

我發展出一套介紹講程，以取悅來參觀展示的賓客和我自己。漫遊車的體積是讓人最感興趣的話題。

「這是全尺寸的模型？」他們很驚訝地問。

「對呀，這就是全尺寸的了。」我回答。「我們的錢只夠做這麼大的。」

「這台漫遊車像隻昆蟲一樣聰明。」我順勢開講。「當昆蟲遇到障礙物時，它不會想：『啊哈，前面有障礙，如果我轉個身再向前走，就可以避開它。』昆蟲往往直接撞上障礙物，然後略略轉身，再撞上，又轉身，如此這般，直到繞過它爲止。漫遊車倒不必撞到障礙物上，因爲它有雷射光反射，雷射光會掃在地面上，小車前方的兩台攝影機可以看到這些光束。

「如果雷射光束是直挺挺的，漫遊車就知道地面是平的，可以繼續向前走。如果光束是彎折的，它就知道前方有岩石了。如果光束不見了，它知道前方有個坑洞或懸崖，這時它會不斷轉身，直到前方沒有障礙才會繼續前進。如果它試了三次，還無法繞過障礙，它就會停下來，打電話回家招救兵。

「我們在夏天正午，會以十六瓦的最大電力運轉。大多數時候，我們只用大約八瓦電力工作，用的電力差不多和你們家裡浴室的夜間小燈一樣。」

事實證明一切。在往後的一年裡，漫遊車不但沒有像史皮爾所擔心的，把他的計劃拖垮，反而幫忙促銷他的計劃。MUSUR因爲花費過於龐大而遭砍，現在只剩「探路號」一幫孤軍。要是沒有MESUR或搭載漫遊車，「探路號」只不過是一次登陸技術的展示。誰會想要花一億七千一百萬美金，外加大約五千萬美金的火箭發射費用，只爲了證明人類能再次登陸火星？就我看來，「探路號」本身沒什麼特別的吸引力。所有人——大衆、媒體、審核委員會、科學家——他們都愛漫遊車。「探路號」任務有了漫遊車，就像是在生硬的科學雜誌上加了模特兒封面。

第七章　穿過玻璃天花板

一九九三年，八月的最後一個星期，我開在橡樹街上，正要前往JPL上班。我很驚訝地看到一群抗議群衆，站在JPL的大門口。其中一人手上拿著看板，上面寫著「太空總署該面對事實了！」（"NASA Face Up To It!)，其他幾個人則揮舞著一塊灰色、霧面有帽的「臉部」圖型。那張「臉」，是「海盜號」軌道探測船在火星極北的塞多尼亞平原區(Plains of Cydonia)所發現的。由於拍照時光源的巧合，有人覺得，這塊風化岩看起來像某個古文明雕像的側影。這使得某些人認爲，這一定是具有智慧的火星人造的。相信這種說法的人，只要JPL要進行什麼對外發表的火星計劃，就一定會聚集在此，提醒我們面對這張「臉」（在英文裡，面對現實和「臉」正好都是"face"一字）。不過這一次他們來，卻是因爲「火星觀測號」與地球失去了聯絡。

◇

「火星觀測號」是美國自一九七六年至九三年的這十七年來，與火星的第一次接觸。幾天前，任務控制小組剛準備要增加「火星觀測號」的油槽壓力，好將它推進火星軌道上，「火星觀測號」却和我們失去了聯繫。如果我們今天沒收到「火星觀測號」的消息，它就很有可能是永遠走失了。示威人群揮舞著標語，國會對太空總署的預算虎視眈眈。對JPL來說，這像是家族有人亡逝一樣。

上週六的油槽加壓程序，完全是照計劃進行的。加壓的這三十分鐘，會把「火星觀測號」推進火星軌道上。任務控制中心先前下達指令，要「火星觀測號」把無線電關掉，避免它在加壓過程中遭受到貫穿太空船震波的重創。任務控制中心裡有幾張主控台，工程師坐在主控台前，等候太空船傳回的信號。他們應該在加壓後約二十分鐘內就要收到的。三十分鐘過去了，沒有任何信號。他們簇擁成一團，猜想到底發生了什麼壞事，緊張氣氛開始上揚。

葛倫．康寧漢（Glenn Cunningham）是「火星觀測號」計劃的主管，他坐在距控制中心四層樓高的辦公室裡，一邊吃著外賣的中式便當，一邊聽著對太空總署的狀況報告。半小時的等候時間一過，他直衝任務控制中心，裡面的工程師們正在交頭接耳，討論著該如何聯絡上「火星觀測號」。叫電腦切換至備用系統——不，不，不要送這個命令出去，因為「火星觀測號」會自動切換到備用系統上。康寧漢認為，加壓過程出錯，導致「火星觀測號」整個炸毀的機率，甚至不及百分之零點零零一。但是一個小時過去了，「火星觀測號」還是沒任何消息。康寧漢這時要任務指揮官宣佈進入緊急狀態。他聯絡了「外太空聯絡網」，請他們用最大型的天線，掃描「火星觀測號」無線電發射器，在太空船失靈時所使用的頻段。幾天就這樣過去，送出了幾百條指令，却什麼也沒收到。

這個星期二，康寧漢決定，不管發生什麼事，都要開始執行進入軌道。他希望太空船即使沒傳回任何信號，也依然會執行指令，點燃引擎。任務管制小組在關閉無線電前，曾送出一連串指令，負責指示軌道進入的程序。太空船沒有傳回信號，並不代表人們得相信太空船已經走丟了。「火星觀測號」很可能成功進入軌道，並回復正常通信。每個人都相信，問題就只是要把無線電打開而已。ＪＰＬ一向在拯救衆人皆認爲無望的太空船上，聲譽卓著。康寧漢把希望全寄託在這上面了。

自從一九七一年，因爲火箭失誤而使得「航海家八號」剛發射就墜毀大西洋後，ＪＰＬ就沒再丟過一台太空船。ＪＰＬ的工程師們在「航海家十號」計劃期間，學會了如何照顧受傷的太空船。幾次「旅行家」(Voyager)任務都曾讓大家緊張不已。「旅行家二號」在發射時的晃動比預期的多，以致於它上面的電腦改變了電路組態，而非原先的設定。但在精巧的養護之下，兩艘「旅行家」在十五年之後依然正常運轉。在一九九二這一整年裡，雖然「伽利略」太空船的大型天線故障，ＪＰＬ還是完成了一次漂亮的任務。工程師們想出一套方法，用它上面的小型低功率天線，幾乎把所有的科學實驗數據都傳回來了。康寧漢每天嘗試和「火星觀測號」聯繫，而在連繫不成後，會站在馮卡爾曼演講廳的講台上，單獨一人面對媒體有時毫不客氣的質問。他不肯接受「火星觀測號」已經永遠消失的說法。

「火星觀測號」是一項大型任務，風格和過去相似。它的預算將近十億美金，包括了太空船、科研儀器、發射裝置等等。它所設計用來收集的資料，可以讓一個科學家一輩子也分析不完。它上面裝有價值兩千兩百萬美金的攝影機，可以在一天之內拍攝上千張高解析度的影像；一只雷射測高儀，用來繪製火星地形圖；伽瑪射線和熱感應光譜儀，用來測量地質組成和地質史；此外，還有一堆用來測量火星磁場和重力場的儀器。太空船一共花了十二年製造，許多工程師付出心血為它催生，所有科學研究的希望和夢想都寄託在這台太空船上。

馮卡爾曼演講廳裡不但坐滿了記者，還坐著「火星觀測號」小組成員的家人和親友，一同等候進入軌道的消息，我也加入了等候的行列。如果軌道進入失敗，如果我們聽不到「火星觀測號」的回音，至少我們知道康寧漢已經盡力。

下午兩點四十分，「火星觀測號」預定要送回完成軌道進入的信號。演講廳裡鴉雀無聲。凝重無比的沈默，籠罩了整個JPL園區。實驗室裡所有人都盯著畫有紅、白和藍色圖表的螢幕。圖上一有任何動靜，就表示收到信號了。過了痛苦的七分鐘無聲，太空總署飛行管制中心打破沉默。

「我們沒有搜尋到任何信號。」廣播宣佈道。「我們會繼續搜尋。」

康寧漢在整件悲劇中表現得沉穩且無比誠實，JPL、太空總署，甚至記者，都不得不為此感到崇敬。我看著我的朋友獨自受此煎熬，腦中不斷繞著兩個想法：如果我是JPL的高層主管，我絕不會讓我的部屬承受這種折磨。我會陪著一起站在台上。我也明白，萬一漫遊車動彈不得，或是無法從火星傳回信號，我會和康寧漢一樣，獨自站在台上負起責任。

實驗室裡有一句老話：只要掛掉兩趟任務，實驗室就要關門大吉；而我們和任務失敗之間，只隔著一片矽晶體的距離。我的漫遊車便是這第二趟任務了。我突然覺得，肩上負荷的「火星觀測號」和漫遊車無比沉重。時間太湊巧。我的小組正在嘗試的每一件新東西，如今都有了麻煩。而且我們的經費很快就要告罄。

每年十月是美國會計年度的起算點，這年過了十月，國會還不讓預算過關。所以給ＪＰＬ的經費遲遲不撥下來。那一年中有好幾個月，ＪＰＬ背負了大筆積欠廠商的未付款。我們因而無法下單採購零件。最後，經費終於由國會下達ＮＡＳＡ總部，但是太空總署的會計部門竟把錢送錯了部門。漫遊車的錢是屬於技術部（Technology Office）的預算，但是錢被撥到科學部（Science Office）去了。除非會計部門想辦法把錢調回來，否則隔部如隔山，各部有自己的預算作業，我們根本碰不得這筆錢。除此之外，由於漫遊車的經費分期規定，使得我們一九九四年會計年度的經費極度短缺。最要命的是，ＪＰＬ的會計部門，似乎不清楚太空總署到底要付ＪＰＬ多少錢來做漫遊車。太空總署說，ＪＰＬ若不把這筆帳搞清楚，就要暫停支付已經配給我們的預算。我們面臨關門大吉的危機。萬一小組解散，我就無力可回天，漫遊車計劃便會戛然中止。

幸好，我要到太空總署總部開一個會。我和這個太空總署任務監察部（Mission Assurance Office）的副主管喝咖啡時，絞盡腦汁，想辦法要弄到錢。他們負責監察太空計劃能安全進行無誤。那時整個太空總署都在猜測「火星觀測號」失敗的原因。和我一起喝咖啡的仁兄顯然對風險評估頗感興趣，每一種太空船設計案都有風險，主管如何決定採用哪個專案呢？

我腦中突然閃過一個主意。

◇

「漫遊車會是個研究風險的好例子。」我說。

他臉上一亮：「那妳要多少錢？」

我建議：「在計劃進行期間，每一年要十七萬五千美金。」這個數字是我胡謅的。

成交。老天，簡直是千鈞一髮。

不久後我們拿到這筆錢，開始分析製造漫遊車所涉及的風險。任務監察部借了幾位顧問給我們。其中一個顧問提出了一個問題，是我們和審核委員都忽略的地方。我們的無線電通訊設計，用的是一台小型的商用無線電，裝在漫遊車上，用來和登陸船上另一台相同的無線電相互聯繫。而登陸船再將漫遊車的訊息中繼傳送回地球。

「你們沒有對無線電數據機做過很多測試吧？」這位顧問問道。

「呃，沒有。」琳回答說。「我們沒有錢做測試。審核委員會叫我們就湊和著用這種商用無線電罷。」

「我們來看看……」這位顧問仔細想了一會兒。「只要其中一部無線電故障，你們的漫遊車任務就泡湯了，對吧？」

我們點點頭。

「這兩部都是商用無線電，對吧？」

又點頭。

「所以你們用兩千五百萬美金，賭一個七百塊美金的無線電會在火星上有漂亮表現？」

我們懂他的意思了。

我們只需要一台手持對講機式的超高頻（UHF）無線電，來把資料和照片送回幾百公尺外的登陸船，再由登陸船把資料送回地球。我們其實不需要大型的無線電，那樣子消耗的電力，遠高於太陽能電池板能供給的電。

琳的工作，乍聽之下是不可能的任務。她三年的全部預算只有七十五萬美金，這包括了人力和材料費，卻得找出一副可以通過太空標準檢驗的低電力無線電裝置，這組裝置要夠堅固，承受得起發射、進入太空軌道和降落火星的震撼，還要能承受火星大氣層的強烈輻射線可能造成的損害。看來，她只能找一部商用的無線電數據機，用它進行測試，然後把它改裝，以適用於火星。而且這還不能是對講用的無線電——這必須是一部無線電數據機，可以讓漫遊車和登陸船互傳資料用。

無線電器材和太空船上所有其他電子設備一樣，都要預先經過測試，確定它能承受某種特定程度的宇宙輻射線。在太空科學的行話裡，這種通過測試標準能承受輻射的器材叫做「輻抗」（rad hard）。沒有一艘太空船曾用過無線電數據機，也就是說，目前市售的無線電數據機沒有經過標準檢驗，不知它有無「輻抗」保證。我們擔心，數據機的電路在輻射線的強度照射下，可能會「上門」（latch up）。所謂電子元件「上門」，意思是它內部短路。電源通過這個元件的時候，就會像把一塊硬幣丟進供電箱一樣短路。萬一「上門」發生在太空中，沒有人可以修復。短路的電子元件會生熱，使電路故障甚至損毀。

琳挑了一台摩托羅拉公司（Motorola）製的數據機，因爲它便宜，且以能在惡劣環境下操作著稱。JPL電子部門的人以其長期經驗，試著辨識出數據機哪些部分可能會發生「上門」，這幫我們省不少錢。數據機除了兩個部分之外，大多數的元件都沒問題。這兩個元件是摩托羅拉的專利，電子部門的人並不熟悉，我們只好進行測試。琳的技師把可能出問題的部分切開，讓矽晶片和金屬接點露出來。琳和她的技師，以及電子部門的一些人，把數據機帶到位在紐約的國立布魯克哈芬實驗室（Brookhaven National Laboratory），用輻射線去照這兩個部分。它們竟然立刻「上門」。

他們把數據機帶回JPL。在經過幾週痛苦的分析後，又把它帶回布魯克哈芬實驗室，看看長期的上門效應是否會弄壞數據機。輻射線打在有問題的部分，元件門了起來，但沒有東西燒掉！即使在上門後繼續運轉一小時，只要把數據機關掉再打開，數據機就回復正常。我們鬆了一口氣。因爲我們只需定期把數據機關掉再打開就可解決這個問題。對我們的程式設計師莫里森來說，只要加行電腦程式，由電腦來自動操作就行了。

然後，我們決定採用摩托羅拉公司的機器。不過情形和麥克森的馬達一樣，我們得爲這幾具數據機做一些修改，好讓它們適用於太空。但我們付不出什麼錢來做這件事。

琳立刻撥出時間和摩托羅拉的層級組織奮鬥。她找出這具商用數據機的製造廠，工廠位於伊利諾州。她直接向首席工程師提出她的技術規格。這位工程師以製造商用數據機爲職志，但琳在這一個工程問題上灑了一小撮綺美的星塵，這使他興趣大增。出於工程師對工程師、同行對同行的心情，他在未經主管授權下，幫琳找出修改數據機以供太空使用的方法。琳又多訂了幾具數據機，以供評估測試用。

數據機到貨，琳把箱子打開，裡面是一具具和香菸盒一般大的銀色數據機，長相和先前用的幾具一樣。她把其中一具交給機械零件小組，讓他們把銀色殼子拆開，換用更強韌更輕的玻璃纖維包起來。數據機盒子一拆開，琳就發現它的內部走了樣，和我們先前花了數千美金測試改裝的機器完全不同。零件不同、配線不同，貨號卻一模一樣。琳急急打了幾通電話，才發現，她收到的這批貨，是由和原工廠完全不同的另一個廠區所製造的。除此之外，摩托羅拉正打算要停止生產這型數據機。

琳想要找到最後幾具原型數據機這件事，傳到摩托羅拉高層主管的耳裡。他們聽說我們要把商用數據機用在火星上，顯得很憂慮。摩托羅拉寫信告訴我們，如果我們改裝了數據機，他們就不保證機器的性能。他們還說，能不能拜託我們不要用這款數據機，因爲萬一數據機失靈，摩托羅拉可不希望他們的形象受損。琳不管，還是測試數據機，並試著蒐羅最後幾具原型機。

數據機是漫遊車的口舌耳朵，但漫遊車也需要眼睛。我們的新型智慧攝影機，却爲ＪＰ

L帶來了麻煩。我們需要能承受火星溫差的立體攝影機，但「洛磯四號」所用的電視攝影機實在沒有必要，因爲漫遊車在火星上不需要大移動，況且它的車速比蝸牛還慢。我們不需要爲靜止的地景傳送即時的動態影像，我們也沒有足夠的電力這麼做。

威考克的解決之道，是用帶電藕裝置（charged couple device, CCD）來攝取影像。CCD是家用錄影機的基本元件。JPL的攝影小組一致搖頭。漫遊車上的電腦速度極慢，CCD攝取的影像殘留時間不夠久，無法讓電腦及時解讀影像。威考克的想法是，火星上的極低溫度，也許可以讓CCD的影像殘留時間比在地球上長。事實上，「旅居號」漫遊車每收一張畫面，要花五十三秒。威考克最後所設計的攝影機總重只有二十七公克——這包括了一個裝有鏡片的鋁盒、一枚用來安裝攝影機的針，還有五顆連接到電腦上的晶片。

威考克的小組所發明的「攝影機」，嚴格說來根本不是攝影機，充其量只是個光感應器而已。威考克和柯達進行談判，打算購買他們庫存的CCD。那原本是包裝好來從事低溫實驗用的。這在JPL裡竟掀起一陣風暴，大家爭論著是否應准許我們逕自爲漫遊車製造攝影機。儀器製造部門的人想要製造攝影機，而且科學家對他們比較有信心，認爲他們才做得出能用的東西。JPL的光學部門則給我們一架攝影機，那上面有獨立的電路，它的微處理器也比漫遊車上的要好，還有記憶體，以及與太空船聯繫用的獨立介面。這是架不錯的攝影機，但是又貴又重、吃電頗兇，而我們一天只要拍五張畫面，根本供養不了這架機器。我叫威考克照他的想法做下去。

攝影機要設計得可以承受低溫，但電路和電池得要保持在比零下四十度高的溫度才能正常運轉。埃森爲保溫電路盒（Warm Electronics Box，我都叫它WEB）辛苦了好久。漫遊車的長寬各約六十公分，太空船上一般用的無線電就有這麼大了。埃森的機動小組，卻得把數據機、APXS的電路、電腦主機板還有電池，全塞進一個二十公分乘二十五公分大小的盒子裡。爲了省錢，我們購買商用元件，結果每個裝置都用到不同的電壓。電力從太陽電池板流進後，得各別通過五個變壓器。每一個變壓器都要在愈來愈擠的保溫電路盒裡佔一個位置。

商用絕緣材料讓盒內溫度過低。小組成員用玻璃纖維製成蜂巢，並在每個巢室內填入氧化矽粉。這個方法讓溫度保持在合理範圍，但加上粉末後的盒子重達三公斤，比原先預定的一公斤半重了一倍。我們總共配到十六公斤的重量，而這不是只有漫遊車，還包括了讓漫遊車下降用的梯子、登陸船上用來和漫遊車通訊的設備，以及用來安置和釋放漫遊車所要用的扣帶、纜繩、火藥（用來炸開漫遊車上的門鎖）等等。每一公克都得精打細算。

機動小組試了另一個方案——這次不把盒子製成蜂巢，而是製造兩堵薄薄的玻璃纖維牆，一層隔著一層，就如同保溫瓶一樣。兩堵牆用織成Z型的玻璃纖維隔開，卻不會增加多少重量，然後把絕緣材料填在兩堵牆中間。他們突然想到用矽空氣膠，這種泡沫有百分之九十九點九是空氣，周圍以矽原子緊密包圍；這種泡沫極神奇，幾乎透明看不見，好像凝結住的煙似的。但商用的矽空氣膠即使是片狀的，都嫌太重。有沒有辦法讓它再輕一點？雖然保溫電路盒已經通過初步的設計審核，小組成員知道，一定還有更好的東西。於是繼續尋找。

解決了保溫電路盒的問題，但看來我們似乎沒什麼電子元件可以放在裡面。剛開始設計漫遊車時，我和史東曾與「卡西尼計劃」的主持人見過面，我們問他是否可以買他的備用零件來製造漫遊車。他同意，只要是他用不上的東西，我們都可以取用。這讓我們可以用極低的預算就買到昂貴的電子器材。在漫遊車設計審核會上，委員們爲此大聲拍手叫好。

根據史東的設計，漫遊車連中央處理器用的都是卡西尼的備用零件。可是當他完成設計後向卡西尼計劃部門下訂單時，卻吃了閉門羹。原來，卡西尼的庫存人員本以爲有很多備用零件的。後來發現其實所剩不多，而卡西尼計劃還不肯捨棄這些零件。

過了一星期，史東出席週一的漫遊車會議時，仍被這個情況困擾。他不相信他竟把計劃搞砸。我們之前已經規劃好一切——至少我們是這樣以爲的。如今，不但購買零件的三十萬美金預算遠遠超出我們的預期花費，而我們原先協調出來的時程表也變成廢紙一張。如果是買卡西尼的備用零件，史東只要走一趟實驗室，把零件載過來就好了。現在他得要下單去外面採購，他的進度也會大受影響。史東頭一天要訂購一具能在太空中使用的繼電器（relay switch），這只是太空船的一個小零件而已。零件商告訴他，要一年後才有貨。

史東說完他的困境後，會議室裡一片沉默，簡直像在默哀。沒有反唇相譏，沒有責怪，沒有大聲吼叫。大家都知道他盡力了。但仍有個問題——我們得重新排定日程表。

「好吧。」我說。「那麼備案B計劃呢？」

史東提出一個方案：先製造另一部原型車，讓他可以在商用硬體上把軟體完成，然後一邊等待太空用零件慢慢進貨。我得再一次精打細算，看如何多生出幾十萬美金的錢出來。

開完會後我垂頭喪氣，被錢的問題壓得腳步沉重。我們努力工作，但事情不如人願。太空計劃總是這樣的。在遙遠的彼方，九六年會計年度一到，我們的經費會多得花不完。但此刻，一九九三年，我們幾乎要破產。我希望在下一次審核會上極力爭取經費，但那是幾個月後的事了。不過還是有幾件事值得高興：我們搭上「探路號」（至少我們希望如此），我們會上火星。我們正一一克服障礙，士氣也慢慢激昂。眼前仍有漫長的苦路，但我們打算好要到達目的。我們現在眞正需要的是來一場派對。

◇

我對「航海家十號」美好時光的回憶，都與太空船無關，反而多半是那些下班後的偷閒。工作後的交際讓組員更團結。好比說吧，史東和埃森因一起揚帆消除了彼此的敵意。我家是狂歡的好地方，過去幾年也開過幾次不錯的派對。我家位在聖蓋伯瑞山（San Gabriel Mountains）小丘上一處靠著乾河床的谷裡。我結婚後，開派隊的次數便倏然減少。此時，我的婚姻在多年努力後仍平淡和睦地告終。我成為單親媽媽。該是讓房子重回我個人風格的時候了。

在一個炎熱的十月星期天午後，漫遊車成員帶了菜來我家聚餐。我的小房子沒有冷氣，室內有些熱，但是屋外那株大加州橡樹為房子提供了一些遮蔭。我在外面有一塊久未整理的枯草地，我委婉稱之為「草皮」，裝有自動灑水器。小孩子們繞著灑水器遊戲，大人則多半選擇待在室內。

我把漫遊車的測試紀錄，以及JPL資訊部對媒體發表的資料，剪接成一捲新的錄影帶。我把帶子拿出來播放。影片最精采的一段，是埃森繼承自藍恩傀儡戲傳統的表演。埃森展示漫遊車抵達火星後要如何升起就位。不幸，漫遊車電池所剩電力不多，「就位」進行得既慢又不完整。埃森並未因此受挫，他自顧自繼續說下去，彷彿每件事都照預期完美進行。埃森的神情讓同事笑得肚子痛。阮天（Tam Nguyen）是莫里森的電腦程式設計搭檔，他也開了不少玩笑。在一段影片中，史東認眞解釋控制及導航系統。而阮天則熱切而無言地盯著史東，看著他口沫橫飛。

至於和畢克勒的談話，更是格外有趣。畢克勒會像個壞脾氣的老頭子，下達一些教條式的技術指導，惹得大家跟他爭論。埃森和史東坐在沙發上，牛飲啤酒，一邊戲謔地指責對方的不是。我繞在人群中，東聊聊西鬧鬧，感受到小組的豪氣和團結。史東後來觀察到，一般人被問起在做什麼工作的時候，他們會向你解說他們正在製造的攝影機或電腦——就只著眼自己那一小部分而已。可是如果你問我們的組員在作什麼，他們會說：我正在做一部要開往火星的漫遊車。這個團隊意識使我精神一振。但是每當我覺得一切順利時，總會有些半路殺出的狀況。我需要重振精神來對付這些狀況。

爲什麼有時候一個最單純的舉動，可以讓人陷入最麻煩的狀況中呢？我在派對前的幾個月冒出一個很棒的想法：辦一場命名比賽來爲漫遊車取名子，同時爲計劃做一些宣傳。行星協會同意經辦比賽的所有工作，這樣就不必花我們一毛錢。比賽規則由我訂定。參賽的學生得用一位對人類有所貢獻的女性來爲漫遊車命名。(我因此被組裡的男成員嘲笑，說我竟然要用個女人的名字爲漫遊車命名！) 除了名字之外，還要附上一篇三百字的文章，說明這位歷史人物的事蹟和行誼，以及這些特質如何幫助漫遊車探索火星。這次命名比賽，將會是美國太空船首次以女性命名。通常太空船的名字要不是從希臘神話裡取材，如「阿波羅」或「水星」，就是著名的男性科學家，像是「卡西尼」或「伽利略」，再不然就是些陽剛英雄式的名稱，像「挑戰者號」或「企業號」之類的。

我對太空總署知之甚深。某個人的好點子，常常變成官僚們頭大的難纏問題。於是我仔細閱讀了太空總署的章程，看看他們命名的方法。章程上面清楚寫著，大型的任務，而且僅只大型的任務，得要由太空總署的委員會來命名。漫遊車並不是任務，它只是一項實驗，而且只是「探路號」任務的便車乘客。我因此以爲，命名比賽不會有什麼問題。

太空總署科研部一位主管風聞了比賽的事情，竟然暴跳如雷。他命令我停止比賽。太遲了——行星協會早就把比賽辦法送出，來自各地的小學生已經寄文章來了。有些老師甚至把它變成班級作業。我們最後從世界各地共收到三千篇文章，作者年齡從五歲到十八歲都有。漫遊車小組有十位組員志願幫忙行星協會的人員評審這些文章。熬了幾天幾夜後，我們選出十個決賽者，其中「索哲娜・楚斯」(Sojourner Truth) 是最受歡迎的名字，提出這名字的，是一位康乃狄克州的十二歲女孩瓦雷莉・安伯斯 (Valerie Ambroise)，她文章的最後一句話是：「索哲娜在火星週遊，爲我們帶回眞理。」（"Sojourner will travel around Mars bringing back the truth."）

現在我們得讓太空總署接受這個名字。我向科學部指出，這不是一部科學研究用的漫遊車。技術部出資建造漫遊車，應該由他們來命名。賀施班是我們在技術部的出資者，他答應負責命名決策。他正好也喜歡"Sojourner Truth"這個名字。於是火星漫遊車的名字就確定了。我們的備用漫遊車，系統整合模型ＳＩＭ，則用了亞軍的名字，瑪麗·居禮（Marie Curie）。

但太空總署科學部還沒跟我們算完帳。一九九三年，ＪＰＬ接到太空總署的考核報告。漫遊車小組被打入黑五類，因爲漫遊車命名競賽有失莊重，且「未經適當程序」進行。這就是嶄新的工作方式要付出的代價吧，我想。

◇

漫遊車讓我們相當頭大，不過看來登陸船的問題更多。史皮爾決定盡可能使用「海盜號」計劃的設計：相同的隔熱盾，那是我在六〇年代設計的東西；還有相同的降落傘，那是「海盜號」用來降落到火星地表的。更不妙的是，「探路號」會像顆砲彈一樣穿過火星大氣層直接墜落，而不像「海盜號」先進入軌道再漸次降落，因此這個降落傘得用更高的速度測試。在頭一次測試時，首席工程師坐在直升機上，準備拋下登陸船模型，並把纜繩抽開，釋出降落傘，墜著模型降在沙漠上。這位工程師在傾身向前察看時，不小心把登陸船模型失手掉了下，連降落傘纜繩都還沒有繫上去。砰。一台登陸傳模型毀了。首席工程師也完了。他很快就轉到一家私人公司去了。

安全氣囊是另一個問題。麥克・歐尼爾（Mike O'Neal）和湯姆・利威里尼（Tom Rivellini）是史皮爾獵來的兩位年輕機械工程師。他們想到用安全氣囊取代反向火箭，來緩衝降落時最後撞擊的力量。我們後來才知道，俄國人曾想在「火星九四」（即後來失敗的「火星九六」）計劃上用安全氣囊來讓登陸船著陸。而且俄國人說，他們在六〇和七〇年代的時候，就已經用安全氣囊來登陸月球了。

歐尼爾向俄國人借來這個包裝登陸船的辦法。不過俄國人用的氣囊是球型的，氣囊像剝開橘子似的打開。麥克的想法則是用簡單的平面金字塔型氣囊。

安全氣囊是用一種製作防彈衣的材料做成的，這種材料叫維克傳（Vectran）。在登陸船撞擊地面前數秒內，安全氣囊得迅速充氣。問題是，登陸船怎麼知道它何時會撞擊地面？登陸船小組曾試著用定時的方式來控制充氣，但是像大氣密度或降落速度這樣的不確定因素太多。他們改用雷達來測量地面的距離，但只有軍用雷達夠便宜，可是不確定軍用雷達能否正常運作。即使登陸艇在降落傘下前後晃動時，雷達也要能測出正確的高度才行。

起先，利威里尼希望安全氣囊能快速放氣。他的小組設計出一種一碰到地面便會洩氣的瓣片，讓空氣迅速釋出。但測試的時候他們發現，瓣片放氣的速度不夠快，氣囊裡仍有不少空氣，以致於登陸船會被彈起來；但當登陸船落下再次觸擊地面時，安全氣囊已經沒氣，登陸船會被撞爛。利威里尼的小組最後決定，乾脆讓登陸船像個大球一樣彈跳不停，直到彈跳逐漸停止後，再把安全氣囊放氣。但每一次更動設計，都讓氣囊變得更重。重量對登陸船來說是個大問題。

系統愈重，就愈需要和大氣層做更大面積的接觸，才能把降落速度慢下來。但隔熱盾不能再寬，否則就放不進發射架了。如此只好將進入航道的弧度飛得淺些，好讓登陸船降落時能接觸足夠的大氣，再讓降落傘打開。降落傘在速度降到一定程度之前是不能打開的。進入航道的弧度飛得淺，意味著導航員要更精確。航道弧度太淺的話，登陸船會像打水漂那樣，一塊扁平的石頭擦過水面，穿不進火星大氣；太深，登陸船則可能燒起來，或是直直撞到地面，為火星已經佈滿坑洞的表面上再添一記。

導航員同意，為了讓太空船增加將近一百公斤的重量，他們不打算用原先的計劃，而改走比較淺的航道。但太空船的重量仍在增加，航道淺一點顯然是不夠的。登陸船的主管十分擔心，甚至強迫我們從漫遊車的十六公斤中再抽走半公斤的重量。

進入火星大氣後，降落傘無法讓沉重的登陸船減速，好使安全氣囊有足夠的時間緩衝。登陸船小組加裝了火箭，由雷達操縱點燃，這個設計會讓所有的裝備都停在半空中，好讓安全氣囊充氣。要讓這套複雜的程序運作如儀，得用五十隻以上的引爆彈頭。整整兩年，計劃審核委員會一直想對我們說：「你們不准這樣做。」

在我看來，登陸船的麻煩倒有一個好處，那就是史皮爾有這麼多操心的事，而分散了他對我和漫遊車小組的注意力。只要我們繼續收到經費，漫遊車的問題看來都是可以解決的。

此時此刻，「洛磯4.3」看起來一點也不像一部漫遊車。我帶領來賓參觀漫遊車的時候，雛型車的表現令人讚頌，它的造型則滑稽可笑。

我們所用的商用電腦主機板，幾乎比整部漫遊車還要大。感應器和驅動漫遊車的促動器之間，連了條扁平的電線。這些電線繞在底盤和電腦間，讓洛磯看起來像個頭上綁著幾隻大髮捲的女人。底盤已經開始老化，不時得換下一些馬達。機動小組花了很多時間修補馬達和ＡＰＸＳ系統。

ＡＰＸＳ的感應頭必須準確對到岩石正面上，它無法正確唸出斜面的數據。我們原先用了一個便宜的設計，讓一片擋泥板把石頭面墊平，如此，ＡＰＸＳ可以讀出數據。但這樣做不符合計劃的規格要求。另一個早期的設計像個電動打蛋器，周圍有三個可彎曲的支架（像三角架那樣）用來把ＡＰＸＳ給撐住。這也和規格不符。漫遊車前方實在沒多少空間，因爲已經塞滿兩架攝影機和雷射導航設備了。但如果要把ＡＰＸＳ放在漫遊車後面，則後方得再裝一架攝影機，這樣ＡＰＸＳ的定位才會精確，而且這樣一來不管做什麼實驗，漫遊車都得不斷轉身才行。這一台簡單的儀器，結果竟然是限制最多的。

在我們測試供發射用的漫遊車設計時，「洛磯4.3」依然步履蹣跚。洛磯的輪子每走一步都會前後搖晃。莫里森寫的駕駛程式還有一些小毛病。漫遊車在牛步穿越沙箱時，看起來就像中風，一會兒轉身、退後，把光譜儀推擠在一塊岩石上。參觀者對它的古怪動作報以笑聲，但它畢竟動了。

這段時期，我在給參觀的人解說漫遊車表演時，故意添了一些嘲諷，以反應我們目前面臨的問題。

「漫遊車和登陸艇，藉著這幾台小巧的無線電數據機來互通聲息。」我一邊說，邊指著漫遊車上的數據機。「每一台數據機造價七百塊美金——這是摩托羅拉公司生產的商用數據機。摩托羅拉說，如果我們把數據機帶到火星上，火星是不在他們保固範圍內的。（我在此暫停，讓觀衆笑一笑。）我們又花了五十萬美金，來測試並重新包裝這些數據機，使他們能通過飛上火星的標準。」

我還把經費和其他事物做比較。「『探路號』的總價，差不多和凱文．柯斯納的電影《水世界》一樣多。（暫停，等待觀衆反應。）至於漫遊車的造價呢，大概和一位運動明星一年賺的薪水差不多吧。」

◇

一九九四年尾，漫遊車的處境有了轉變。

我們對迷你攝影機的爭執，終於告一段落。威考克把一張照片交到萊曼和我手上。照片中的景像，是從洛磯的角度所看到的，莫里森位在一零七號大樓的辦公室，正好就在沙箱的隔壁。照片畫質頗粗，但對我們來說已經夠好了。這是用他和他小組剛設計出的CCD攝影機拍下的。漫遊車上的低速電腦在地球室溫下讀出這張照片，這甚至不是在低溫下讀出的——柯達公司一直認爲，必須要在那樣的低溫下，CCD的影像才會保持不褪。

我微笑著說：「我們在火星上就用這架攝影機吧。」

萊曼也微微一笑，然後把照片釘在他的公告版上。

「這個問題解決啦。」他說。

WEB的問題也有了解決方案。機動小組在實驗室四處獵尋一陣後，最後找到一位科學家，他正爲一趟飛近彗星的任務製造矽空氣膠。矽空氣膠會沾住彗星塵。這種矽空氣膠只有商用矽空氣膠的三分之一重。這位科學家用一具特製的小爐子來變魔術。爐子烘出的矽空氣膠是透明狀的藍色方塊，可以切成扁平的方形，一層層鋪在WEB盒子的隔熱牆中。如果把盒子漆上金粉，不但盒子從周圍吸得更多熱，也讓漫遊車看來漂亮極了。

用特製的矽空氣膠來塡充保溫盒，仍然無法讓我們的電子零件在火星零下一百度的夜溫中保持溫暖。我們曾收過太空總署的來信，明白禁止「探路號」任務使用核能。儘管如此，機動小組早就認爲，我們可能得用放射性同位素加熱器（radioisotopic heater units, RHU）。RHU裡面裝著一塊鉛筆橡皮擦頭那麼大的鈽元素，外面用有底片盒大小的堅固外殼裝起來。我一直抗拒使用RHU，但組員證明，非得用RHU不可。我抗拒，是因爲我怕這幾公克的RHU會引來反核人士的排斥意見，而那正困擾著「卡西尼」計劃。「卡西尼」計劃爲了帶著四十四公斤的鈽，而花了兩千五百萬美元——等於漫遊車的全部預算——來書面解釋用鈽作燃料的繁瑣細節，以資紀錄。

對於我們這麼小的量，程序沒那麼麻煩。但我們仍得填寫成堆的申請書，並附上大量的計算數字，以證明萬一太空船在發射後就爆炸，ＲＨＵ的放射性元素不致污染大氣層。美國能源部負責管理和供給ＲＨＵ，甚至把裝ＲＨＵ的小圓筒射到磚牆上和鋼板上，以證明它們在撞擊時不會破裂。最後我們終於拿到許可，在過程中並發展出一套讓ＲＨＵ獲得升空許可的程序——這套程序可以幫未來的任務省不少錢。

控制小組的零件問題，也出現了光明的一面。控制小組希望能在實際砸錢購買昂貴的太空用器材之前，先確定器材的設計良好。這表示電源供給的設計也必須完善，因為電子零件和電源供應的組件是緊密結合的。而電源設計又要求機動力設計和駕駛策略必須一致。我們通過審核，才能進行採購。根據傳統，關鍵設計審核（critical design review）①是花錢採購太空用硬體的先行程序。我們的關鍵設計審核排定在五月舉行，但一月時，萊曼和我提出一項大膽的建議：如果把審核提前至二月，若是控制小組的設計也通過審核，零件就可以及時購得，讓漫遊車準時升空。我給小組一週的時間考慮這個提前審核的主意。他們答應了。

關鍵設計審核的日期漸漸逼近，我在走過「探路號」計劃的廊道時，彷彿渾身充滿信心。也許因為我太自信，才使得ＪＰＬ的太空計劃主管把我叫來，建議我讓組員在審查開始前先進行一次漫遊車預演。他看來十分緊張。

「我們不需要預演。」我爽朗地說。「我不在乎我們的圖表是不是很漂亮。我們的設計足以說服委員會，證明我們已經準備好了。我很有把握。」

「妳還不夠害怕。」他皺著眉頭說。

「為什麼我要害怕？」我問。

「妳就是應該要戒慎恐懼才對。」他低吼道。

我們把萊曼借給登陸船小組，幫他們解決機械設計的問題。登陸船的主管和萊曼商談，請他擔任每一次登陸船細節設計審核的委員會主席。要是登陸船做不成，漫遊車也上不了火星，於是我答應了這件事。我也同時提出交換條件，請登陸船的主管坐鎮漫遊車的關鍵審核委員會。這會讓他了解漫遊車的進展，並強迫他了解漫遊車和登陸船之間的連繫，也許會因此讓他對漫遊車的態度友善些。

關鍵審核會議進行得十分順利，後來又進行了一連串子系統的審核，每一次都算是順利通過。史東開始下單採購零件，並開始計算它們何時會到貨。

在為數據機氣急敗壞了好一陣了後，琳和我決定動用我們和摩托羅拉太空部門的關係，來幫忙解決數據機的問題。摩托羅拉在亞歷桑納州的鳳凰城（Phoenix）有座工廠，專門製造太空用的無線電，和太空總署及JPL有不少生意往來。琳和我飛到鳳凰城，要求和太空部門的人會面，希望他們能說動伊利諾州工廠的人。我們不只是要他們把倉庫打開，然後隨便挖出六具數據機給我們，我們要他們一一測試，然後挑出六具工做得最好的。摩托羅拉最後挑出了三十具，我們全買了下來。

隨後，控制小組陸續收到所訂的零件。每一件事都有進展，包括我們和登陸船的關係。

對我來說，漫遊車設計最精彩的情節之一，就是埃森想出辦法，讓漫遊車和登陸船可以完全沒有任何信號連繫。漫遊車在離開登陸船之前只需要啓動三次——一次在發射中，一次在登陸前，好讓我們檢查它的狀態；最後一次則是在「探路號」安全抵達降落地點後。埃森非常擔心，如果把漫遊車繫在登陸船上，漫遊車也許無法釋出，造成登陸船和漫遊車永遠黏在一起。後來他想出辦法，把一種稱作「簧開關」（reed switch）的磁性裝置裝在漫遊車上。當要啓動漫遊車時，登陸船會把簧開關正下方的電磁鐵打開。簧開關一關上，它就把漫遊車自備的電池電源接到電腦上，讓漫遊車把資料藉數據機送到登陸船的數據機上，再由登陸船送回地球。控制小組還設定電腦程式，只有在漫遊車的測速計測出火星特殊的重力場後，漫遊車的全部功能才會啓動。

一九九四年五月，我們的士氣激昂，漫遊車輕易通過各項審核。史皮爾的態度也愈來愈友好。我們並不是靠政治手腕或設計優勢來打垮他的。他會態度軟化，看來是因爲我們一連串的成功所致。他必須承認，我們眞的讓計劃看起來漂亮很多。科學家們也開始說：「哇，我們可以用這台漫遊車做不少事。」他們決定，在我們能力範圍內，用輪胎軌跡來測量土壤的密度和厚度。我們照時程表行事，預算按時進帳，我們的重量符合要求，而且沒有爲任何人帶來麻煩。我們甚至還幫助登陸船小組，和他們合夥採購零件，支援他們的一些設計工作，並且共用同一名首席工程師。

登陸船的工程師們則志願幫我們解決了一個問題，以做爲交換。我們需要想辦法，讓「旅居號」漫遊車在仍躺在絕熱良好的登陸船裡時，能把RHU所產生的熱給排出去。登陸船小組幫我們解決了這個問題。小組現在由萊曼領隊。他們讓我們使用登陸船的液態冷凝循環系統。冷卻劑在登陸船的管線中流竄，將電腦、無線電和發熱體的熱全都帶走，然後排到太空中。萊曼下令在登陸船上加裝一支「冷指」，並把它伸進漫遊車的保溫盒中幫助散熱。漫遊車一旦開始站立於火星的冷冽寒風中，「冷指」便會收回去。

五月時，我們在摩哈維的火星小丘進行了一次定期的任務測試。我們不時會把要測試的任務事項集中起來，所有人一同驅車到沙漠中的定點。那個地方地形和火星相似。這一次，琳也來測試數據機。

要讓史皮爾相信數據機能運作，得花點力氣。他本是無線電老手，而且爲「航海家十號」設計過無線電。他很懷疑，幾台便宜的商用器材足堪勝任太空任務。他自費參與測試，從測試場遠方一處小山頂上觀看測試進程。

琳把數據機連接到兩台筆記型電腦上。測試開始的時候，琳和史東相隔五公尺，這是火星上漫遊車和登陸船的平均距離。訊號傳送成功後，琳叫史東走到五十公尺處。她知道史皮爾有興趣的是這個。史東送出訊號，接收十分順利。琳和史東決定測試它的極限。史東走過幾座沙丘後，讓琳看不到他。他們相隔遙遠。當他們準備好測試後，還得請人揮舞手臂，當作開始的信號。史東送出信號，他的助手揮手示意。史皮爾在一旁看著。幾秒後，琳收到信號了。她興奮地跳起來。史皮爾快步跑下山丘，給她一個如父親般的熱情擁抱。

小組們得到一張極富意義的畫面：史皮爾向琳握手致賀。從這一刻起，我知道他已經接受漫遊車小組，我們的爭執也告一段落。史皮爾後來對我說，當他在沙漠中看著我的組員如此賣力工作，那時他就知道，他威脅要用有索漫遊車來把我們換掉，果然是正確的舉動。「我看得出來，他們臉上寫著『我們要讓史皮爾見識見識』。」他說。「他們用盡全力做出最好的表現，以證明我錯了。」

我微微一笑。如果他眞要這麼想，我無所謂。

在沙漠中的數據機測試過後，我和史皮爾的關係大為改善。我們眞的沒什麼好再爭的了。我以加州理工管理協會會長的身分，在JPL辦了一次「更好，更快，更省錢」的座談。他竟然在講台上抱了我一下，並告訴台下聽衆，他的工作不能沒有我。那時候我想著：他手上有那麼多問題，比起來我們眞是最不給他惹麻煩的了。

幾周後，他出差了一趟，帶給我一件紀念品：印著「火星人馬文」（Marvin the Martian）的T恤。我給了他一個大大的擁抱，告訴他我多喜歡這個禮物。他竟然只是搖搖頭喃喃自語：「我不敢相信我以前對妳那麼壞。」

史皮爾定期為計劃小組舉行盛大的派對，地點在他位於帕沙迪那的家。他會排上一大桌食物，並把車庫清空，讓大家在裡面跳舞。我有一張夏天舞會的照片，照片中我竟眞的穿著「火星人馬文」的T恤，和我先前的死對頭一起跳舞。

◇

「火星觀測號」計劃的失敗，使大家重新評估太空總署探索火星的方法。要嘛我們可以照老路子，每二十年來一次這種瘋狂的大計劃。否則我們就得試試新的方法。大家對廉價任務充滿期待，愈來愈多人取得共識，要進行更有系統的任務，且任務次數必須頻繁一些。JPL認爲，只要太空總署謹愼規劃、經費來源穩定，那麼JPL就可以進行一套有系統的火星探索任務，每一次的花費只有「火星觀測號」或「海盜號」計劃的零頭而已。

支持火星探索計劃的聲音日衆，這是我們之前做行星探索所沒有過的事。

後來國會編列預算進行「火星調查計劃」(Mars Surveyor Program)，我十分興奮。這計劃首先要在一九九六年發射一顆新的軌道衛星，以彌補「火星觀測號」科學研究的損失。然後它每二十六個月一次會發射兩趟任務，每年有一百五十萬美元的經費，相當於一部主流電影的製作費。康寧漢膺選爲第一趟任務的主管。這趟任務後來被命名爲「火星環球調查器」(Mars Global Surveyor)。整套火星計劃仍需要一位主管。我毛遂自薦。

我總覺得，這是我準備了一輩子所要做的工作。我思考著探索火星的問題有二十年以上了。我發表過論文，寫過火星探索的永續策略。漫遊車的複雜度和表現，都足以讓我具有充份條件，宣稱我具有發射太空飛行硬體的經驗。不過，我仍不認爲我會得到這份工作。大家都認爲，史皮爾或康寧漢這兩人的其中一人會中選。

結果，JPL中心主任把我叫進辦公室裡，告訴我說，這是我的工作——我簡直呆住了，嘴巴張得大大的，不知說什麼好。他要我保密，因爲再過幾天，他要親自宣布這項消息。我發現，要我閉嘴不提，很難。我努力克制，直到我和史皮爾的一場私下面談才說漏嘴。我們在他的狹長辦公室裡開會。他坐在桌前，我彎著手臂撐在桌上，開始聊了起來。

「妳知不知道是誰得到主管一職？」他問。

「呃，我不知道。」我喃喃自語，不敢看他的眼睛。

他看得出來，我知道一些內情。於是他追著我問。最後我只好承認我知道，「但我不能告訴你。」

「是妳，對吧？」他問。「妳一定得告訴我。」

「是啊，但你不能告訴別人。」我說。我立刻就後悔說出口了。

他面露驚恐，房間裡鴉雀無聲。

「你對這件事感覺如何呢？」我問。

「我覺得非常不舒服。」他說。

他沉鬱的反應感染了我。「嘿，我眞的很希望和你一起工作。」我說。「什麼都不會改變的。我們現在的關係很好。我們工作得很順利。爲什麼要改變呢？」

「呃，因爲從現在起妳就是我的上司了。」他說。「我得要好好想一想才行。」

幾天後，馮卡爾曼演講廳裡聚集了JPL所有的火星人（JPL裡參與火星計劃的人都被暱稱爲「火星人」）。看著我五年前組成的小型研究小組，如今變成了一群龐大的團隊，實在感受深刻。演講廳裡至少擠滿了三百名以上的「火星人」。我在會議正要開始時才到場，我坐到後排，周圍的人全是漫遊車小組的人。

演講廳裡人聲吵雜，沒有人知道爲什麼JPL的大老闆中心主任要召集我們。不過許多人在猜，是不是要宣佈火星計劃的負責人名單。JPL中心主任說，這個計劃對實驗室來說是多麼棒的機會，可以藉此探索火星。人人點頭微笑，表示同意。

「我今天把大家召集起來，是因爲我要宣佈我挑選的計劃主持人是誰。」他說。「這個人是唐娜．雪利。」

整個演講廳突然暴出如雷掌聲，我頓時愣住了。漫遊車小組的人像瘋子似的，又是抱我又是拍手又是大聲歡呼的。其他人——「探路號」計劃和MGS的組員們——也一起鼓掌歡呼。我想盡辦法擺脫了漫遊車小組成員，又走了一大段漫長的路，才上得了講台，和主任握手。我承認我有些尷尬，但這可比贏得「維尼伍德小姐」酷太多了！JPL主任看到這種歡欣場面也不禁感到訝異：「這個，」他說，「顯然是個頗具民意基礎的選擇。」

我站在講台上看著每一個人。演講廳裡全是我的好朋友和長期以來的工作伙伴。我的眼眶充滿淚水，喉嚨哽咽說不出話來。

握完一堆人的手，接受一列列的擁抱後，我回到辦公室。康寧漢意外地打電話來。

「我想向妳致賀，並讓妳知道，我會全力支持妳的。」他說。

「哇，謝謝你。」我滿心感激地回答道。「事實上，我以爲你會得到這份工作的。」

「我並不想要。」他說。「還記得我們在MRSR計劃停擺後，一起進行的火星任務研究嗎？」

「當然記得。」

「妳曾說，我不會喜歡這種工作的——研究和行銷——妳是對的。我已經學到教訓了。」

他告訴我，JPL的主任甚至曾打電話給他，問他爲什麼沒有申請這份工作。

「我並不適任。」他說。「唐娜才是適任人選。我覺得你應該把這份工作給她。」

往後幾天，我的桌上堆滿了祝賀的紙條。我晉升的公文正式生效後，實驗室的人依照傳統，把祝賀詞寫在晉升告示的公文上。有個和我一起工作的女同事寫道：「妳爲女性立下了典範。」另一個很好的男性朋友寫道：「嘿，妳把玻璃天花板撞碎了一地。」②

然而，史皮爾杯葛這項晉升案。就他看來，我爬到了他上頭，他無法承受。我對此倒不太擔心。他是個意氣用事的人，但如果我處理得當，他會改變態度的。

我坐在椅子上，享受這一切。我的辦公室沒有窗戶，但在我的想像中，我看到天空中有顆紅色的星。我終於有機會帶領全世界前往火星。

第八章 一週工作八十小時

我在一九九四年所接下的工作，是要在未來十年內探測火星。這可是前所未有的機會。過去，人們的心態是「趕搭最後一班船」，每次出任務都要送上一艘大型的太空船，然後盡可能把所有科學儀器塞在裡面。現在不同了，我們可以每二十六個月便有系統地進行一次探測任務，每一次都奠基於前一次任務所收集的資訊上。我們可以把機器人送上火星，研究這顆行星的歷史，看看我們能否在火星某一角落發現生命的跡象。

值得調查的地方有上千處。「探路號」計劃前往一處沖積平原。日後幾次任務，我們可能探訪些奇特的地方，例如乾湖床——火星上的淺海有可能孕育出生命嗎？也許我們可以在湖的周圍找到化石泥。假如我們把儀器設置在火星赤道南方的火星峽谷，這峽谷深八公里，長四千公里——生命有可能躲藏於這段岩縫的某處嗎？或者我們探訪兩處已知有水狀冰的地方：火星的兩極？如果能在火星南極找出液狀的水，假設在岩石裡找到，或許就可能有生命。一時之間，我們難以決定該從何處下手。

想當然爾，JPL裡沒有人規劃過整體的大型綜合計劃。他們過去一次只進行一項專案。每一次的太空專案都有自己的科研目標。「伽利略計劃」：了解木星；「麥哲倫計劃」：用雷達測繪金星地圖。每一次專案任務，都有它們自己獨特的太空船設計、儀器設計、操作系統，甚至個別的組織結構。若有一個整體的規劃，這些便可以共享。

想要發展出一套共享模式，首先得爲這整套計劃規劃出一組策略。這是一次大好機會，我可以向科學家們探詢：我能爲你們做什麼？

◇

火星研究的方向主要分爲三支：尋找生命、觀測氣候、探勘資源。如果火星上曾有生命，後來怎麼樣了？現在還有生命嗎？如果沒有生命，是爲何沒有呢？火星一開始和地球相似，並一度有水。爲什麼生命無法像在地球上那般勃發？尋找生命形態，對人類的意義重大。火星的條件和地球差異甚大，如果生命可以在火星上發展，也許宇宙中便遍佈生命；如果生命無法在火星上發展，那麼我們地球這顆脆弱的、孕育生命的藍色小星球，也許在宇宙中便是獨一無二的。

至於觀測氣候，我們想知道爲什麼火星變成一片冰原。四、五十億年前，火星、地球和金星這三顆同屬岩心的行星，到後來變化出截然不同的命運。金星的溫室效應一發不可收拾，使它變成地獄——連鉛都會在其表面熔解。火星喪失了大部分的大氣，在往後漫長的歲月中變得無比冰冷。只有地球不偏不倚。某些科學家甚至將此稱爲「千鈞一髮效應」①。

儘管火星大氣稀薄，但仍有天氣變化。火星表面上定期會掃過一陣全面性的塵暴，很可能是火星上劇烈溫差醞釀成的。在火星赤道上，溫度可以從白天的攝氏零下十七度，一路下滑到晚上的攝氏零下一百零一度。在火星的南北極，溫度更可能降到零下一百七十三度左右。水蒸氣瀰漫在大氣中；有時在夏天的早晨，雲霧會遮住泰西斯隆地，只有巨大的火山口還可觀測到水氣。日出時，火星的峽谷有時會被霧氣籠罩。研究火星的天氣，除了滿足科學家的好奇心，也有助於研究地球的天氣。火星的天氣形態比地球簡單，因此我們可以用火星的研究資料，來改進地球的氣象研究模型。

探勘資源是第三項主要的火星研究領域。這和將來人類殖民火星有關。如果我們眞打算送探險隊上火星，火星上面必須有水源和棲居地才行。火星表面的大氣壓力，相當於地球在海拔三萬九千六百公尺高空處的壓力。太空人在上面得穿壓力太空裝；但即使穿著太空裝，他們仍無法在表面上待太久的時間。火星表面籠罩著強烈的輻射線和帶電粒子，未經大氣層過濾的陽光更充滿強烈紫外線。火星表層有沒有任何火山岩坑，可以給人類遮蔽棲身？如果人類棲息地得深藏於地下，那麼火星土壤有多硬？

◇

我和以往一樣，總在半夜醒來，腦裡盡是關於火星探索的想法。不過，我現在不只要替「旅居號」或「探路號」擔心，我還可以盡情想像我們計劃送出的整隊太空船艦可以怎麼做。我得到了這份夢想中的工作，而且，在某些方面，它比我昔日在閱讀《火星之砂》時所幻想的還要好。我得到這份工作的頭幾週，是我這輩子最快樂的時候。

對於一個滿懷未來遠景的人來說，能參加火星科工小組（Mars Science Working Group, MarsSWG）是令人興奮的事。打從火星採樣送回計劃展開時，火星科工小組便已由太空總署的科學部支持成立，目的是爲火星研究定立科研策略。而此小組在這時的工作，是要發展出一套便宜的逐步進行的研究策略。

火星科工小組的現任主席，是一位康乃爾大學畢業的年輕地質學家，長得瘦削而結實。我與他開了一次會。

「我們需要一個不超過預算的策略。」我對他說。「能不能請你讓科工小組專心於科學內容方面的發展，而不要插手整個任務的規劃？」科學家們在這方面惡名昭彰，他們若非事前對工程設計干預太多，就是事後猛放砲攻擊。

「我盡力。」他說。

他眞的盡了全力。他在往後幾個月中，藉著巧妙的溝通手腕、科學背景和堅持的態度，發展出一套既滿足科研需要，看來又可行的策略。

在「生命．氣候．資源」這三項科研目標中，水是共同的交集。生命需要水，氣候也依水而變化，未來人類探險隊不但需要飲用水，還需要用它來當太空船燃料②。所以火星科工小組擬定了一套以水爲主題的策略。如果「探路號」降落在特定地點——好比說某個河谷口——我們就能一睹曾經有水的地景。在前次失敗的「火星觀測號」計劃上，精心挑選了儀器，用來從太空軌道上繪測地圖和了解火星，也要在地表和大氣中尋找水。此番的「探路號」降落後兩個月，火星環球探測器MGS也將開始繞行火星軌道。MGS上載有五種儀器，也有助於尋找水。我們還可能在一九九八年和二〇〇一年，將「火星觀測號」上的另兩種儀器發射上去。

火星科工小組希望，一九九八年和二〇〇一年的任務，把重點放在「揮發物和氣候」上，其中尋找水爲焦點。最讓人感興趣的揮發物當然是水。

二〇〇三年時，就輪到氣象專家和地震學家來做研究了。歐洲太空中心（European Space Agency, ESA）目前計劃進行一趟名叫「火星星際網」（InterMarsNet）的任務。他們要發射一顆巨型的軌道衛星，上面掛滿儀器，用以測繪火星表面。他們要求美國發射幾艘載有氣象站和地震儀的登陸船——這等於是小型的「火星環境普查計劃」。

當然啦，所有的科學家都希望拿到一塊岩石切片——他們要樣本回收。我強烈反對把樣本回收納入科研策略中，因爲這不可能以一年一億五千萬美金的預算達成。迫於現實，火星科工小組只好把二〇〇五年的任務當作樣本回收的「預備任務」。他們在整套策略後添了一條但書：如果奇蹟出現，意外多出一筆經費，那個經費就得用於樣本回收。

太空總署的科學部支持這套科研策略，我們得以放手計劃未來的任務。千載難逢，時來運轉。一輩子僅有一次的機會。不過責任十分重大。我現在除了負責規劃「火星觀測號」，還接下了「探路號」計劃，連帶也接下了它的所有問題。

「探路號」的機件大多尚未完成。許多零組件在測試時損毀了，而登陸船的重量又節節上升。「探路號」的重量一度超出界限，可能無法安然進入火星大氣。經費來源減少，也許當登陸船設計完畢後，就有東西要被拿去抵押了。

最大的問題出在安全氣囊。

◇

利威里尼，這位年輕灰眼的工程師，總是留著早上剛刮過下午又長出的鬍渣。他想要找一間夠大的眞空室，可用來在近似火星大氣的環境中測試安全氣囊的堅韌度。爲此他尋遍全美。他和組員在新墨西哥州的一間小眞空室裡，測試過一個八分之三比例尺的安全氣囊。他們把這個三葉瓣的氣囊繫在繩索上。縮小版的安全氣囊高一點八公尺，由防彈衣的材料製成。工程師們把安全氣囊安在眞空室裡，然後用一塊平板子以每小時將近一百公里的速度拍擊氣囊，看它是否會充氣爆出來。實驗進行得頗爲順利。

接下來，他們把一條繩索吊在兩座山峰間，把安全氣囊放在一部吊車上。吊車上壓了一個十四公斤左右的沙袋以增加下降重力。然後他們放下吊車。當吊車撞到路障產生阻力時。繫在另一條纜繩上的安全氣囊，就會以每小時將近五十公里的速度落下。他們原先以爲這種材質很堅固——結果不然。安全氣囊破裂了。剛落地時還沒問題，但數次的彈跳便容易破裂。氣囊每重新充氣一次，在比前次還低的壓力時就會破裂。最後氣囊甚至爆了。下一次測試，必須用全尺寸的氣囊，但得用不同的材料製造。而且這一次得在更接近火星的環境下進行。

他們聯絡了太空總署幾個不同的研究中心，後來終於找到普隆布魯克研究站（Plumbrook Station）。這個研究站是由太空總署的路易斯研究中心（Lewis Research Center）所經營，地點接近俄亥俄州的克里夫蘭市（Cleveland）。普隆布魯克研究站有世界第二大的眞空室——直徑三十公尺，高三十六公尺——原先在「阿波羅」計劃進行時，用以測試月球殖民用核電廠。這個研究站棄置多年，直到最近因爲太空總署在那兒測試火箭包覆材料，才重新啓用。

利威里尼和組員建了一個長一點八公尺、寬一點二公尺的平台，可以做五十度的傾斜。他們拿了一些有稜角的石頭，在石頭上用粉筆畫上不同顏色，然後把它們鬥在平台上。他們準備在眞空室的頂端，把安全氣囊從上面以九十公里的時速拋下——氣囊裡還裝著重三百六十公斤的模型登陸船——讓它撞擊傾斜的平台。平台的側面則用繩索繫著一張緩衝網，用來在安全氣囊第一次彈跳後接住氣囊。如果讓氣囊在平台上繼續彈跳，則會把粉筆印弄糊掉，這樣他們就不知道是哪一塊石頭造成最大的損傷了。

工程師們很快算出，即使在三十六公尺高的地方拋下，氣囊撞擊平台時的時速仍只有五十公里左右。速度不夠，怎麼辦？世界上沒有更高的眞空室了。利威里尼這一組人，在和普隆布魯克的主管會面，請求測試許可時，就已經想到要怎麼解決這個問題了。他們把模型登陸船吊在離地三十公尺的高空，然後在底部絞上一大盤彈性繩。他們把彈性繩用力絞緊，愈絞愈緊，好像在拉一條巨型橡皮筋似的。當彈性繩達到一定的拉力後，他們就放下繩子，這時安全氣囊就會準確地以每小時九十公里的速度擊中平台。

普隆布魯克的主管認爲利威里尼瘋了，但他仍點頭答應這項實驗。他們決定改用另一種更有彈性的防彈衣材質來製造氣囊，並且一次縫上兩層。特製的縫線是由德拉瓦州的一家太空衣縫製公司所提供。

如此巨大的安全氣囊，必須收疊成如薄枕頭大小的四節；節片的形狀得小心折疊。氣囊利用火箭快速充氣。如果折疊不好，氣囊在充氣前就會被火箭燒穿。組員們最後找出折疊方法，並且完成了火箭和氣囊的連繫裝置。此後，氣囊在每一次測試時都正常充氣。

第一天測試時，利威里尼看到我們終於有全尺寸的氣囊模型，顯得十分振奮。氣囊收縮小隊的組員，一開始先用每平方英吋一磅（一個 psi 氣壓單位）的壓力，將那只黃色的大氣囊充飽，以進行首次測試。這個壓力實在不大，普通汽車的內胎就有四十四 psi 的壓力了。氣囊的每一節充氣時，都發出「噗噗」的聲音。利威里尼本人顯得有些緊張。每發出一聲「噗」聲，他就抽搐一下。技術人員宣佈，氣囊內壓已達二分之一 psi。利威里尼認爲裡面的氣已經夠滿。氣囊表面十分粗糙，利威里尼用手敲氣囊外層時，還把指關節的皮給削掉一小片。結果當充氣達零點七 psi 時，「砰！」一聲，氣囊綻脫了一條縫。

安全氣囊的材質之所以強韌，是因爲這種材質非常耐得住拉力。但具有這種特質也意味著，如果線縫得不夠直，縫口就會迸裂。

兩週後，小組用新方法縫製氣囊並重回測試場，這一次氣囊在充氣時不再破裂。他們把氣囊吊到天花板上，纏上彈性繩，然後讓它掉落。測試完他們走進眞空室，袋子從遠處看起來還挺好的。根據測試規定，氣囊的每一吋表面、縫線的每一針都要檢查。他們發現，氣囊的第二層有一條小小的裂縫。他們在平台上發現玻璃碎片。眞空室在測試前破了一顆燈泡，他們却不知情。一點點玻璃碎片便造成這種程度的損傷，他們就得考慮換材料了。他們需要增加重量。利威里尼只好硬著頭皮，請登陸船的主管慕利海德（Brian Murihead）同意。

在JPL太空船控制中心（Spacecraft Operation Center）的二樓，「探路號」小組散居在不同的辦公室和隔間裡。組員們隨意進出其他人的辦公室，商討設計細節。許多策略都是在走道上決定的。史皮爾是其中最常走動的人。

喜怒形於色的主管有個優點：如果他很高興看到你，他會大聲讓全世界都知道。利威里尼原本正踏著沉重的脚步，準備走進慕利海德的辦公室。這時他遇見史皮爾和幾個「探路號」的同事。史皮爾一看到利威里尼，臉上就綻出兄長般的和靄笑容。

「嘿，老弟，事情進行的如何？」史皮爾一邊說，一邊用手拍拍他的背。「各位聽著，整趟計劃現都扛在這位仁兄的肩上了。老弟，你要好好表現啊！」

利威里尼嚥了嚥口水，走進慕利海德的辦公室。

慕利海德給了他一些預算，讓他試驗不同的材質。爲了測試首批材質的極限，小組決定用最大壓力來測試氣囊。測試剛結束，工程師看到錄影帶都說不出話來。錄影帶是由掛在氣囊上的攝影機所拍。氣囊跑哪兒去了？他們倒了四五次帶，最後才發現，他們已經「看穿」

氣囊了。氣囊炸開，它的一邊有個大裂痕，地板上則到處是一大片一大片的碎片。

安全氣囊的情況看來不妙，但漫遊車則一切安穩。但我既已接手主管火星探索整體計劃，我得找人接手漫遊車的事。萊曼和我現在都有其他工作要做，於是馬提耶維奇 (Jake Matijevic) 便成爲中意人選。他原先是數學教授，後來成爲機器人學家，在一九九三年初加入了漫遊車小組。他支援過萊曼的系統工程工作，漫遊車系統的龐雜問題都有他的份兒。但數學仍是他的最愛。他曾解決過一道數學難題，與無線電數據機有關。漫遊車和登陸艇上的無線電數據機，在互相溝通時，能容許多少錯誤訊息？解決這個問題的過程，是他到目前爲止最愉快的工作經驗。

可惜，馬提耶維奇沒有發射太空設備的經驗。我想我最好還是待在漫遊車小組裡，至少繼續當名義上的領隊。等我們的贊助者和「探路號」小組都認爲馬提耶維奇可以擔重任後，我再換手。我讓馬提耶維奇擔任我的副手，並且很高興能把帳務的事交給他處理。平衡預算花去我相當多時間，他只用我力氣的幾分之一就做完了。

史皮爾對於我當了他上司這件事，仍耿耿於懷。我怎麼能爬到他頭上呢？我著手幫他解決「探路號」的一些問題。關鍵設計審核會即將到來，而他親手挑出最難纏的審核委員。這個委員會由金・馬丁坐鎮，他是前任「海盜號」主管，而委員會裡也盡是該計劃的元老。我們嘗試用廉價方式登陸火星，但他們全都認爲這是不可能的。我們原本以爲，紅色小組的審核已經是浴血戰了。但我從沒看過有人像史皮爾親手挑選的審核委員那樣，對任務主管如此苛薄的。再過幾個月，「探路號」就要進入正式建造的階段，但仍有一些不確定的細節。他們對於這些不明確的事項何以如此多，用極懷疑的態度逼問我們。

他們也批評了史皮爾的管理程序。太空總署總部裡負責「探路號」的主管尤其堅信，史皮爾在管理進度和預算上應該要做得更好才對。對審核委員來說，這些管理程序看來却都是臨時起意的。有幾個委員把我叫到一旁，叫我要讓史皮爾任用一名副手，以強化他的管理。史皮爾一度難以接受從我口中說出的建議，我們為此爭執了好一陣子。

◇

儘管史皮爾和「探路號」的問題讓人渾身緊張，但對我來說，這是個令人振奮的大好時機。這可以為JPL和太空總署建立新的管理典範。我正努力把火星計劃變成組織管理上一個「更好，更快，更便宜」的範本。我想，如果辦事效率快一些，奢侈的需求少一些，我們應可省下不少經費。我把幾個大部門的配置精簡了一半，每個部門只配一位秘書，並開始著手合併。在過去大型專案的時代，每個專案都有自己的行政幕僚。但我的整個專案只雇了一名行政人員。我還著眼審視MGS和「探路號」計劃，讓這兩者共用一些行政程序或設備。但他們都進行已久，而且任務性質大不相同，以致無法從組織重整中獲得好處。未來計劃進行時，像「火星調查號九八」(Mars Surveyor 98)，我一開始就可以讓它和MGS共用同一套業務管理，以省下可觀的開銷。

我提升了行政人員的素質，經常雇用女性和少數族裔。這些人往往被組織忽視。我們把所有行政作業集中起來，而不讓每個計劃各自配給幕僚。這也節省了經費。我們把所有對外工作都集中由總辦公室處理，此舉省下了更多開銷。

這樣的改革也增進了團隊工作的氣氛。在全體幕僚就位後的幾個月，有人開始討論，如何把未來的研究經費分配到不同的計劃上。辦事脚步愈來愈快，大家取得共識，會談充滿建設性。有人突然發現：我們全是女性！我在JPL從來沒有一次開會是沒有男性在場的。事實上，大多數我出席的會議，往往除了我之外，就沒有其他女性了。我覺得我證明了一件事：當你挑選的都是最優秀的人材時，你會發現，其中有一大部分來自那些過去被忽略的弱勢族群。

眼前進行的計劃是「火星調查號九八」，這個計劃要在一九九八年發射一顆軌道衛星和一部登陸船。「火星調查號九八」是趟買一送一的計劃。我們要用和「探路號」相同的花費，一次載兩件東西上太空。出人意料的是，有家包商同時標到了衛星和登陸船的承造案：馬丁・美利塔公司，他們也是MGS的製造商。馬丁公司認爲，以現有的經費，即使要爲不同的任務製造兩部太空船，也不是問題。在這次計劃中，軌道衛星上載有一架小型攝影機和紅外線輻射儀。那原先是裝在「火星觀測號」上的。它因爲尺寸不合而無法裝在MGS上。至於計劃中的登陸船，將在火星南極登陸，並在土壤中尋找水份。

我在JPL的總執行顧問會議上說服委員們，讓麥克納彌（John McNamee）擔任「火星調查號九八」的專案主管。因爲他——出人意料吧——未曾有過發射太空裝置的經驗。我最後說服成功。麥克納彌迅速引進了一連串節省經費的管理新措施。過去，太空船採購計劃總是規格詳盡，厚達上百頁。但「火星調查號九八」只有一份三十頁的建議書，上面內容大致是：「我們要花一億美金建造兩台太空裝置。讓我們知道貴公司如何辦到這件事。」太空總署總部還加上其他幾項要求。這一次的太空船，造價除了必須是「探路號」和MGS的一半之外，重量也得減半。總部想把火星當成是新一代小型發射裝置的實驗場。這種發射裝置，在造價和尺寸上，都只有一九九六年發射火星任務時的一半。

雖然有這些挑戰，火星卻離我們愈來愈近。太空總署的會計副理一向以脾氣暴躁著稱，卻公開稱讚我的新式管理作風，使我受寵若驚。我在一場簡報上，說明我們如何一面大幅降低成本，一面讓計劃落在預算和時程限制內。這時他說：「火星計劃小組長期努力，終於向太空總署證明，JPL是認眞在用新方法從事計劃的。」儘管我從這群挑剔的聽衆得到讚許，但我的努力在實驗室沒有回應；沒有其他JPL機構的人對此有興趣。我的簡約作風把人力負擔減了一半。這也許是個有趣的管理個案，但對那些主管來說，可不是什麼模範。他們已經習慣以手下的員工數目當做他們在組織裡的權力和地位的指標。

不過，至少科學界開始接受「更好，更快，更便宜」的觀念了。他們仍想要一份回收樣本——他們有充份的理由——但身爲計劃主持人的我能感受到，這次，在一起工作的科學家雖然是同一批人，卻比在做火星採樣送回計劃時來得踏實得多。他們淸楚，「更好，更快，更便宜」的計劃，是不可能出資建造大型漫遊車，然後送回幾十種樣本的。有些人說，那我只要一捧沙就好了。也有人說，帶一塊小石頭回來也不錯。有人說，帶空氣回來就好，只要有一小罐大氣樣品就行了。但任何一種樣本回收計劃都還是在我們能力範圍外。

大家也爭論著「探路號」該登陸何處。在選擇上有諸多限制，因此，可供挑選的地點十分有限。「探路號」專案剛開始時，專案科學家葛隆貝克原本以爲，可以靠「火星觀測號」的精細照片，來讓他挑一處理想登陸點。「火星觀測號」計劃失敗後，他請來一位曾參與「海盜號」專案的科學家亨利・莫爾（Henry Moore），來幫他一起解讀「海盜號」和「航海家九號」二十年前的資料，以及哈伯太空望遠鏡和地球上一些老式望遠鏡所觀測到的塵暴資料。莫爾算出一堆數據，供我們評估火星的表面狀態。莫爾年近七十，最近終於從美國地質測量協會（U.S. Geological Survey）退休。莫爾有一種冷面笑匠的功力，和情感比較纖細而易受傷的葛隆貝克倒是不錯的互補。

「探路號」和「旅居號」，都必須登陸在火星北緯十度到二十度之間的地面上，以獲得最多的陽光曝曬。如果它們離這塊區域緯度稍高或低一些，就無法保持足夠的溫度，太陽電池板也無從獲得足夠的電力。單單這一項限制，就除去了火星百分之九十的可能登陸面積。葛隆貝克和莫爾在剩下可供挑選的百分之十裡，翻找出「低於海平面」的地面（火星沒有真正的海洋，這裡的海平面是假想出來的）。「探路號」的進入火星軌道、下降和登陸的操作，都需要大量的空氣來減速。登陸地的地勢愈低，太空船擦過的大氣量就愈多。

登陸工作最精密的部分，是要爲雷達找到合適的定位點。一次安全的降落涉及許多程序，這些全由雷達控制。降落傘會在離地面五點五公里處張開，其後五十五秒內，登陸船會再下降四公里，這時它會把雷達鎖定在地面上，以控制反向噴射火箭，並把安全氣囊充氣。如果降落點的地勢太高，登陸船在落地前會來不及讓安全氣囊充飽。這一項限制，使得能降落的地區只剩火星表面的百分之四左右。

再者，我們還不能選一個風大的地點。登陸船離地十二公尺時，尾殼的固態火箭點火，讓登陸船停在半空中不動。雷達會命令安全氣囊充氣。這時如果一道強風吹來，打在降落傘／尾殼／登陸船合體上，它們便可能像個三節鐘擺一樣瘋狂晃動。萬一火箭點火時機身傾斜太厲害，火箭會把登陸船帶偏位置，直到燃料耗盡爲止。這會使登陸船降落到一個和原先挑選地點完全不同的地方。

他倆還得考慮地表的坡度。如果坡度太斜，雷達會計算錯誤，或者降低太陽能板的接收功率。這塊低地得夠平緩，才能反射雷達信號。莫爾說：「這段緯度上有某些地方是這樣子的，如果我只有一艘太空船，我不會飛過去。」他指的是奧林帕斯山西側，一處被科學家稱做「雷達消失區」的地帶。從地球送出的雷達波，一到那裡就再也回不來了。那塊地表很可能有許多孔隙，使它像塊海綿一樣吸波；也可能是那地方有一大堆塵土。在那種地方，雷達讀不出任何東西，無法下命令給安全氣囊，「探路號」會從此消失得無影無蹤。

我們對火星了解最多的一塊地，名叫克萊斯平原（Chryse Planitia）③。這是「海盜號」

太空船的登陸地。阿列斯峽谷口是克萊斯平原上一塊平坦的土地，被認爲是我們的「幸運摸彩箱」，因爲它位在一塊古代洪水沖蝕的氾濫河道上。那裡有許多辮狀的河道和水滴狀的散列島嶼，很可能遍地是不同種類的岩石。科學家們希望讀出幾種岩石的組成，像是古地殼的岩石、隆起平原的岩石，以及十億前年洪水沖刷下來的岩石。但這不是一個衆望所歸的降落地點。

一九九四年春天，葛隆貝克在詹森太空中心舉行了一場研討會，邀請科學界都來提供意見。在剔除了可能傷害登陸船和漫遊車的地點後，他剩下十個地點。他把這些地點並列在一起比較。這張圖被他戲稱爲「地獄圖」，因爲圖複雜極了。在莫爾的協助之下，他把所有能收集來的資料全列在這些圖上：可能的氣壓值、地形、岩石密度、坡度、對登陸船的影響等等。葛隆貝克在JPL工作了十二年，他所規劃過的任務，從來沒有脫離過紙上談兵階段。於是他負責挑選登陸點的工作遭受不少譏諷。他指著「地獄圖」說：「這就是你要把一部兩億五千萬美金的東西帶到火星上所必須經歷的折磨。」

◇

「探路號」的技術部分很有進展，但我仍擔心管理的問題。我一週工作八十個小時，仍無法負荷全部的工作。最後我得承認，我必須放棄漫遊車領隊一職，哪怕只是掛名都沒辦法。馬提耶維奇做得很好，他重視細節，而且發展出一套用以理解整體架構的工具。我有點緊張，倒不是因爲我不信任他或整個小組，而是因爲我在想，萬一萊曼和我都走了，他們發生問題該怎麼辦。但他們進行得很順利。看到我所拉拔的小組可以沒有我而繼續順利運作下去，我很高興——有點像把小孩送去外地唸大學的感覺。

「探路號」即將面臨另一次大型審核會，我很擔心審核會擺出嚴厲姿態對待小組成員。審核委員會往往像群惡狗，只要看到一個弱點，就撲上前攻擊。在前幾次開會時，委員會給了「探路號」許多改進意見，但「探路號」只聽進了其中幾條而已。我決定，與其批評史皮爾的組織方式和管理手段，不如把我的才能借他一用。但這項提議得用很謹慎的方式表達出來，以免他覺得我在教他如何做事。我走進他辦公室，我已做好心理準備，他可能會因我的提議而感到威脅。

「史皮爾，我知道你想要一個人把風暴控制下來，但這對大夥兒來說都太累了。」我說。「爲什麼我們不試著更有組織一點呢？我有個想法，我想在審核會時做筆記。這樣我們每天結束前都會有一組實際的行動綱領可尋，而不是像目前這樣在兵荒馬亂中渡過。」

史皮爾疑神疑鬼地看著我，但只說了句：「喔，行啊。」

審核會一共進行三天，在這三天裡，每一天我都帶著筆記型電腦做筆記，並記下每個審核委員所開出的意見。我大學時所受的記者訓練，現在派上了用場——我可以像隻機槍一樣打字。每天結束前，我印出一張清單，然後拷貝給委員會成員，好讓他們對建議案有所共識——好比叫史皮爾雇一位副手，來幫他撰寫計劃文書，並要求史皮爾照時程表行事，這些都是史皮爾不屑的。三天的審核會結束後，我向史皮爾交出了一份要他做事的簡要清單。我很驚訝的是，他很感謝我做這件事。

「我的其他主管從沒有人幫我做過這樣的事。」他說。「這眞的太棒了。謝謝。」

審核會的報告指出，史皮爾得更有組織才行。他後來終於雇了一位副手，來幫他整理預算、安排時程表，撰寫文書。許多事變得順利多了。「探路號」在技術上也漸有斬獲。降落傘和火箭都運作良好。至於用來控制進入火星軌道、下降和登陸的雷達，則在審核委員會的意見協助下，獲得了修正。其他的問題中，無線電是另一個問題。「探路號」的無線電系統進度落後且超出預算，只好請一位新人來管理。她要求包商改善管理，並照設計圖行事，最後無線電跟上進度，在飛行硬體設備中第一批交貨日期準時交貨。

但無線電有一部分的問題是屬於政治手段層面的。太空總署總部要求「探路號」要裝置備用傳送器。進入火星軌道和登陸這兩個階段的資料，不惜任何代價務必送回，即使是主無線電失效也要由備用器照送。史皮爾無法購置另一具無線電，經費不允許，重量也不允許。JPL的無線電部門給他不一致的意見，他們辯論著可不可能以低價製造一台小型緊急用無線電，只把最關鍵的進入軌道和登陸資料送回就好。

我那時人在太空總署總部，被其中一位主管緊緊盯著，因爲「探路號」仍然沒有備用的無線電。史皮爾已經和JPL的無線電工程師溝通了數個月，但沒什麼具體成果，而時間已經來不及爲登陸系統加裝新硬體了。我決定親自接手這些事。我打電話給電子通訊部門的主管，問他無線電是在哪裡設計的。我要他立刻問他們的工程師：用一百萬元做出一台緊急無線電，做得到做不到？部門主管捲起袖子，連夜開了設計會議，最後他們承諾，會很快造出一台體積極小、高科技的無線電器材，而且符合預算。然後我得說服總部的主管，只要能把最重要的資料送回就好，我們只能做這麼多。最後東西出來了，也得到了核准。

最後一個要解決的是安全氣囊的問題。利威里尼是個容易憂心的年輕人。每次他多爲氣囊加一層，他就爲太空船增加十到十五公斤的重量。他推測，至少需要四層材質，以確保安全氣囊不會在衝擊時破裂。太空船主管告訴他，他不能再加重量了。利威里尼也快要花光測試安全氣囊用的經費。每一次測試費時兩到三天，花費兩萬到三萬美金。氣囊小組一共想出四種材質組合。他們可以決定安全氣囊用哪一面撞擊平台，於是製造出一系列的安全氣囊，每一種每一邊都用不同的材料組合製成。

每一次測試後，利威里尼會把壞消息告訴太空船主管慕利海德，就算是凌晨三點也說。利威里尼那時正從監視器看著第八次測試。當安全氣囊撞擊佈滿岩石的平台時，用來爲岩石作記號的紅色粉筆灰飛得到處都是。「這安全氣囊看起來好像辛普森案的某樣證物似的④。」利威里尼在半夜的電話中這樣說。這些測試讓小組一步一步接近最後的定案。他們想要製造的安全氣囊是其中某些部分用好幾層材料強化，另外一些部分只用兩層就夠了。利威里尼想，這次非得過關不可，因爲我們只剩這次測試機會了。這次測試的目的在於鑑定安全氣囊是否合於太空飛行標準⑤。

這次測試和前幾次完全不同，這次的表現完美，完全照小組預期的表現進行。安全氣囊有裂縫，但對登陸船不會造成任何損傷。利威里尼最初設計的氣囊只有一層材料，重達十五公斤。但到了最後，它一共有四層，總重八十五公斤，佔去了「探路號」太空船百分之二十五的登陸重量。

「探路號」的設計過程一路多舛，順遂的時刻終於來到。一九九六年一月，距發射預定日期不到一年，「探路號」終於通過審核。安全氣囊，以及其他的軌道進入、下降、登陸系統也完成了測試。電腦軟體仍有小毛病，但基本上不錯。委員會不再攻擊史皮爾，但換了一個調子繼續持疑：「這眞是大逆轉啊。」一位委員說。「哇，我以爲你們辦不到的。」另一位說。「你們有希望做到。」

葛隆貝克和莫爾從一九九四年起，就一直持續算著「地獄圖」，試著把登陸地縮小剩幾個選擇。他們從最初的十個地點減到只剩三個：阿列斯峽谷、海神谷（Tritonus Lacus）、艾西迪斯平原（Isidis Planitia，火星西半球的一個盆地平原）。莫爾和葛隆貝克算是選定了阿列斯峽谷，姑且不論大家已經對它頗熟悉，這裡實在是最值得作科學實驗的地方。爲了說服登陸地點委員會，證明阿列斯峽谷藏有豐富的岩類，葛隆貝克帶我們進行了一場實觀查，來到華盛頓州東邊的峽谷惡地（Channeled Scablands），這是地球上最接近阿列斯峽谷地景的地方。

峽谷惡地是塊荒涼但有趣的地方。距今一萬七千到一萬兩千年前，冰河期的密蘇拉湖（Lake Missoula）上一道冰壩決堤，洪水流經今日華盛頓與奧瑞岡兩州邊界的哥倫比亞河河谷，進入太平洋。這道洪水的力量——足以在幾天內把美國五大湖其中之一的水抽乾——把岩石從山上沖下，一路沖到山下的平原。

我們走在惡地河道口，一塊扁平佈滿石塊的地區。爲什麼火星上的類似地點，會是地質研究或漫遊車的好去處？原因十分簡單。北邊是當年密蘇拉湖放乾的冰壩遺跡，河水噴發面延伸至南邊，在沖進哥倫比亞河谷峽道之前，扇型展開。洪水口的扇形面上，佈滿了石頭，有的大石塊直徑甚至長達數公尺。這些岩石不論數量、種類或大小，都數不勝數。「岩石巨獸」和一棟平房一樣大。我想像「探路號」從它上面掉落的情景：一開始像朵輕飄飄的雲，愈來愈近，愈來愈大，然後直直衝向地面，以每小時六十五公里的時速撞上，這片充滿岩石的平原，再高高彈起。

利威里尼和埃森也在現場，分別查看這片滿佈岩石的平原對安全氣囊和漫遊車的影響。埃森帶了一部漫遊車的雛型機，試驗它在實地上的機動力。攝影小組跟在後面。當地報社的人也來了，見到利威里尼和埃森用不齊全的工具花了半小時，才把漫遊車的一個輪子修好，讓它開始爬行，不禁莞爾。不過，漫遊車開始行動後，便展示出駕馭各種岩石和溝渠的能力。

發射前一個月，太空總署同意把阿列斯峽谷定爲登陸地。他們接受莫爾和葛隆貝克的說法：阿列斯峽谷這裡，最能讓漫遊車取得所需的岩石，也最能做出有意義的科學實驗。

◇

一九九六年裡，除了「探路號」和「旅居號」準備升空外，火星環球探測器也在準備發射。火星環球探測器比「探路號」早一個月排定升空，但要晚兩個月才到得了火星，因爲它的航道不同。基本上，發射時，火箭把太空船射到一個比地球繞行太陽更深入太空的航道上。在某些特定的時刻裡，火星會正好落在太空船航道和火星的公轉航道交會點。「探路號」抄的是最快的近路。它是輕型太空船，需要靠火星大氣來讓它在登陸前減速。火星環球探測器較重，因爲它得攜帶燃料，用來燃燒減速進入火星軌道，而它得用慢一點的速度到達火星，這樣減速時可少用些燃料，因此，它要走在火星公轉軌道外圍，在繞行回程時才和火星相遇。

火星環球探測器是由位在丹佛的一家包商所製。「探路號」則在JPL組裝。火星環球探測器的製造時間比「探路號」短得多，只有二十五個月。火星環球探測器的包商用了「火星觀測號」所剩的備用零件，因此可以在這麼短的時間內完工。康寧漢負責帶領火星環球探測器專案。火星環球探測器的總預算是一億五千四百萬美金。在他細心的管理下，火星環球探測器竟剩下七百萬美金的預算未支用。至於「探路號」，預算是一億七千一百萬美金，幾乎每一分錢都花掉了，不過沒有超支。

實際上，火星環球探測器和「探路號」差不多同時被運往佛羅里達州的卡納維爾角作升空準備。火星環球探測器用比較新的運送技術——以巨型軍用運輸機搭載；「探路號」用傳統方式——卡車車隊運送。

「探路號」發射的前三個月，埃森和漫遊車小組的其他成員，把漫遊車裝進一部特製的航空貨櫃，運到了卡納維爾角。過去幾個月來，小組成員在無塵室裡一次又一次的測試系統的每一個部分，好把漫遊車的污染降到最低。漫遊車從頭到輪子，都用特製的防靜電膠帶包裹保護起來。

到達佛羅里達州後，放射性同位素加熱器（ＲＨＵ）——一份鉛筆橡皮擦頭那麼大的鈽元素，用以讓漫遊車在火星上保溫——就得放進漫遊車裡了。這一小塊鈽元素由美國能源部監管。能源部把鈽元素送抵卡納維爾角，進行最後組裝。

能源部送交ＲＨＵ當天，一部十八輪的大型黑色卡車，開抵太空船組裝廠外，車旁由一整隊沒有任何標幟的箱形車護駕。十幾個警衛從箱形車跳下，手裡握著機關槍。另一組警衛從卡車中拖出一只一百公升的滾筒，筒裡裝著一丁點兒的鈽元素。漫遊車小組裡有一位技師粗心大意，他想穿過人牆上廁所，結果被一位能源部警衛制服在地上。我們用的不是武器級的鈽元素，但美國政府仍以武器級的安全措施相待。見到這麼盛大的場面，漫遊車小組成員不禁覺得好笑。

漫遊車小組接獲消息說，他們打算送到火星上的ＡＰＸＳ所讀出的數據是錯的。小組驚慌失措——已經要闔上太空船的蓋子準備升空了，這下子卻必須等到獲得足資信任的ＡＰＸＳ顯示數字才行。工程師和科學家們爲了這個問題針鋒相對：工程師們堅持，科學家不能因爲一項儀器而延後發射;科學家們堅稱,除非APXS有用,否則他們不該發射太空船,因爲漫遊車就是爲了要帶APXS上去的呀。漫遊車小組決定使用測試時所用的那部APXS,他們知道這部APXS是正常的。

APXS危機解決後,「探路號」小組便準備要將漫遊車封閉在登陸船內部了。萊曼和另一位資深工程師,負責最後檢查的工作,對太空船做了一次全身檢查。每件事看來都沒問題——但是當登陸船的三片瓣翼要收疊起來將太空船密合時,發現瓣翼不能收齊。即使那縫隙只有零點零二五公分,大家仍擔心,這一點縫隙會讓登陸船無法在火星開啓瓣翼。在飛行途中,這三片瓣翼由一只密合的閂子鎖在一起;打開瓣翼時,火藥會把閂口炸開,使閂口從咬合狀態變成鬆脫狀態。但如果瓣翼不能緊密接合,閂口便可能在炸開時裂掉,使瓣翼卡住。

工程師爲了想辦法確保閂口不至裂掉,焦急工作了三天。他們在組裝場裡沒有電腦可用,所以他們找了間會議室,以人工方式計算出瓣翼的接合面、開啓時的動量,以及閂口鬆脫所需的速度。爲了測出瓣翼的強度,以及它在較輕的重力場下可能的彈開模式,他們用手測試。一位工程師用一個二十五公斤的魚秤,把一片瓣翼拉開,如此他們才能測出瓣翼的強度,並算出它的涵蓋面。天哪,這可是所謂的「高科技」太空工程哪!

最後他們決議,瓣翼需要換上接合面較大的新閂口導片。小組成員把它設計出來,並在JPL裡將它製造出來。問題發生三天後,一位工程師手捧著他剛剛製造出來的新零件,飛抵卡納維爾角。裝上新零件後,瓣翼有了較大的閂口接合面,平順地關上了。這是在發射前許可組裝的最後一天完成的。

登陸船最後的閉合是在暗室中進行的。根據漫遊車的設計，當太陽能電池板收到光線，它就會啓動。小組成員不想在照明良好的地方組裝，以免啓動了漫遊車。組裝室裡只剩角落一只光源，埃森小心翼翼將漫遊車包裝拆下。在痛苦的組裝過程中，這些包裝使漫遊車保持乾淨。他們把保護太陽能電持板的膠膜撕下。埃森握著手電筒，對著漫遊車側面檢查每一塊太陽電池組，以確定在運送和組裝過程中沒有破損。然後他們把瓣翼關上。它們知道，下一次見到漫遊車，是在一張火星表面的照片上。

一九九六年八月五日星期一，《太空消息報》(*Space News*) 的頭條上寫道：「殞石大發現：火星上可能有生命存在！」文章開頭寫著：「在地球上發現了一塊殞石，經過分析，火星上曾存有生命的可能性大爲提高。」兩天後，這篇文章引起全世界的注意。在過去，異形生命形態的存在，一直停留在臆測層次而無法證實，如今激發了不少人的想像力，認爲異形很可能是存在的。

結果，不到兩星期，在太空總署總部指示下，我們重寫了整套火星探索計劃。我們把更多焦點放在尋找生命上，而少做些氣候或資源研究。基本的策略是：我們發射太空船，尋找過去或現存的生物棲居地，再把漫遊車送到最適宜的地點，收集並儲存樣本。隨後來一趟樣本回收任務，將採樣帶回地球。這等於是火星採樣送回計劃的翻版，但預算大打折扣。即使這樣，所有的計劃加上樣本回收任務，仍比當前的計劃貴許多。

我們沒有呆坐著等更多經費下來。我們有眼前的發射要照顧。

◇

十一月七日，準備進行MGS的第二次發射。第一次發射，因爲天候因素而取消。MGS太空船塞在包裹材料裡，放置在戴爾他火箭發射架上方。凌晨四時，支架移除，太空船和火箭接合。火箭旁豎著燃料桶，液態氧燃料在發射前一刻才由此輸進火箭中。此時，火箭在人工照明和清晨的陽光下閃閃發光。MGS專案成員在早上七時左右來到發射平台前，大家瞻仰著火箭，並拍下團體照。

中午時分，我在距發射場兩公里外一處擁擠的觀禮區，觀賞了發射過程。宏亮的播音器開始倒數計時，群衆跟著倒數。正午十二時整，一道耀眼的火光閃起，帶起一陣轟隆聲響。播音器宣佈：「點火完成！」火箭在一疊煙霧和火燄間升起，穿過無雲的晴空。我們看到輔助火箭升空衝力的六支火箭引擎在預定時間完成任務自動剝落，拖著一縷輕煙墜下。我們不斷歡呼，直到火箭單飛高昇，消失於湛藍的蒼穹。我們隨後趕搭巴士，開回發射控制中心。

每一個升空階段都由地球各地不同的追蹤站追蹤；每一個過程都照預定時間進行；每一次成功，我們都歡呼。輔助升空的六支固態火箭燃料用盡便被拋棄。第一階段和第二階段點火爬高飛行完成，然後熄火滑行。火箭滑進一條所謂的「停車軌道」（“parking orbit”），暫時在此無動力繞行一小時，直到第三階段點火爬高開始，將太空船送到火星軌道。此後太空船便與發射火箭脫離，開始自己的旅行。曾經有幾分鐘收不到信號的緊張時刻。直到「外太空聯絡網」的追蹤天線，開始收到太空船自身發出的信號……它們上路了！

控制室裡一陣握手和擁抱的狂歡。康寧漢開懷大笑。位在丹佛市的洛克希德・馬丁公司太空船小組，開始以無線電測量太空船的距離。早期的測量結果令人不放心。MGS其中一片太陽能電池板未能完全張開。工程師們認爲這應該不是什麼大問題，而且他們在第一次軌道調整推進前，還有足夠的時間來修正。第一次軌道調整排定在發射後十三天進行。後來才知道，他們錯了。

俄國人也在這個適合升空火星的日期發射了一架太空船上火星。根據新聞報導，他們在十一月九日的升空，起初極爲壯麗。但第二天早上我們接到消息，發射火箭的第四爬高階段只啓動衝昇了一小段時間就沒有音訊了；第四階段時太空船脫離了發射火箭，可能墜入了太平洋裡。

俄國的「火星九六」計劃載有大型的太空船，上面有來自各國一共二十種不同的儀器，還有四艘登陸火星小艇。這趟任務原先計劃在一九九二年發射，但先是被迫延期至一九九四年，後來又因俄國太空計劃缺錢而延至一九九六年。如果發射成功，這趟任務便能和MGS及「探路號」互通有無，但現在全毀了。

「探路號」是在夜間升空的，離MGS升空後將近一個月。第一天晚上因爲天候而被迫延後。第二天晚上，距升空還有四分鐘時，電腦突然故障，倒數計時被迫取消。第三天晚上，我們因過去幾天缺乏睡眠，已經精疲力竭。十二月四日，是個無雲的夜晚，天空只有細細一彎新月。我走進控制中心等候升空時，注意到火星正好就在弦月的左邊。今晚的天氣不會成問題的，我一邊想，一邊凝視著這顆行星，我爲它付出了三十年的職業生命。

這天晚上，倒數計時順利完成，火箭照預定時間發射。發射平台清理完畢後，我再也無法待在座位上。我跑出控制中心，外頭有一群和我一樣在屋裡待不住的人。我和史皮爾肩並肩，看著火箭在我們的頭上呼嘯升空，然後消失於地平線盡頭。那是夜空裡的一顆大火球。我們用肉眼追蹤著，看著它飛上太空漸行漸遠，愈來愈小。它將飛過月球，奔向火星。

第九章　索哲娜的一百公尺

一九九七年七月四日，「探路號」在火星時間上午三點進入火星上空，以每小時八十公里的速度觸擊火星表面。第一次撞擊後的彈跳，把太空船彈上十五公尺高。太空船在兩分半鐘裡彈跳超過十五次，滾了大約八百公尺，最後，可以說是精準地停在我們預定的登陸地上。

美國西岸時間下午四點三十分，火星上已經天亮了，因爲此時由火星地平線上看，太陽和地球都已升起。我們收到了首張岩漠地景。這塊地方就是「探路號」降落後彈跳滾動，最後停了下來的地點。專案科學家葛隆貝克，對於「探路號」登陸點所能做的科學實驗，抱持高度期望。「探路號」西南邊有一塊地方（我們後來將之命名爲「岩石花園」），岩石匯聚成簇，覆蓋了該地區百分之三十以上的面積，並有著各種奇異的樣本。這一切正如他和莫爾事前所料。對熟悉「海盜號」登陸的平地地形的人來說，看到這地平線上的兩座錐狀山峰，大爲驚訝。攝影機在地平面上掃描拍攝，從第一批影像就開始顯示，地形比當年「海盜號」的登陸地來得變化多端。

某些岩石有著銳利的稜角和扁平的形狀，這與從隕石擊中的坑洞或火山口所濺出的岩石形態吻合。其他岩石則形狀渾圓，傾角一致，可能是被水流沖擊所帶下來的。科學家們爲了讓組員了解他們提到的是哪一塊石頭，遂立刻爲石頭命名。登陸船攝影小組組長先起頭，把離「旅居號」最近的一塊石頭用一首通俗的老船歌命名：〈糊塗水手比爾〉(Barnacle Bill the Sailer)。這塊石頭凹凸不平，彷彿被破壞性強大的寄生貝殼 (Barnacle) 覆蓋著似的。距它幾公尺外有塊大石頭，有一位科學家說它像隻熊的鼻子，於是稱它「尤紀」(Yogi)，這是漫畫裡的一隻白熊的名字。幾小時不到，登陸船的照片被印成一面牆那麼大，科家們忙著標定位置和爲石頭命名。大家爭先恐後，甚至得叫一名年輕科學家擔任維持秩序工作，由他點頭同意命名，然後才把選好的名字用自黏便條紙貼到照片上。「南瓜」(Squash)、「半圓頂」(Half Dome)、「楔子」(Wedge)、「搖籃」(Cradle)、「扁頭」(Flat Top)，這些名字都上了自黏便條紙。「史丹皮」(Stimpy) 和「藍」(Ren) 是漫畫人物的名字。另外還有一塊平坦的白色區域，也用了電視卡通人物「史克畢都」(Scooby Doo) 來命名，後來證實這塊區域其實是一灘乾泥，而不是岩石。

登陸船也得到新名字。史皮爾在一早的記者會上宣佈，太空總署決定將登陸船定名爲「沙崗紀念太空站」，「我想，卡爾．沙崗會在九泉含笑的。」沙崗爲推廣太空科學不遺餘力，不久前因爲一種罕見的血液疾病去世。「沙崗號」和「旅居號」開始在火星上通訊，這兩個名字並列，是個奇怪的組合。他們一開始的溝通並不順利。「旅居號」和「沙崗號」的數據機，在彼此傳輸上出了一點問題。

數據機的信號起先是間間斷斷，後來索性消失，使得漫遊車的電訊小組承受無比壓力。

他們得解決這個問題。在這前一天，琳剛從歐洲飛回來，加入任務管制小組。她在完工交出無線電系統後和一位荷蘭人結了婚，並遷居荷蘭。但她在任務的第一週回到我們這裡。她承受的壓力很大。過去一年的壓力已經夠多了——先是尋找最後幾台同型的數據機——過度測試這些機器還可能把它們弄壞而搞砸了整個任務。任務開始的頭幾個小時，他們完全不知道數據機的運作狀態，無法診斷問題所在。漫遊車上的資料，只記載著數據機的溫度、電壓和當時的電流。但因爲漫遊車和登陸船無法互相連繫，小組無法藉由分析信號來判斷火星的溫度是否對通信品質或頻率造成影響。小組成員仍具信心，他們提醒自己，登陸船和漫遊車上還有許多零件，可能造成這個問題。但琳仍然倍感焦急。

另一方面，史皮爾除了一開始在控制室作勢歡呼外，就沒出現了。他不願出席記者會，說對此不感興趣。登陸之前的幾個月，他做了惡夢，夢到「探路號」在降落時粉碎得一片一片。他的夢裡也混雜著成功的畫面。「探路號」登陸成功，他卻不願與人分享他的驕傲和放鬆。「我只想獨享這一刻。」他後來這麼說。衆人的歡呼喧嘩告一段落後，他回到辦公室，寫了封電子郵件，給那些之前告訴他「探路號」不會成功，要他及時脫身的人。「你們現在認爲呢？」他嘲諷地問。這是史皮爾式的甜美勝利。

史皮爾也希望他的組員能獲得應有的讚揚：慕利海德現任該專案副主管；葛隆貝克和馬提耶維奇是漫遊車的英雄；莫爾和其他科學家與工程師們成爲記者會上的明星。史皮爾首次的重要記者會，是好幾個星期以後的事了，他要等一切都安頓妥當後，才獨唱天鵝之歌。他已經參與其他專案，而讓慕利海德接手「探路號」。有位記者問起，爲什麼不多出席一些記者會，史皮爾解釋：「既然任務成功，我要讓小組成員獲得喝采。」他環顧著演講廳說。「萬一任務失敗，台上站的就只會有我一個老頭而已。」

「還有一位老女人。」我從聽衆席上叫著說。我總是對他說，萬一登陸船或漫遊車失敗了，我都會站在他這邊。

慕利海德這時跳到台上，帶來一塊大標語牌，上面寫著「我們愛你」。馮卡爾曼演講廳裡，擠滿了「探路號」專案的組員，他們鼓掌叫好，葛隆貝克和威考克這時把牌子交給史皮爾。我也一起拍手。

七月五日，第二天早上，太陽在火星的天空露出如鮭魚肉般的粉紅色——漫遊車恢復了通訊。顯然，漫遊車的通訊問題，是因爲漫遊車和登陸船的數據機溫度不同所造成。如果溫度不同，頻率就會不同，他們就無法互相聯繫。當漫遊車在第二個火星日照預定計劃「醒」過來時，溫度已趨穩定，兩台數據機的頻率接近得足以恢復連線了。此外，登陸船上的電腦也在夜晚重新啓動。所有配備開始運轉。登陸船上的攝影機升至全高，大約是離登陸船一點五公尺的高度，以差不多一個人的高度來取景。原本攝影機的基座緊貼登陸船，岩石看起來會比較大，現在看起來就小多了。

漫遊車小組下指令叫「旅居號」直立至三十公分的全高，並從登陸船上開下來，緩緩由斜坡滑道後退。「旅居號」花了四分鐘才緩緩從坡道上降下，穩健地以每秒二點五四公分的速度行進，最後終於把它的六個輪子停放在火星又薄又乾的表土上。我們把這趟旅程一組八張的黑白影像作成錄影片——這一組短短旅程的影像，我們等了五年。

漫遊車小組激昂興奮。「我們好像又重回派對現場了。」一位漫遊車控制員說。「人生終於圓滿了。」登陸船主任工程師激動地說。

史皮爾宣布：「我能幹的組員們，可謂創造了奇蹟。」

在晚間記者會上，漫遊車小組領隊馬提耶維奇興高采烈地說：「大家今天都在畫面上看到，漫遊車完美登上火星，從探路號完美伸展出來的斜坡滑道上開下來，在行星上留下第一道輪胎印，開啓了火星探索的新紀元。」

先往哪裡走？目標十分明顯。「旅居號」只要轉個身，往後退十幾公分，APXS光譜儀就會吻上「糊塗水手比爾」。這塊石頭顏色甚深，又有不少像附在船身的貝殼那樣的孔穴，證明這是一塊火星的原生岩，而不是隕石，而且上面沒有什麼紅色的火星塵。沒有比它更合適的分析對象了，它彷彿是刻意擺在登陸船伸展出來的斜坡滑道盡頭似的。第一批光譜讀數指出，糊塗水手比爾和南美安地斯山脈的火山岩組成相似，裡面的矽含量比科學家預期的高。

◇

任務進行不到一週，我們在火星上就發生了首樁車禍。撰寫大多數漫遊車導航軟體的莫里森，正把「旅居號」開向「尤紀」。漫遊車走走停停，故意在土壤上拖出輪痕，以進行科技實驗——太空總署科技部願意付錢開發漫遊車號，就是爲了這些實驗。莫里森叫「旅居號」作一個大左彎，以避開前方一塊巨石的突出部分。漫遊車開到安全地帶後，他又叫它轉身，退回到岩石所在位置。「旅居號」把目標距離高估了十公分。「尤紀」的高度是漫遊車的兩倍。結果漫遊車沒有退回到「尤紀」身邊；反而把整部車開到岩石上。使得漫遊車的一個輪子被岩石側面卡住，漫遊上面的避障軟體於是下令停車。就在漫遊車準備下令叫「旅居號」調整方位時，登陸船的通信又出問題，以致於指令無法送達漫遊車。

在此同時，登陸船攝影小組正全力攝製環繞登陸船的全景。他們已經拍下「展覽場分鏡」(Gallery Pan)，一張三百六十度角環繞登陸船的地景；這時正在拍攝「總統分鏡」(Presidential Pan)，要用更多不同的顏色。拍攝軟體有一點小毛病，無法完成這張分鏡。他們原先打算把這張地景，在即將來到的白宮慶祝會上呈送給柯林頓總統。

我很高興他們延緩拍攝，因爲我可不想要在給總統的照片中，看到「旅居號」的後輪翹起被岩石卡著了。小組裡的男生說，這可證明了「旅居號」是男性①。組員們開玩笑，說要吊銷莫里森在火星上的駕照。不過他們仍讓他駕駛，只是警告，一旦「探路號」小組把通訊問題排除，他就得讓「旅居號」離開岩石。後來「旅居號」翩然開到「尤紀」的一旁，APXS開展無誤，攝影小組終於可以完成他們的全景照片了。

我們在地球上也忙著通信。我們JPL的推廣教育室的主管，早料到人們對「探路號」有興趣，我們的網頁會擠滿讀者。因此我們早已準備好了，把網頁鏡射拷貝(mirror)至世界各地。但這樣還是不夠。單單七月八日一天，網頁就有四千七百萬讀者，這可創下了網際網路的紀錄。一星期下來，網頁讀者應已超過一億五千萬；一個月內，更超過了五億大關。

眾人對漫遊車的熱衷，不只表現在網路塞車和媒體報導上，更開始收集剛出爐的漫遊車玩具。製造芭比娃娃的馬黛爾公司（Mattel）推出一套玩具組，裡面有「探路號」太空船、登陸船，還有一部具體而微的小型玩具漫遊車。這套玩具還沒上貨架就銷售一空。我甚至收到老祖母寫來的電子郵件，希望我們向馬黛爾關說，好讓她們的孫兒買到漫遊車玩具。我自己的孫輩買不到也向我抱怨，我應付他們都來不及了，根本自身難保。

◇

正當「旅居號」和地球上的組員們歡欣雀躍地探索火星時，另一個火星任務卻出了問題。火星環球探測器一開始的升空看來完美無瑕，不久後卻發現，它兩片太陽能板的其中一片，只張開了一小部分。

升空時，兩面太陽能板緊緊收合在太空船體裡，像一隻收起雙翼的鳥兒。太空船脫離發射火箭後，太空船用一套複雜的雙疊展開程序把太陽能板張開。在太陽能板伸展開的時候，其中一塊板上的伸縮門顯然斷掉了。這個閂子是設計來確保展開時不會晃動用的。其中一塊碎片卡在折疊的接點處，使板子無法完全張開。這就好像門閂斷裂卡在門縫中一樣，不巧的是，這塊碎片不是卡在筆直的縫中。由於它卡著，使得太陽能板的肩部彎了二十點五度。原本康寧漢一組人在航行的過程中可以鬆口氣的，現在他們只好拚命工作，計算出如何駕駛這台受傷的太空船，小心不要折斷太陽能板而把整台太空船搞砸了。

「探路號」小組正開心探測火星岩石和土壤的當頭，火星環球探測器小組則爲了解決太陽能板的問題而費神討論。我多次參加他們的會議，不只是爲了協助康寧漢作決策，更爲了解狀況，並表達我對他的支持。我必須面對無數的記者會，手上得握有最新的動態才行。萬一太空船失敗，我也準備好和他一起站在台上接受指責。

火星環球探測器小組由分佈在三個地點的機關組成：太空船小組是我們的合夥包商洛克希德・馬丁，位在丹佛市；任務規劃小組、導航小組及經理團在ＪＰＬ園區，位於加州的帕沙迪那；科學家則來自他們原先的機構，散佈在加州、亞歷桑那州、馬里蘭州等地。因此大家得用電子方式連繫。開會時，我人坐在ＪＰＬ的火星環球探測器會議室，會議室裡擺著電腦投影槍、投影螢幕、遠距電傳會議裝置和傳眞設備，另外還有一架大螢幕電視，螢幕上不斷以動畫方式標示目前太空船的組態。

太空船小組的注意力完全放在兩件事：修好太陽能板，以及如何讓它在斷裂狀況下繼續飛行。他們曾多次下指令，要太空船輕輕晃動機身，好把卡住的碎片甩掉，並看看問題的嚴重性。結果沒有成功。整件事像是盲人過河。他們只從一般的太空船感應器上收到資料。沒有漫遊車可以檢查損毀的太陽能板，火星環球探測器的攝影機又只能對著太空向外拍攝。慢慢的，他們拼湊出一套計劃。

當初爲了省錢，我們用了小型發射火箭把火星環球探測器一次射向太空軌道外圈，因爲火星環球探測器無法攜帶足夠的燃料、啓動引擎由外圈逐漸飛到預定的火星兩極軌道上。它用的是省燃料，不發動引擎的辦法，不斷利用空氣阻力自然減速煞車（Aerobraking），從外圍一圈四十五小時的橢圓形軌道，降到兩小時便繞過火星兩極一圈的圓形軌道。進入預定的兩極軌道後，測量儀器便會對準地表上一條固定路線。太空船繞著這條線走，恆於每天下午兩點鐘準時通過火星赤道，這時的光源充份，適合儀器使用。利用空氣阻力自然減速煞車的方法爲：配合擦過火星大氣，當太空船以高速繞行時，利用大氣中原有的微量氣體分子與太陽能板磨擦造成的阻力，讓太空船一點一點減緩速度。當速度慢下來，太空船也逐漸由外圈軌道往下降，軌道也隨之縮小。在往後數月中，軌道會一點一點縮小，最後縮至圓型軌道繞行火星兩極。火星環球探測器上的儀器便是爲在此軌道上實驗而設計的。

但這套策略很可能行不通了。

火星環球探測器小組工作原本合作進行得很順。他們之中許多位是前項專案「火星觀測號」多年工作的老搭檔。康寧漢是自制力極高的人，即使面臨危機也仍表持平靜。他的小組也反應出這種有紀律和冷靜低調的特質。我出席火星環球探測器會議的時候注意到，他們的語調，和我漫遊車小組裡吵雜的情緒化討論方式大不相同，「探路號」小組會議的激動程度就更別提了。從康寧漢平靜的表情，加上我對他多年的認識，我判斷，他會做出縝密保守的決策。我原本猜測，他會寧可先救太空船，也不要因爲科學實驗而危及船隻。結果他的組員想出折衷的方法，既能保全太空船，又可使科學研究不致中斷。

洛克希德・馬丁公司在設計過程中，曾利用電腦模擬各種可能發生的情況，並在上面做過多次測試。他們的結論是，太陽能板儘管彎曲，但只要它的電池面是對著迎風面，應該仍能承受空氣煞車的壓力。氣體壓力應該能讓它撐住接點中卡著的碎片。而且，氣體壓力有可能把能源板推回正確位置。如果能源板正確展開，任務就可以照計劃進行。

對於火星環球探測器小組來說，最緊張的時刻不是在進入軌道階段，而是在軌道進入前數天的油槽加壓程序。四年前「火星觀測號」就是毀在這程序上。這一次加壓程序順利完成，火星環球探測器小組大家鬆了口氣。

九月十一日晚間六點三十分，我重回CNN現場，穿著我的紅色幸運套裝，解說太空船進入軌道的程序。這項程序是由火星環球探測器導航小組領隊訂定的。引擎在太空船飛到火星背後，從我們視線消失後開始點燃。這中間的二十分鐘令人焦急難耐。然後，演講廳的電視上重新出現畫面，表示我們收到無線電訊號了。這時收到訊號，表示引擎點火已經順利完成。在十四年的努力之後，太空船終於進入火星軌道了！

火星環球探測器任務控制中心這時候的氣氛，比「探路號」登陸時沉著得多；不過火星環球探測器小組的人員顯然還是像我們那時一樣高興。他們早已計劃了慶祝方式——每個人都戴著先前準備好的紅色棒球帽。我女兒跑到演講廳的一角，拿出我的提袋，把我們的棒球帽也拿了出來，一邊戴上帽子，一邊在攝影機前雀躍。在螢幕裡，火星環球探測器組此時正把象徵慶功的花生傳到每個人手上。

接下來的緊張時刻，是首次執行「空氣煞車」。組員讓太空船在減速前，先繞行每圈歷時四十五小時的火星軌道一圈。然後他們屏住氣息，下指令叫引擎略略點火，將火星環球探測器速度放慢，讓它輕輕的與火星大氣接觸。每一次空氣煞車只持續幾分鐘。爲了穩定飛行姿勢，太空船的兩片太陽能板會向後擺，太空船像一顆羽毛球似的飛行。在每趟減速之後，工程師們貪婪地讀著太空船傳回的資料。太空船受到空氣壓力上下搖動時，卡住的太陽能板稍稍晃了一下，沒發生什麼壞事。任務應該會順利進行下去的。

後面兩次空氣減速剎車也順利進行，組員們恢復了信心。到了第四次空氣剎車時，太陽能板終於不行了。一開始，太陽能板看來像是要擺回正常位置展開來，但組員們很快就發現，太陽能板已經伸展超過閂鎖的位置了。這有點像過度伸展了手臂。這裡的火星大氣出乎意料的濃密起來，儘管太空船所在高度仍相當高，空氣密度急劇加大。這對太陽能板造成超出預期的高壓力。當一個兩億美金的計劃出狀況時，謹慎行事才是上策。康寧漢立刻決定，讓太空船快速昇高，暫時脫離這片情況超出預料的大氣層，直到組員完全掌握狀況爲止。

◇

經過七天的分析，洛克希德·馬丁的工程師判斷，太陽能板仍是卡住的，它那俗稱「扁擔」（yoke）的支架，則可能在發射後板面破裂時便已經裂開了。太空船小組的人擔心，萬一繼續進行空氣煞車，支架很可能整個斷掉，使太陽能板從太空船身脫落。若是這樣，整趟任務就完了。

康寧漢的決定實在太難作了。他是否得停止空氣煞車，使太空船永遠待在高空的橢圓外圈軌道上？科學家們極力敦促要繼續煞車程序。他們的儀器是設計了在距地表三百七十公里的圓型軌道上運作的。火星環球探測器的科學家們指出，如果不能作實驗，損失將十分慘重。洛克希德・馬丁則大力反對繼續煞車。他們不想丟掉太空船或整趟任務。

康寧漢耐心等候。洛克希德・馬丁做了進一步的分析。有沒有可能用更慢的速度來煞車？能不能多繞行星幾圈，而每一圈給太陽能板少一點壓力？這樣做的話，太空船存活下來的機會是否會多一點？

任務規劃員焦急地計算，看看較慢的煞車策略是否能讓這趟任務完成科學研究目標。他們再一次創造出奇蹟，想出一個解決辦法，雖然會讓任務時間較長，結果卻可能比原先的規劃還好。火星環球探測器可以緩緩切進圓形軌道裡——但需要花一年時間，而非原先計劃的四個月——這使太陽能電池板承受的壓力少些。在這一年將結束時，衛星不再是從北到南繞行至下午兩點通過火星白天的區域。現在，火星環球探測器的軌道起點，移到原先預定軌道早上兩點的位置，而是由南向北繞行至下午兩點時通過日照區域。根據洛克希德・馬丁公司的說法，雖然太空船原先不是設計成這種方向繞行，但這還是可行的。也就是說，要讓太空船倒著飛。唯一的風險是，爲了要降到這條軌道上，火星環球探測器得在很長一段時間裡用極近的距離擦過火星。萬一大氣層再度發生變化，使得氣壓比火星環球探測器飛行高度下原先預測的壓力高，已經損毀的太陽電池板可能承受不了這種壓力。

在此之前，沒有人如此精確分析火星的大氣動態。我們只知道它的流動性極高。不管太空船繞行哪一條軌道，都可能穿越大氣層較厚的部分。科學家們必須要預測塵暴和溫度的變化，以增加太空船的生還率。這是無人嘗試過的計算。最初，小組成員有四十五小時的時間可供計算。隨著軌道漸漸縮小，計算的時間也愈來愈急促。火星自轉到日照面的時候，火星環球探測器便可以進入早上兩點的軌道位置，組員可以暫時喘口氣，但下一圈繞行的預測仍須在大約十小時內完成。不管白天或晚上，我只要經過火星環球探測器管制中心，就會看到大氣指導組的領隊，祖瑞克（Rich Zurek），計算著太空船下一步會面臨的變數。康寧漢和其他火星環球探測器控制小組好像也全天候待命。我開始擔心，他們會把體力耗盡。

「探路號」小組也相當累了。地球和火星每一天有三十七分鐘的時差，組員得跟著火星日的步調來排班。對地球人來說，這意味著每天都要愈來愈晚上班，而且他們經常得連夜工作，當電腦出問題、通訊中斷的時候更是辛苦。

在此同時，「旅居號」開心地探訪一個一個的岩石。它已經探過「鯊魚」、「半圓頂」，還踏過了「人魚丘」（Mermaid Dune）——一座長形的灰色山丘，有些科學家認爲這是沙堆，但也有人認爲這只是被風堆積的塵土堆而已。

幾週過去，小組成員漸漸了解漫遊車的怪脾氣。漫遊車羅盤裡的陀螺儀開始偏移，所以操作員寧可說「把輪子轉二十圈」，而不給它一個羅盤的方位來指引方向。它的小相機不若登陸船上那架相機有那麼多的彩色色調，它可能一頭栽到岩石上，所以得透過登陸船看緊它。「旅居號」拍了一張「白馬王子」(Prince Charming)的近照。莫爾是「白馬王子」的命名人。他說這塊石頭和其他幾塊石頭，和地球上某種團塊狀的礫岩像得不得了。這種礫岩是這樣形成的：河流的水把小圓石和碎石聚集起來，然後將沙和黏土塡入縫隙中，時間一久，再經過擠壓，就成了一塊大石頭。在地球上，河流得沉積上千年的黏土，才會構成這種礫岩。所以這意味著，在很久很久以前的火星上，水也存在過相當長的一段時間。

「旅居號」的APXS發現，火星上各處的土壤組成都是一樣的——在火星上，風把塵土層吹遍各處。任務的頭一週，「旅居號」已經履行合約上的義務了：一次岩石測量、一次土壤測量（化學和土壤物理性質），並且拍攝了一些登陸船照片。它像個仰望親人的小孩，把覆著安全氣囊布的登陸船給拍了下來。從漫遊車看出去，登陸船的身形眞是巨大——像是把你的下巴貼在地面上看東西一樣。

儘管與登陸船的通訊經常出錯，漫遊車駕駛也偶爾計算錯誤，使得漫遊車曾把輪子掛在像楔子的那塊岩石上，但「旅居號」仍然漫遊了八十公尺左右的距離。火星日第五十八天，漫遊車的電池終於耗盡。

漫遊車小組感到訝異。爲了節省重量，我們使用無法充電的電池。一旦電池耗盡，漫遊車就得仰賴太陽能了。事實上，電池壽命比貝恩斯所預期的還要長，而且看來可以繼續由太陽能的供電而活動。一天早上，組員準備叫醒漫遊車，讓它在太陽完全升起前啓動。在電池用完、太陽能又未達充分的情況下，電腦突然「喘息聲大作」、「發昏」，漫遊車於是就「休克」了。

組員們急著想辦法讓漫遊車醒過來。經過焦躁的一天後，他們終於找到解藥：只有在太陽完全升起，且漫遊車體溫夠高且完全啓動後，才能送出指令。漫遊車上有精巧的供電設計，可以讓它保持運轉，且定期啓動，看看有沒有人送信號給它。小組組員終於在某個漫遊車清醒的時刻，把命令送到車上。火星日第六十天，漫遊車重回線上，但只在白天工作。它又滾動了一小段距離，察看了一條小溝渠的邊緣，看到了登陸船所看不到的沙丘和波浪狀地形。

登陸船繼續傳回照片：粉紅色的天空、藍色的雲、乳色的晨空，以及火燄般的日落。登陸船上的攝影機一共可以接收十二種顏色，每一張全景照片都用各種顏色拍一張。然後登陸船小組便開始進行「超解析度」掃描分析。在超解析度掃描下，每一張景物照片都極爲清晰，但資料量也相當龐大，需要花很長時間，才能透過與地球的無線電連線傳回。傳送速度大概是每秒八千位元（8000 BPS）——差不多與一具早期的電腦數據機一樣慢②。

◇

然後，一九九七年九月二十七日，這是火星日第八十三天，登陸船上的充電電池失靈了。我們知道這終究會發生的。不過它們仍比當初宣傳的運轉一個月時間長了三倍。漫遊車可以用它機腹裡的RHU保持體溫，但登陸船要用到夜間保溫器，而保溫器又得用電池，電池則由太陽能電池板充電。登陸船的運氣沒漫遊車好。電力耗盡後，登陸船曾試著在沒有電源的情況下重新啓動，結果沉睡不醒。登陸船一睡下去，無線電的溫度便愈來愈低，頻率也跟著改變，這意味著它無法收到地球送出的指令。

這時候，「外太空電腦聯絡網」的巨型天線都鎖定在木星上，等著接收伽利略軌道衛星所傳回的照片。當「探路號」宣佈太空船進入緊急狀態，獲得天線使用權的時候，「探路號」已經墜到火星地平線下了。

「探路號」小組每天都試圖恢復通訊。十月二日和七日，登陸船兩度傳來信號，但沒有任何資料。我每天深夜都會走一趟，看看事情進展，順便爲飛行控制員帶來點心零食。他們窩在控制室裡，拚命找出問題癥結。

經過十天，毫無收獲。我走進飛行控制員珍妮佛・哈利斯（Jennifer Harris）的辦公室，她二十七歲，麻省理工學院畢業，任務主管出外度假（他已經長期欠假），由她接管計劃指揮。她和葛羅爾一起工作。葛羅爾是「探路號」設計階段的那個小精靈，專門負責搞些「魔鬼地形」來模擬「破壞任務」（參序曲），現在是飛行工程師。他們陷入極度的沮喪，在成堆的數據報表中翻來翻去。

「大家振作點。」我說。「即使你們救不回太空船，你們已經完成一次偉大的任務。」

珍妮佛嘆了口氣：「任務主管外出休假，我就把太空船弄丢了。」

「沒這回事。」我反駁她。「你們都是英雄。」我重重拍了葛羅爾的肩膀。「它原先只預期存活一個月的。它活了三個月。然後電池耗盡了。我們知道電池會耗盡。沒有人會怪你們的。」

但整個小組仍試著讓太空船甦醒過來，持續了一個月，有點像臨終病人的家屬堅持不肯拔掉呼吸器。最後，一九九七年十一月四日，他們宣佈放棄。在最後一場記者會上，葛隆貝克為科研成果作了一次壯麗的展示，慕利海德則為任務做了類似悼詞的演說。

許多人問：「那漫遊車呢？它是否仍健在？」。我們確信，漫遊車在與登陸船失去連繫後，仍活得好好兒的。但漫遊車「旅居號」需要登陸船「沙崗號」來中繼信號，登陸船斷了音訊，因此我們無法與漫遊車取得連繫。漫遊車剛剛完成了我們在第八十個火星日時所送的指令——它在第八十一和八十二火星日，為一塊叫「黑猩猩」(Chimp) 的岩石作了AMPS採樣。根據漫遊車上的自動程式，它在送完最後一串資料後，會花七天時間等待下一個指令。火星日第八十七天，那自動程式應該已經開始叫漫遊車繞行登陸船，不斷地查詢等候著信號。我們每一個人都很難過，想像著小漫遊車焦急地繞著登陸船，像個走丟的孩子，不斷喊著：「哈囉？哈囉？有人聽得到我嗎？」最後我們也知道，漫遊車終究會開到某塊岩石上，車上的避障保護系統會叫它停下，永遠等候著信號來到。

畫家洛林斯 (Pat Rawlins) 為漫游車畫下了一幅未來想像圖：一位穿著太空衣的太空人，蹲在「旅居號」前，輕輕拂去太陽能電池板上的灰塵。太空人名叫「楚斯」(Truth)，名字繡在她的胸前，在她深色的臉上，流露出對漫遊車的感情。她的名字是襲承她的先祖索哲娜・楚斯而取的。有時我會幻想，也許有一天，我的某個孫女，會將「旅居號」從火星的塵土裡挖出，將它帶回地球的家。

我們爲「探路號」守了一夜靈。那感覺眞的像是守靈。組員們站著圍成一圈，豪飲著啤酒，用感傷的語調談起我們已逝去的朋友，並回憶著我們過去的偉大經歷。我們在預算有限和時間緊迫的情況下，完成了「探路號」和漫遊車，爲此我們無比自豪。我們互述任務早期發生的故事，以及火星計劃中最棒的回憶，偶爾還爲逝去的朋友舉杯。

從七月四日登陸當天起，一直到九月底失去連繫，「探路號」一共傳回了二十六億位元組③的資料，其中登陸船共傳回一萬六千張照片，漫遊車傳回五百五十張，還有超過十五項岩石化學分析，以及風速等其他詳盡的氣象資料。「探路號」計劃的科學家們繼續解讀著由登陸船和漫遊車湧回地球的資料。「旅居號」漫遊車一共在火星表面上行走了一百公尺，比我們原先預期的十公尺超出許多。

雖然我們已經辦過守靈，十一月四日的記者會上也向登陸船和漫遊車致過哀，組員們仍在一九九八年的三月十日，嘗試進行最後一次通訊。此時的地球正高掛在「探路號」看得到的天上。「探路號」對大衆的影響顯而易見：任務管制中心被媒體記者包圍，他們用攝影機拍下每一個角落，抓著組員訪問。火星此時正是嚴冬，漫遊車小組成員齊聚一堂，試著與登陸船連繫，雖然大家都知道希望緲茫。在一場小型記者會上，慕利海德正式宣佈「探路號」死亡，珍妮佛淚眼汪汪，向世人感謝他們共同參與了「探路號」的旅程。

◇

如今，「探路號」小組成員，個個身懷「更好，更快，更省錢」的技巧，成爲搶手人材。他們現已散處於其他專案中。我得在他們消失之前把他們強留下來，要他們寫下所學到的經驗。十分感謝我們從太空總署監察部拿到的那一筆經費，得以完整記載漫遊車計劃的始末。我們不但用這筆錢來降低風險，還爲我們做過的分析和測試工作，以及它們所需的經費和結果，寫了完整的報告。我們證明了，即使是任務艱困，它的風險仍可以用有系統的方式控制住。而且我們也首次見證，這些方法如何應用在眞實的太空計劃上。過去大多數專案到了結束時，其進行過程往往只存在各人的腦袋裡——正因爲這樣，有沒有載送太空裝置的經驗，才成了升等的關鍵。

火星環球探測器的科學家，正利用延長的空氣煞車程序來進行科學實驗。他們本來只打算在火星環球探測器到達圓形測繪軌道後才開始。儘管光照量不符他們所需，但在空氣煞車前後，火星環球探測器比在圓形軌道上還要接近火星（只有一百二十公里的距離。這麼近的距離使它可以攝得十分精確的照片）。火星環球探測器在一九九九年到達圓形軌道後，能爲科學界帶來什麼豐富的訊息，我們從這次近距離攝影機傳回的第一張相片就可略知端倪。照片上的峽谷，很顯然在某一段時期曾有水的存在。許多峽谷底和坑洞上都有不少沙丘——也許這是未來登陸船要避免降落的地方！火星峽谷的邊緣似乎有好幾個層次，這和美國大峽谷類似。也許這幾層都是水留下的沉積物，而不是岩漿層。仔細查看照片，我們看到一處地質景觀，一條蜿蜒的河流，顯然曾經改過河道，留下一條弓形的河床痕跡。另一個更驚人的景觀是一個坑洞，它的底部很可能凍著一座冰湖。

火星環球探測器的地磁儀，測出散佈在地表上的幾個小型磁場。火星理論上該是沒有全球性的磁場，因爲它的融核已經接近凝固。這些「小磁鐵塊」也許是從地表噴出的岩漿所凍結成的。它們證明了，火星曾一度有過磁場。磁場對孕育生命來說是無比重要的。太陽和宇宙不斷射來有害的帶電粒子，有了磁場才能將它們屏擋在外。這些散亂的磁場區，根據地磁小組推測，是在火星曾經活躍時所留下的痕跡。這些凍結的岩漿還「記得」火星的磁場。

火星環球探測器的雷射測距儀，則發現火星的上部，即泰西斯隆地的北面，有著極平坦的地面。科學家們一時難以解釋爲何北方的土地如此平坦。地球上唯一如此平坦的地方是大洋的海底。測距儀在火星的其他地方則找到深峻的峽谷和高聳的山脊。有一處火山頂的坑口非常大，大得足以將整個大洛杉磯市給裝在裡面。

至於熱發散分光儀（TES, Thermal Emission Spectrometer）則追蹤了南極冠在南半球夏天時。因乾冰蒸發進大氣中而消失的現象。TES也開始探測到表面上的各種不同礦物。

我們需要這些資料，做爲未來任務規劃之用。我們已經準備就緒，將在一九九八年發射一艘太空船和登陸船，這一次登陸船要前往火星南極附近④。火星環球探測器的照片上，火星極區有呈層狀的地形——由一條條深淺相間的物質構成——比我們先前想像的要崎嶇得多。這次登陸地的挑選，勢必要比「探路號」更加來得謹慎。

二〇〇一年的任務也開始進行了。我們每二十六個月就得發射東西上太空，但二〇〇一年已經太擠了。我們證明了四年前許多人所不相信的事：小漫遊車可以做出大實驗。太空船可以建得又快又便宜，而且做一樣的事情。不過「探路號」、「旅居號」，還有火星環球探測器的成功，卻讓政府胃口大開，想要進行更複雜的火星計劃。不過，儘管大家要做更多科學實驗、更多技術研究，甚至還要樣本回收，經費却永遠跟不上這些需求。

位於休士頓的太空總署詹森太空中心負責規劃未來的火星載人任務，他們需要不少資料。火星上的輻射環境如何？人類在太空來回一趟飛了三年之後⑤，還能承受火星表面上的致命輻射⑥嗎？「海盜號」沒有找到生命跡象，土壤中甚至沒有任何有機分子。這是否意謂著火星環境對人類有毒？有些人樂觀地構想著，在火星上就地取材製造燃料，這樣太空人就可以輕裝飛行——他們不必從地球載燃料上去，可以爲火箭發射省下大筆經費。這個構想在實驗室中或許可行，但在火星的惡劣環境下，可能做到嗎？⑦

於是，二〇〇一年的任務，是要帶儀器去測量輻射、測量火星塵土的毒性，並實驗就地取材製造燃料。太空總署科研部，決定在登陸船上，載上一部比「旅居號」更大、更有威力的漫遊車，上面滿置科學儀器。「調查號九八」太空船載了兩組儀器，「調查號二〇〇一」要載三組儀器。「卡西尼」計劃的目的是探察土星。「調查號二〇〇一」只用了「卡西尼」十分之一的經費，但所載的儀器數量一樣多。

由於在火星殖石上發現有生命跡象的可能，因此，二〇〇一年任務之後，尋找生命的計劃也已經定出。這個計劃，需要在二〇〇三年發射另一台漫遊車來執行。而樣本送回計劃則預計在二〇〇五年發射。樣本回收的費用將十分驚人。這包括了先飛到火星，讓太空船順著太空軌道一圈一圈滑行⑧，登陸艇脫離太空船下降至火星地表，其內開出一架漫遊車，把二〇〇一或二〇〇三年時其他漫遊車所精心收集儲存的樣本接過來。這時，得要有一架全自動的發射船——載著樣本從火星地表升至太空軌道和一直在滑行等待的太空船會合。發射船把樣本交給太空船，太空船將會自動甩掉不用的部分，以減輕回程重量，節省燃料，展開爲期兩年折返地球的旅程。它在進入地球大氣層時，所承受的摩擦空氣產生的熱會比以往任何一架太空船要高。價值不菲的樣本收集箱，會被緊密封起來，以免污染地球環境——或被地球污染——這時它會脫離太空船，張開降落傘，降落在猶他州（Utah）的沙漠上。最後，還得把收集箱拾回，趕緊送至特殊的密封廠，在那裡科學家才能將它打開，並確保沒有危害地球的有機物質搭便車混到地球上來，這種事可能性不高，但許多人仍相當害怕。

不管我們怎麼想，樣本採集任務都得花數百億美元，而且需要許多新技術才行。

我花許多時間進行全盤規劃研究，看要如何在預算範圍內滿足每個人的需要。答案是，我們做不到。僅爲了滿足基本的需要，都得有更多錢才行。我們已經將計劃管理經費減至最低了。過去兩年來，我每週工作八十小時，以減少管理開銷來節省計劃經費。後來，連我也得承認，我需要助手，專案主管們都催著要加僱人力。計劃不斷成長，上面派了一個老闆來幫我，他的主要工作是向太空總署總部交涉。總部對火星計劃的慾求無止無盡，但我們的預算實在有限，所以他的工作是盡量制這些慾求。他另外還得主理JPL的全盤經營。

我們已經和洛克希德·馬丁航太公司建立了長久的關係。他們負責製造太空船和登陸艇，用近似生產線的程序爲我們省錢。這項協議非比尋常。我曾因此而接受《企業式政府》(*Businesslike Government*) 雜誌的訪問，談論這種合作關係的成本效益。這次訪談被副總統高爾，收進他的報告中。向總統報告「政府再造」計劃。

火星計劃的幾個專案發展出更有效的新行事方式。每個計劃的管理風格各有不同，但都相當成功。「探路號」、「旅居號」、火星環球探測器和「觀測號九八」有不同的風格，但做事方法相似：精簡的人事、最低限度的超支、充份授權，而且每個人都願意用新的方式工作。

我自己的管理風格可能不盡符合每個人的胃口。「觀測號二〇〇一」計劃的主管就曾經半推崇半挑釁地說：「妳對誰都一視同仁，不管是上司或下屬！」對於喜歡層級組織、命令和控制的人來說，我這種方式的確令人不快。我寧願勇往直前，如果犯了錯，我會說「是我的錯」。萊曼告訴我，我就是因爲這一點而成爲他最欣賞的主管。「妳不怕承認『搞砸了』。妳說完就繼續前進。」尤其在老化的機構裡，許多人寧可謹慎踏出脚步，要不然就是拼命提出要求，而不願意承擔失敗的責任。

我同時做了不少行政管理工作：雇聘新人、爲實驗室的薪資結構操心，以及挑選「本月傑出火星人」。「本月傑出火星人獎」是官僚體制下的意外產物。我剛晉升爲火星探索計劃的主管時，竟爲我帶來了始料未及的危機！首先，車停哪兒？高階主管的保留停車位，早已全被實驗室裡的高位階人士停滿了。如果我要停在那裡，有人的車位就得換掉。史皮爾是他們最想趕走的人，反正他已經變成我的下屬。我在想，如果史皮爾失去了象徵地位的停車位，他一定會崩潰的。再說我也不在乎車停哪兒。

最後我想出了個辦法。我決定繼續把車停在實驗室外的街上。但停車場管理處得答應給我一張實驗室停車證，我可以把停車證給任何我指定的人。他們欣然接受這個條件。於是我成立了「本月傑出火星人獎」。獎品就是可以在實驗室旁停車場停車一個月。

但演講活動花去我更多的時間。「探路號」和火星環球探測器爲我們帶回資料時，我的工作便是要將它們對外發表。我覺得我好像成了沙崗。每個人都要我說說話。上百人要我的簽名，不時有人要頒獎給我。突然我成爲最熱門的女性工程師，我也成了女性團體年度授獎名單的常客。國際女性科技協會（Women in Technology International）甚至在「探路號」還沒登陸時，就把我列入名人錄中。我成爲《小姐》（*MS.*）和《亮麗》（*Glamour*）兩本女性雜誌的年度風雲女性，也出現在《自我》（*Self*）月刊的特別報導中（有一張我跳起來的照片），《浮華世界》（*Vanity Fair*）月刊則報導了我和漫遊車小組。

我不否認，這些表揚滿足了我某種程度的虛榮，但它也顯示出一件讓我難過的事：美國文化中極度缺乏女性楷模。只要有女性在電視上以權威姿態露個臉，馬上成「英雄」。我在一場晚宴上，和另一位女性共同接受頒獎。一位西碧・布藍德（Sybil Brand），她是改善獄中女性安全的先鋒。她年事已大，緩緩走向講台，感謝大家授獎給她。她說：「這是我第三千個獎盃。」我的天哪！同樣的事會不會發生在我身上？像我這一類職位的女性，應該要有上百萬個才對。這種表揚的競爭程度可得再更激烈一些才行。

不過，環顧四週，我看到即將有更多女性在未來幾年將會獲得這類表揚。ＪＰＬ的技術部門裡，現在有百分之十五的人是女性。「火星觀測號」登陸船上，搭載了一具小型的穿刺器，它可以穿進表土以下兩公尺深的地方，測量地下水是否存在。開發這個工具的小組，便是由一位女性帶領。另外，「探路號」無線電小組的領隊，現在是一項彗星任務的太空船主管，也是一位女性。實際建造和測試「探路號」的小組領隊，現帶領了二十個人工作的，也是一位女性。其他女性散置在各種較低層的管理職位上的也比比皆是。各級女性主管的數量在增加。ＪＰＬ的最高階層的執行顧問團裡甚至有一位女性委員——雖然她是人力資源部的主管，而不是技術部門的經理，也算是高職位的女性主管。

「探路號」極受大眾歡迎。凡是參與計劃的大小包商（哪怕只是沾了一點邊而已），都用此來替他們的產品打廣告。好比說麥克森公司，他們就很驕傲地在廣告上說，是他們的引擎推動了「旅居號」。甚至連與任務毫無關係的公司，也把「探路號」插入它們的廣告裡；石油公司、電腦公司、汽車公司——甚至牙刷公司。這對公眾形象來說是好事，但他們完全略去眞正的「探路號」工作小組人員的貢獻，這不免惹人厭。「旅居號」的影像是有著作權的。這些影像已授權給幾家玩具廠製造漫遊車玩具。但其他玩具公司索性自行翻製：反正先進了市場賣掉一批玩具再說，趁官司纏上前，先賺一票。

「探路號」的畫面和「探路號」任務，成爲各大媒體一九九七年的十大頭條新聞之一。有些雜試甚至因而獲得「年度最佳攝影作品」獎——他們用的正是「探路號」上攝影機所拍的畫面！

還有其他回饋。華府舉辦了一場溫馨的記者會，頒獎給替漫遊車命名「旅居號」的女孩，已經十五歲的瓦雷莉．安伯斯。她大方走上講台，向記者朗誦她的散文。太空總署不少高級官員也到場，操縱著模型漫遊車給攝影記者拍照，回答問題，作開場白等等。負責介紹瓦雷莉並稱讚她命名創意的，不是別人，正是那個當初反對我們舉行命名比賽最力的仁兄！他曾經爲此給過我們最壞的考績評分。我覺得他總算得到報應了。

經過這些年，我首度開始思考自己的未來。我已經實現了我激情的理想。我登陸在火星上（雖然是「虛擬的」）。我爲人類開啓了火星探索的大門，將來人類很可能會實現《火星之砂》裡的遠景。下一步呢？

「你的工作是推銷火星。你能成功的機會挺大的，因爲我們現在已經有一點兒眉目了。如果有愈來愈多的人吵著要上火星，地球就不得不提供運輸；一旦有了運輸，我們很快便能應諾地球，我們上得了火星的。你覺得如何？」

克拉克，《火星之砂》

尾聲
下一站

我在太空總署的老友法蘭克・霍班（Frank Hoban），最近寫了一本書，談到太空總署在「阿波羅」任務之後，始終無法進行低成本的任務。他這本書叫《月球登陸後，下一站去哪？》（*Where Do You Go After You've Been to the Moon?*）。我認爲這是個漂亮的書名。在「探路號」成功登陸，火星全球探測器減速繞行軌道後，我也問起自己類似的問題：登陸火星後，下一站去哪？

一個人在到達了個人目標的顛峰後，下一步往何處去？小時候，我對未來生活的夢想，就像我在做「探路號」專案時的樣子。我和《火星之砂》裡的人一樣，與一群火星探索者一起工作。結束後，我要做什麼來超越它呢？儘管眼前還有許多火星任務，但無一像這次這樣，從編組漫遊車小組開始，然後參與工程設計，直到看著它在火星上漫遊，從頭到尾都是親手完成的。

馬提耶維奇現在帶領二〇〇一年的漫遊車小組，不少「旅居號」小組的成員和他一同工作。史東二度當上導航和控制部門主管。萊曼幫人做系統工程和統整方面的工作：他一年後要退休，屆時工作會由利威里尼接手。迪亞斯則爲行星地表任務作更好、更大規模的任務計劃，這些任務將涵蓋數公里的範圍，並作各種採樣。不過，「漫遊號」小組成員至今已分散各地。埃森正在規劃一次軌道繞行雷達的任務。琳結了婚，定居荷蘭。貝恩斯則已退休。

◇

火星計劃爲二十世紀末規劃了數個有趣的任務。我們接下來兩次的任務，是在一九九八年十二月和一九九九年一月升空，預計在一九九九年底開始繞行軌道並登陸火星。「火星氣候調查號」太空船，將觀測並記錄一整年的火星大氣動態。「火星極區登陸船」（Mars Polar Lander）則會探索火星南極冰冠附近的地域，以尋找水，藉一支長兩公尺的機械臂每次挖取大量的土壤，再用登陸船上的儀器加以分析。這艘登陸船上的攝影機和「探路號」上的相似，可用來攝製景觀照片。另一架攝影機則會在登陸船掛著降落傘登陸，藉反向噴射火箭緩緩降落時，拍下南極地區的壯麗景觀。

登陸船上還載著兩架五公斤重的小型穿刺器，每架長達三十公分，它們會在登陸船要進入大氣層前先被拋出。兩架穿刺器外面包著籃球大小的隔熱盾，不靠降落傘直接掉到地表上。隔熱盾所產生的風阻會讓穿刺器慢下來，降到時速一百九十公里左右。它們會以八萬個G力重擊地表，插入兩公尺深的地底。穿刺器會伸出一支小鑽子，刮一些土壤來作實驗，目的是測量地表下物質裡的水的成分。穿刺器的後方則留在地表上，穿刺器用一條纜繩連接這支小鑽子。儲存在這裡的資料，會透過MGS上的科學儀器，中繼傳送回來。「觀測號」的二〇〇

一、二〇〇三、二〇〇五及後續計劃，都在規劃階段。

讀者可以上我們的網頁，一同探索火星。網頁地址是 http://mars.jpl.nasa.gov。

◇

登陸火星後，下一步要作什麼？應該就是我多年來一直在做的事吧：讓官僚體系能夠和工程師溝通，並且規劃一些較實際且上得了太空的任務。要如何爲複雜而需要創意的計劃，規劃出成功且成本效益高的管理方案？我漸漸發現，我的方法可以用到其他領域上。

我接受任命，成爲火星計劃的主管後，花了一年時間寫下一本書，記下我對於激勵人心和管理創意人材的想法。我聽過不少知名管理大師的演講，也讀過不少他們的書，內容不外是企業重整、流程導向管理、加速時間週期等等。這些概念都不壞，但從這些大師說的話看來，他們很多是在教室裡發展出這些理論的。他們未曾親自和人群接觸，沒有碰觸到每個人的行事動機、缺點及個性。我所認定的「好管理」，其方式和流行的花樣大相庭逕。我覺得，那些眩目的縮編、調整組織、重整、時間週期等理論，都忽略了一件事：做事的是人，而且人總得在做事之前對自己即將要做的事有些了解。學院派的管理學者大大忽略了照理論實行的結果。但是工商界和政府往往只想獲得立即有效的解決方案，遂直奔學院派的旗下。

我寫成的書，名叫《創意管理》（*Managing Creativity*），一九九七年出版在我的網頁上（http://www.managingcreativity.com）。這本書完全奠基於經驗，以及我這幾年修習管理課程的心得。我肯定自己的看法正確，但我仍需做一些學術研究，以支持我的論述。我申請進修博士，預定在新世紀之初拿到學位。

在此同時，不少人開始認同我的想法。我以創意管理爲題演講，我也擔任顧問，還開了一門課，課堂上的反應頗爲熱烈。要讓創意團隊激盪出好點子，又要把好主意形諸實際，需要的是綜合了混亂和紀律，在穩定和混沌間的平衡。這往往又是在一個不鼓勵創造力的環境下進行的，所以還需要具備與人相處的技巧，最好是能練習和各種身懷不同的才能、態度和工作方式的人相處。

我還沒有決定接下來要做什麼，我正在尋找新的熱情。我在與有創意的人一同工作和管理所學來的經驗，不僅僅限於太空任務而已，可以應用在更廣泛的領域。我應邀擔任一項前列腺癌治療計劃的顧問——在某個層次上，這個問題和進行一趟火星任務是一樣的：發展新技術、擬出計劃、在過程中募集人力，並訂立財務決策。

我很擔心，我的女兒和她的孩子們將活在什麼樣的環境裡。我希望能解決人類爲地球所帶來的環境災難。我讀過金星的資料，在那星球上，連鉛都會熔化。至於火星，則永遠停留在冰封狀態中。說眞的，我可不希望地球會往其中一個方向走下去。就目前看來，如果能發展出創新的科技，並加以推廣，保護地球是有利可圖的，我們不需要再掠奪地球資源。

「管理火星人」，是我職業生涯的高峰。JPL裡的火星人和其他人一樣，有著各種不同的才能、個性、不同的投入程度，對團體工作也有著不同的熱忱。但他們和JPL的木星族、土星族、彗星族一樣，都投身於技術的精進和發展中，爲的都是完成工作。和他們一起工作十分興奮刺激，好像搭雲霄飛車似的；而如何讓每位專案主管同心合力爲火星探索計劃的整體大局出力，而不只是著眼於自己的專案，是一大挑戰。專案主管像極了孤傲的狼，他們是寡頭的領袖——他們高度自主——而他們和組員更是全神力投入，只爲了讓專案任務升空。但今日的太空探索必須更好更快更省錢，由於經費有限，所以即使是孤傲的狼，也必須聚集在一起工作。

在我擔任火星計劃主管的經驗中，最令我自豪的一件事發生在最近，我們審核二〇〇一年專案的會議上。我兩年來的堅持，再加上挑對了主管人選：康寧漢——反正他已經有了一套MGS運行操作的程序——發展出一套適用於所有火星太空船運行操作的統一程序。我們最近又把他的職責加了一項，要他負責開發所有未來任務的操作系統，現在，這套任務操作系統除了適用於MGS計劃，也可適用於「觀測號九八」的兩趟任務。而即將來到的二〇〇一年任務也派上用場。

在那場專案審核會上，任務操作系統主管報告了二〇〇一年任務操作的概念。報告長達二十頁，詳盡描述了如何發展此項操作系統，以及如何操作二〇〇一年任務的太空船、漫遊車和登陸船的運行。隨後發言的，是二〇〇一年任務的主管。他的概念可沒那麼詳盡。

他看來神情茫然：「在我所參與過的專案中，任務操作程序永遠是在太空船任務整體策劃好後很久才訂出來。但是以目前情況看來，任務整體策劃只好隨著操作程序來設計了。」

我舉起雙手：「這就對啦！」我高興地大叫。「事實上就該這樣的。『探路號』計劃已經

證明，如果照這個方法執行，可以省下大筆經費。」

當年坐在奧克拉荷馬州梧桐樹下的我，如果能看到現在的我，恐怕也不會相信吧。毅力、決心、創意、彈性，以及上進心，這些重要因素，使我得以在太空探索的夢想世界中遨遊。我從未成爲太空人，即使那曾是我的夢想——我年輕時候，想當太空人，但太空總署並不歡迎女性。但我藉著參與了所設計與發明的太空船，已探遊過大多數的行星了：我用「航海家十號」探訪水星和金星，以「伽利略」和「卡西尼」探訪了木星和土星。

我的雙腳雖未能踏在火星上。但從一九六〇年代起，我就參與設計了登陸火星的系統。我也參與了在火星上壓出第一道輪胎痕的小組。我和一群創意無限又多采多姿的人一起工作和遊戲——儘管他們也許小有怪癖，且又爭強好辯——我覺得，「人」是這份工作中最妙的一環。我參與過的工作，解決的都是些世上最有趣的問題，它們都站在發明和探索的尖端。我女兒是個可人兒，和她相處十分愉快。我也擁有朋友，享有閒暇時刻。休息的機會不如我期待的多，但在過去五年裡，我仍擠出了些許小小樂趣，好比說，在一齣加州理工學院的學生排演的莎士比亞劇《亨利五世》中，我扮演了一位酒店女侍。

◇

我仍未決定，我長大後要做什麼。但在前往火星的路上，我學到了很多。當你打算選擇

一個目標來朝之前進時，要選你心中熱情期盼想從事的事。若僅爲了追逐你認爲應該要追逐的目標，好比名或利，你將會蹣跚而行，而追求熱情與之相比，有趣太多。熱情會幫助你克服那些無法避免的挫折。我曾爲了和人競爭而陷入痛苦，甚至爲了在我掌握之外的事而失眠。我嘗過失敗的苦澀，也爲能躋身於一個創意團隊中，一同創造奇蹟感到高興——這一切，都是爲追求我的夢想。

我追隨著夢想，一路從奧克拉荷馬州的維尼伍德小鎮，來到了火星。這絕不是一條筆直坦蕩的大道。我曾多次偏離航道，但每次都學到了些經驗。

以下是若干我所學到的事，我把它稱作「唐娜定律」：

顧客不一定永遠是對的，他們有時索討的東西比肯付出的價錢高出太多。

一個眞正的創意團隊，不僅聰明非凡，也是爭強好鬥的。

爲了讓理想成眞，有時得屈居幕後。

時間和金錢永遠不夠——但無論如何，還是得把任務完成。

每件事都是大麻煩。如果它不是件大麻煩，也許你根本還沒搞清楚狀況。

應該盡量以輕鬆遊戲的心情來完成工作。

我希望用這些以痛苦換來的經驗去做其他事。我無法預見未來，但我知道我希望未來是什麼樣子：大家學著一同解決問題，而不是用仇外的狂暴互相殘殺；人類由可靠的機器人伴著飛向太空；人類小心照顧我們留守著的地球。

現在只剩一個問題：接下來我要追尋什麼樣的熱情呢？請拭目以待。

註釋

凡於註文前加上「譯者註」者，表示爲譯者所加的註釋。其餘爲本書審閱者所增列的說明。

序曲

①由地球飛至火星所需的時間，依照美國太空總署屬下的噴射推進實驗室（JPL）所設計的無載人太空船「探路號」來計算，要七個月。由地球飛至火星的旅程長短，受到許多因素影響，主要因素爲太空船的重量、使用何種燃料，以及繞行的軌道高度。

②七〇年代這兩次「海盜號」火星任務，替人類帶來豐富的火星地理及氣象資料。「海盜號」計畫前後有兩部太空船在火星上空遙測地形圖，也有兩艘登陸艇分析土壤和岩石。彼時尚無岩石採樣載回地球的科技。

③（譯者註）火星表層的岩石受氣候的影響而氧化，豐富的氧化鐵使得岩石呈鍺紅色；而火星地表滿布岩石，因此火星看起來是紅色的。火星地表下的岩石因沒有受氣候影響而氧化，

呈鐵灰色及黑色。

④（譯者註）“canali”在義大利文兼有「峽谷」、「水道」、「通道」等意，在英文中，現在多將之譯爲比較不會引起誤會的“channel”，當年卻被誤譯爲有「水道」含意的“canal”，這也是後來出現火星上有「運河」一說的眞正原因。

⑤由一九六四年起至一九七一年止，幾次的「航海家」任務成果都很輝煌：攝得火星表面影像；取得氣象資料，發現奧林帕斯山和火星峽谷；否定了火星上有人造運河的說法，並帶回了足以證明火星上曾有水的證據。

⑥泰西斯火山群共有四座火山，錯落於火山附近。奧林帕斯山位於泰西斯火山群的西北角，火星峽谷的中心點位於火星南緯十度，西經七十度處，在泰西斯火山群之東。

⑦太空船在升空及降落的這兩個階段比較複雜，在進入太空軌道後，因爲地心引力減到幾乎近於零，是在微重力甚至無重力的狀態下，所以用滑行飛航即可，此時僅需少量動力作爲導向用。目前太空船的設計，在太空滑行階段皆由太陽能獲取電源。

⑧（譯者註）「探路號」降落火星之日恰好是七月四日，美國獨立紀念日。在這一天，美國傳統上會施放煙火以資慶祝。本文此處意指，即將發生的「探路號」登陸火星之過程有如放煙火一般壯觀。太空船由高速度的無重力滑行到著陸，其減速過程非常重要，在減速時與大氣摩擦產生高溫，有火花迸發，如同施放煙火。

⑨（譯者註）“Catch-22”本爲黑勒（Joseph Heller）所著的一部小說，故事描述，在一個空軍

基地裡有一項軍規：飛行員只有在能證明自己精神有問題的條件下，才能免於飛行任務。但是沒有開飛機，不可能證明自己精神有問題；爲了證明自己精神有問題，而去開飛機；既然開了飛機，就不需要提證明申請免除飛行任務。這是形容一個兩難的處境，怎麼做都不討好。

⑩在美國太空總署裡，由位於德州休士頓的詹森太空中心負責執行載人至火星計畫，目前仍在籌劃階段，預計在公元二〇一四年以前完成任務。啓航時間必須經過精密計算，也要看太空船設計是否已臻成熟。依目前分析，可能在二〇〇七、二〇一一或二〇一四年做第一次升空，預計載六位太空人。

⑪"Barnacle Bill"是一個美國卡通中的水手，常鬧笑話，有點像大力水手卜派。這卡通片在四、五零年代很紅，以通俗的老船歌"Barnacle Bill the Sailor"爲主題曲。Barnacle 本是一種暗灰色的小貝殼，群簇黏附在船底，對船身造成損傷。在本文此處，把火星上這塊石頭命名爲 Barnacle Bill，乃因它的表面凹凸不平，看來像 Barnacle 貝黏在船身上那種疙瘩狀。第九章有詳述。

第二章

①（譯者註）性向測驗分成語言、數學、空間推理、抽象推理、文法錯字等數項測驗，某項結果的百分比愈高，表示受測者在該項能力上和同年齡層的人相較，有愈高的表現。

②（譯者註）在掌上型計算機還未普及之前，計算尺是工程科系學生必學而工程人員必備的工具，它是一把上有滑桿的尺，可以做對數乘除等工程計算。

③（譯者註）在美國學制中，以ABCD的等級來評量學生成績。若以百分制來對比，A是九十分以上，B是八十九至八十分，C是七十九至七十分，D是六十九至六十分，五十九分以下是F，相當於不及格。

④（譯者註）預備軍官團（Reserve Officer's Training Corp），美國軍方在大學校園裡募集軍官的一種制度。在此制度中，軍方對於有志從軍的大學生加以審核，錄取者發給獎學金，負擔其學費與生活費。被錄取者和一般大學生一樣選課，一樣起居生活，但每周固定上若干時數的軍訓課，畢業時獲得大學文憑，不過必須先入軍隊，依專長服務四年，一俟義務期滿，可選擇續留於軍中或解甲就業。

⑤麥唐那公司承接許多軍方的合約，由於軍方製的飛機通常有其機密性，所以，凡參與作業的員工須先經過嚴謹的安全審核，沒有不良前科，且行爲可靠，才會發給"security clearance"證明，有此證明方可經手較爲核心的工作。被核准後，若有不當行爲，如本文此處之例，與同事鬧桃色糾紛，其資格會被吊銷，對前途極不利。

第三章

①風洞爲設計飛機時不可少的流體力學實驗設備。把飛機模型放在風洞裡，風洞由工人控制，

送出不同壓力、強度和方向的氣流，工程師觀察模型受風後的反應，收集足夠的數據，作爲飛機設計的參考。一般大學機械系或航空系都有風洞設備，供學生實驗學習。

②老人星是星空中第二亮的星星，位於南半球南極區的銀河系上，距離地球有六百五十光年之遙。

③內太陽系包括水星、金星、地球、月球、火星，以及在以上各星球旁邊繞行的小行星。

④「半」政府雇員，這裡原文用的是"Quasigovernment Employees"，指的是JPL的員工。JPL是太空總署屬下的一個單位，但編制上並不直屬太空總署，而是屬於加州理工學院。JPL的經費由太空總署負擔，撥到加州理工學院，由該學院支付薪水及開銷。所以JPL的員工在名份上不算是太空總署的人，因此也不算是聯邦政府的公僕，故稱爲半個政府員工。

⑤泰坦是土星旁最大的一顆衛星，泰坦上空瀰漫著含有大量碳氫化合物的氮氣。泰坦與水星幾乎一樣大，幾個有趣的數字如下：水星的直徑是四千八百七十八公里，泰坦的直徑爲五千一五十公里，土星的直徑爲十二萬零六百六十公里，地球直徑爲一萬兩千七百五十六公里，火星爲六千七百八十七公里。

⑥太空站全長約一百一十六十公尺，總重量爲四百六十噸，全部完工後，內部有四萬六千立方英呎的空間，有人造大氣壓力可供人類起居及工作，這個空間約相當於一架波音七四七噴射機的內部體積，太空站將於一九九八年十一月至二〇〇四年的五年中，由美國的太空

梭及蘇俄的二種太空船（Proton 及 Soyuz），分四十五次飛行任務，將機械組件載上太空，以太空人和機器手臂合作，把這些組件逐步在太空上組合起來。第一件載上太空的是飛航推進及控制系統，由美國出資蘇俄製造，命名爲 Zarya，它有二十噸重，約十三公尺長，已於一九九八年十一月順利升空，抵達預定太空軌道，它有如汽車的主引擎，負責太空船的推進及方位控制。它以每九十分鐘滑行繞轉太空軌道一週，等待美國發射的命名爲 Unity 的組作被載上來接合，這個任務也於一九九八年十二月十日順利升空，由二位美國太空人作了三次太空漫步，把 Unity 接上了 Zarya。這三次接合工作共花了二十一小時又二十二分鐘，這樣的組合工作將持續進行，逐步把太空站加大至完工。太空由十六個國家合作，計有美國、加拿大、日本、蘇俄、巴西、比利時、丹麥、法國、德國、義大利、荷蘭、挪威、西班牙、瑞士、瑞典和英國。太空站的主要目的是在無重力環境下進行科學實驗，例如：由過去數次短期太空梭飛航上作的實驗顯示，在無動力的太空可以培養出比地球上更純的蛋白質結晶，若在太空站上長期培養、觀察它的成長分析它的成分，科學家也許能發展出治療由蛋白質而致病的藥物，如癌症、糖尿病及免疫功能失調等類的疾病治療或預防。

⑦太空總署屬下有十個中心分散全美各州，這十個中心各有專屬職責，以避免工作重複。JPL以發展機器人任務爲主，所設計的太空船是不載人的，可統稱爲機器人任務。機器人並不一定要有人的形狀，而泛指能自動操作的機器，如探路號、航海家等小型太空船都算。位於德州休士頓的詹森太空中心則專責載人任務的操作，及太空站的設計。探路號是今後

載人上火星的先驅，它的成功給載人任務的可行性增加信心。當然其中有許多細節有待突破，比如人類如何忍受長達數個月的高速飛行。利用太空站作中繼的研究一直有人支持。

⑧這是電腦人工智慧的觀念，操作機器人必用。因爲機器人的舉止須隨四周環境而即時調整，不若一般傳統電腦觀念可以事先預估而輸入程式。人工智慧的觀念，粗淺地說，是先把機器人功能所須最基本的規則（rules）輸入，再「訓練」機器人對四周情況作反應，新的反應規則逐一加入知識庫，將來遇到同一狀況時，就用這個規則反應。所以規則是在不斷增加的。使用人工智慧來操作機器人，此爲其主要特色。

⑨「貼驢子尾巴」是美國小孩玩兒的一種團體遊戲，玩法是畫一隻缺尾巴的驢子，貼在牆上，再剪一支驢子尾巴，小孩輪流用布矇著雙眼，把尾巴用圖釘或膠帶去貼上驢身，因爲是矇著眼的，所以貼的部位就滑稽百出，衆人因此調笑取樂。

⑩這種魔術氈是太空總署在早年設計太空船時發明的一個副產品。太空船升空時，熱力及震撼都極大，如何把數千磅的龐大笨重實驗器材牢繫在貨艙裡，是一大挑戰。升空後，在太空軌道繞行時是無動力環境，太空艙內各種東西，哪怕是一支筆、一支牙刷，都得牢牢繫住，才不會四處亂飛，這個繫帶不僅要牢固，還要啓閉方便以免影響作業。於是發明了魔術氈，後來太空總署把製造技術轉移民間商業化，受到大衆喜愛。太空總署是美國政府公營機構，經費取之於民，用之於民，任何設計在證實成熟後，鼓勵將技術轉移民間，以惠大衆。

⑪此處原文本說"It never got built"，比爲片面印象，與事實不符，因此在中譯改爲「太空站還沒有蓋好」。作者指的是現在這個已經開始組合的太空船（全名爲International Space Station，簡稱ＩＳＳ）的前身，叫作Space Station Freedom的太空站。經過一次大大的重新設計改革，把Freedom原計劃取消，改爲今日的ＩＳＳ。

第四章

①（譯者註）酷斯拉早在二十年前就已出現在美國漫畫中。

②「挑戰號」（Challenger）太空船於一九八六年一月二十八日的寒冷清晨，在佛羅里達州甘迺迪太空中心的卡納維爾角升空，發射一分鐘又十四秒時爆炸，所搭載的七位太空人全部罹難，其中有一位是日裔太空人，另外有一位由應徵衆人中脫穎而出的中學教師，原定要在飛航中向全世界的中學生上一堂課的。這是美國太空總署自一九八一年四月十二日第一次太空船任務以來的第二十五次任務。事後檢討發現，出事原因爲燃料管接頭處的Ｏ型環不堪嚴寒而脆裂，引發爆炸。這是太空發展史上迄今最嚴重的一次災難，也是美國至今唯一墜毀的太空船。

第六章

①美國太空總署的各太空中心像大學校園一樣散置於各大樓裡，而大樓都以編號來代表。

②Skunk Works直譯爲「臭鼬工作隊」，指的是企業組織中的小而獨立的工作單位。

③（譯者註）火星引力比地球了，所以同一個物體在火星上的重量比在地球上輕。

④（譯者註）這顆晶片主要用在自動控制上，等級和當年IBM／XT所用的8088接近。8088源起8086，後來有286、386、486、「586」，讀者可以想像這顆晶片有多「原始」。現在任何一部桌上型電腦都有三十二位元長的整數。

第七章

①太空總署的所有主要計劃，其設計過程承襲美國國防部的模式，有一套嚴格的程序。在計劃進行初期，需先通過初期設計審核，這時設計的雛型已定。下一步就是關鍵設計審核，此時對所有關鍵細節都不放過，參與設計的各部門人員仔細審核自己專責部分的設計，及其與整個計劃的整合性，以及是否有誤差，提出修改建議，經過審查委員會聽證審核來決定修改與否。經此程序以後，設計已臻成熟，可以開始進行硬體採購製造及組合，此後若要再修改就難了，需要經過更嚴密的審核，因爲這時再要修改會牽一髮而動全局。再下一步，是對機械電器等硬體進行設計合格檢定，此時對已製造好的零件組件作檢驗；對電腦軟體來說，這時也進入驗收測試階段。最後的一大步驟爲飛行預備審核，此爲各部門的主管在飛行前作整體的決策階層的審核，這一步驟決定是否完全準備成熟，可否放行飛航。

②「玻璃天花板」（Glass Celing），是指女性在傳統男性世界的工作環境裡所無法突破的先天

界限。誰都不承認自己歧視女性，但女性在升遷遭遇一道透明的玻璃天花板，它無形且頑固地存在著作者努力工作，因而獲得認同與昇遷，此處她的朋友祝賀她，說她的昇遷如同突破玻璃天花板，把玻璃撞碎了四散一地，爲女性成功的血淚光輝也。

第八章

①（譯者註）千鈞一髮效應（Goldilocks effect），許多太空科學家認爲，太陽系行星能不能保有水分，和行星與太陽的距離有關。若距離太近，會像金星一樣蒸發殆盡，距離太遠，則會像火星永遠結冰。地球「正巧」落在兩者之間，因此才有今天的生命形態出現。

②（譯者註）使用燃料電池，或以水電解出之氫氣作燃料。

③（譯者註）克萊斯平原之名「克萊斯」，爲希臘神話中阿波羅神之祭司。

④這是一樁轟動全球的兇殺案。辛普森的前妻遭人以刀刃割喉致死，命案現場留下許多血跡斑斑的證物。

⑤美國太空總署的每一件太空飛行用的硬體零件，都必須經過資格鑑定測試（Qualification test）。鑑定標準及程序，由太空總署的安全督察部門訂定並執行，鑑定不合格者，不能用於飛行。

第九章

①（譯者註）漫遊車的後輪翹起，被石塊卡住，姿勢有如公狗翹起後腿，對著電線桿或防火栓撒尿。由於這是公狗特有的姿勢，母狗不這麼做的，所以此處小組成員們開玩笑說這漫遊車是男性。

②（譯者註）如今 56000 BPS 或簡稱 56KBPS 的數據機，都已經是個人電腦的標準配備了。

③（譯者註）約三百ＭＢ。

④本書原文於一九九八年三月寫成，寫作至此處時，正準備就緒，但尚未發射，因此用的是未來式語句，後已於一九九九年年初發射。

⑤地球至火星飛行的旅程，有可能來回需時三年，但目前尚無定論，仍在研究分析階段，參序曲註釋一。

⑥太空總署正有一項專案爲輻射對人體及對機器的損傷研究，預計在二〇〇二年放一顆無載人衛星飛至輻射線最密的「范亞倫帶」（van Allen's Belt），收集及實驗輻射線的影響。該小型衛星現正在初期設計階段，考慮使用精密微型零件。至於飛行的引擎，則考慮使用太空人張福林領導設計的以電漿爲燃料的創新引擎。

⑦當太空船進入無動力太空軌道後，因爲沒有地心引力的拖墜，因此可以保持進入軌道時的速度滑行，不需燃料推動。少許燃料間歇的點火，是用來導向調整方向的。這樣的滑行幾

乎不消耗燃料，因此可以持續甚久，等著火星上的活動完成後，上來會合，再返回地球。

⑧在火星上取地取材製造燃料，這個觀念於一九八七年底開始著手進行專案設計，叫做「火星就地製造燃料」（Mars In-Situ Propellant Production，ISPP）專案。在眞正使用於火星之前，先設計一個示範先鋒，MIP。它將由二〇〇一年的火星調查號登陸船（Mars Surveyor Lander）載到火星，作實地實驗練習。這個專案由三個太空總署屬下的太空中心合作，進行六項基本實驗如下：

由詹森太空中心負責兩項機器設計——利用火星大氣中的氣體造氧氣的機器；分析火星大氣層灰塵成份的機器以決定使用何種灰塵過濾技術。

由JPL負責兩項機器設計在夜間吸取二氧化碳，加以壓縮於白天供應給造氧機製造氧氣；另兩項是負責火星的熱力和輻射線的分析。

由約翰·格林太空中心（原名爲路易士太空中心，於一九九九年二月底改名）負責兩項：設計適合用於火星上的太陽能板；自動清除太陽能板上的灰塵。

這一整套設備的六項實驗，將在火星上進行300火星日的持續實驗。機器功能操作紀錄及實驗結果，將用於改進ISPP設計。

Dancing Naked in the Mind Field

迷幻藥，外星人，還有一個化學家

1993年諾貝爾化學獎得主的研究、冒險與快意

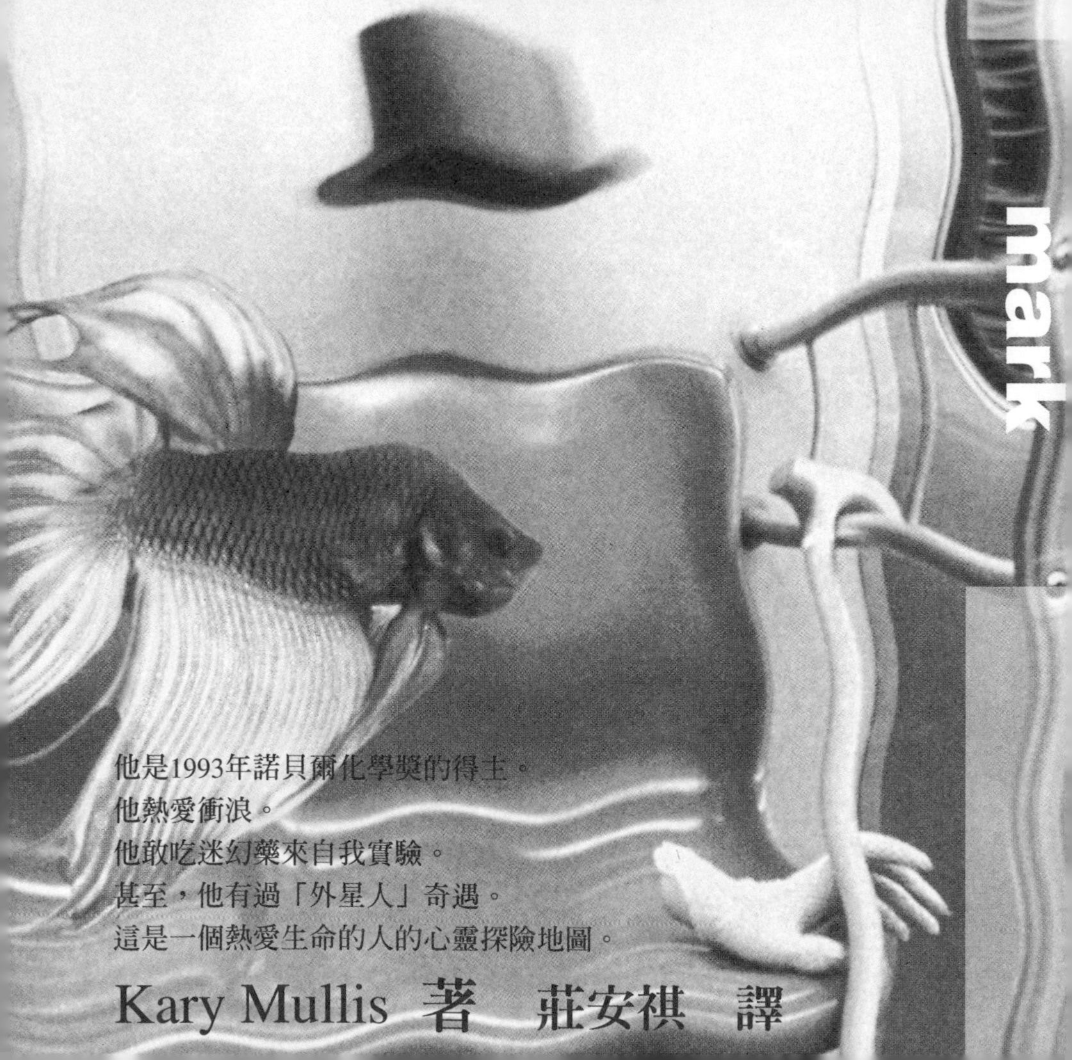

他是1993年諾貝爾化學獎的得主。
他熱愛衝浪。
他敢吃迷幻藥來自我實驗。
甚至，他有過「外星人」奇遇。
這是一個熱愛生命的人的心靈探險地圖。

Kary Mullis 著　莊安祺 譯

By George

The Autobiography of George Foreman

遲來的拳王

「我的人生照它自己的意思展開，而它所選擇的路，
還沒有誰走過。」

45歲的福爾曼必須再一次稱王。
世人嘲笑，說他太老太慢。
但他相信，自己為拳擊而生。
何況，他要重寫自己的記憶，
去除二十年前敗給阿里的[illegible]，
一場自己沒有推展到極限、[illegible]持到最後的惡夢。

George Foreman & Joel Engel 著
阮志良 譯

1 1 6 台北市羅斯福路六段142巷20弄2-3號

廣 告 回 信
台灣北區郵政管理局登記證
北台字第10227號

大塊文化出版股份有限公司　收

地址：＿＿市／縣＿＿鄉／鎮／市／區＿＿路／街＿＿段＿＿巷

＿＿弄＿＿號＿＿樓

姓名：

請沿虛線撕下後對折裝訂寄回，謝謝！

大塊 LOCUS 文化

編號：MA011　書名：管理火星人的女人

大塊 LOCUS 文化

讀者回函卡

謝謝您購買這本書，爲了加強對您的服務，請您詳細塡寫本卡各欄，寄回大塊出版(免附回郵)即可不定期收到本公司最新的出版資訊。

姓名：______________________ **身分證字號**：______________________

住址：____

聯絡電話：(O)______________________ (H)______________________

出生日期：______年______月______日 E-mail: ______________________

學歷：1.□高中及高中以下 2.□專科與大學 3.□研究所以上

職業：1.□學生 2.□資訊業 3.□工 4.□商 5.□服務業 6.□軍警公教 7.□自由業及專業 8.□其他________

從何處得知本書：1.□逛書店 2.□報紙廣告 3.□雜誌廣告 4.□新聞報導 5.□親友介紹 6.□公車廣告 7.□廣播節目8.□書訊 9.□廣告信函 10.□其他__________

您購買過我們那些系列的書：

1.□Touch系列 2.□Mark系列 3.□Smile系列 4.□Catch系列 5.□PC Pink系列 6□tomorrow系列 7□sense系列

閱讀嗜好：

1.□財經 2.□企管 3.□心理 4.□勵志 5.□社會人文 6.□自然科學 7.□傳記 8.□音樂藝術 9.□文學 10.□保健 11.□漫畫 12.□其他_____

對我們的建議：____

____

____

LOCUS

LOCUS

LOCUS

LOCUS